守脑如玉

用暖评差评
反抗带毒“10万+”

曹 林 著

中国发展出版社
CHINA DEVELOPMENT PRESS

图书在版编目（CIP）数据

守脑如玉/曹林著．—北京：中国发展出版社，2018.3
（2021.8 重印）
ISBN 978－7－5177－0798－1

Ⅰ．①守…　Ⅱ．①曹…　Ⅲ．①中国文学—当代文学—作品综合集　Ⅳ．①I217.2

中国版本图书馆 CIP 数据核字（2017）第 277507 号

书　　　名： 守脑如玉
著作责任者： 曹　林
联 系 地 址： 北京经济技术开发区荣华中路 22 号亦城财富中心 1 号楼 8 层（100176）
标 准 书 号： ISBN 978－7－5177－0798－1
经　销　者： 各地新华书店
印　刷　者： 北京市密东印刷有限公司
开　　　本： 710mm×1000mm　1/16
印　　　张： 24
字　　　数： 336 千字
版　　　次： 2018 年 3 月第 1 版
印　　　次： 2021 年 8 月第 2 次印刷
定　　　价： 58.00 元

联 系 电 话：（010）68990692
购 书 热 线：（010）68990682　68990686
网 络 订 购： http：//zgfzcbs.tmall.com
网 购 电 话：（010）68990639　88333349
本 社 网 址： http：//www.develpress.com.cn
电 子 邮 件： 271799043@qq.com

自　序
一句一段的新媒体文风我怎么都学不会

最近在读赫伯特·甘斯的《什么在决定新闻》，一个细节很好玩。他说，温和主义很可能是一种防御性的价值，因为对于可能遭受批评的新闻从业者而言，靠近中间的位置才是最安全的。在 20 世纪 60 年代的美国，新闻从业者经常说，如果他们同时收到来自“极左分子”和“极右分子”的批评信件，他们就没有必要担心自己所采取的立场。

写时事评论很多时候就是走钢丝，这十多年写作过程就是十多年的走钢丝过程，我一直也是通过左右两端的批评来界定自己价值观位置的。

媒体人一直以关注苍生为己任，但这几年，媒体人不得不关注自身的命运了。技术冲击和媒介环境变化下，新闻人和评论人已写不出像十多年前那种“让无力者有力，让悲观者前行”“总有一种力量让人泪流满面”的情怀文字，为赋新词强煲鸡汤的“献词”多成为堆砌辞藻无病呻吟的尴尬“献丑”。达则兼济天下，穷则独善其身，优秀的传统媒体人风流云散，不得不退守到为自身命运和生计四处飘零的局促中。一个颇具隐喻意义的事实是，这几年记者节没有看到哪家媒体像过去那样写出什么让新闻学子热血沸腾的文字，倒是一家送餐企业发的记者节社论让人唏嘘。某机构的年终评论评奖，十大评论的前两位作者，一个刚去了电商巨头企业做了公关，一个是订餐企业的公关总监。

连续十年参加了某机构的评论员研讨会，从十年来研讨会的议题变化可以看出媒体人心境的变化。原先讨论的议题都是雄心勃勃地要用新闻影响社会，用报道推动社会进步，带着浓厚的理想色彩和专业主义追求。即便诉说集体的“无力感”，表达的也是想积极用力去改变和推动的姿态——可近两年的议题都不再关注外界，而是关注自身的命运，忧心忡忡地讨论“传统媒体评论员的自媒体突围”。

这几年，我写了一系列评论力挺传统媒体尤其是纸媒，力挺内容生产的定力和白纸黑字的专业信仰，如《不是传统媒体不行，而是你不行》，写了《我与王永治先生打个赌，你输了你辞职》，写了《奥运报道如果没有报纸，就像没有傅爷一样无聊无趣》《报纸没有必要迎合年轻人》，以至于有人写了一篇《曹林大人，大清亡了》冷嘲热讽，把我描述成了一个与趋势为敌、抱残守缺、保守落后、思想陈旧、落后生产力的代表人物。其实我并没有排斥新媒体，更没有拒斥转型，相反，我个人一直在转型，走出过去的舒服区而尝试新事物，努力经营自己的自媒体，用新媒体思维打造个人的内容 IP。

只是觉得，转型过程中不能丢掉自己的新闻本分，就像我在《媒体转型别像深圳晚报透支自己的脸，营销超过实力必死无疑》《把名记往网红上培养，可能是转型转晕了头》等文章中谈到的，避免陷入那些转型陷阱和变革魔咒。

一

常有“90 后”新媒体编辑朋友笑我说：跟你说过多少次了，公号上写文章，段落不需要空格，最好能够一句话一段，哪能像你那样一段乌央乌央写那么多字。惭愧，这个“新媒体表达技巧”我一直都没学会，还是习惯传统的写作方式，打开文档，习惯性空格，习惯把一个意思讲完整后才另起一段。

注意了一下，正经写评论的同行，没有一个以那种方式写文章，而都坚守着传统的书写方式，我就放心了。不是我学不会，而是心里一直对那种剥夺读者思考力的带节奏写作方式有一种本能的抵触。

不要小看文章的分段方式，传统评论文本的分段方式体现着“逻辑至上”的评论追求。诗都是一句一段，因为诗的思维是形象的和情感的，不是靠逻辑去说理，而是用情感的铺陈去生产想象，一句一段服务于诗的想象结构。而评论是讲理的文体，结构要为逻辑服务，怎么分段，要服务于逻辑的过渡与转换。一个观点表达清楚了，有完整连贯的逻辑，转到另一个逻辑层次去论证时，再另起一段，这就是观点的起承转合。

比如看《中国青年报》那篇经典评论《国旗为谁而降》，这一段讲的是下半旗的精神凝聚作用，作者是这么写的：“事实上，国旗不仅是国家主权和民族尊严的象征，也是民族精神和民族凝聚力的体现。而下半旗正是一种由中央政府以全体国民的名义举行的哀悼仪式。它不但能给予死难者的亲人以莫大的精神慰藉，再次体现抗洪斗争中全民族的强大凝聚力，而且更有助于增强每个公民的国家观念和爱国情感，使人真切地感受到自己是祖国大家庭的一员，从而激发为国奋斗的热情。”

一段话讲了一个完整的意思，读者一般都以段为单位进行阅读，通过段落层次去理解文章逻辑，边读边思考，也是以段为停顿单位，分段给了读者一个思考缓冲的时间。讲完了降半旗的凝聚作用后，作者另起一段，谈起了“遗憾的是，我国还从未有过为一般民众下半旗的先例”，讲了《国旗法》的相关规定。再另起一段，引出核心观点：“但从目前实践和人们的观念看，下半旗的对象还仅限于逝世的国家重要领导人，其他几类对象尚未予以充分重视。比如，在洪灾刚过的 9 月 21 日，我国依法为不幸因病逝世的杨尚昆同志下半旗致哀；而 3656 名普通民众在洪灾中死难则几乎与此同时。”

逻辑环环相扣，从每一段的逻辑提示词，就能清楚地把握作者的论证思路。这种逻辑结构就好像一件紧身衣，清楚地反映着文章的身材，是胡说八道，还是摆事实讲道理，“段落紧身衣”暴露无疑。

而一句一段的新媒体评论格式和文风，则在消灭文章结构的同时消灭了逻辑，把文章的论证形式隐藏起来，从而可以肆无忌惮地不讲逻辑。面对一句一段的表达，你根本看不到逻辑层次，看不到论证推进，看不到结构关系，感受到只有迅速被代入的情绪节奏感。一句一段，成功地用节奏消灭了逻辑。

比如，某网红作者讲她遇到的一个“贱人”，一句一段：上来就说，我喜欢你。——还没等我回答，就开启了传销模式。——我只好打断她，不好意思我帮不上忙。——她就怒了，她真的怒了。——她直接训斥我，没想到你这么冷漠，我对你太失望了。——然后就开始大吃大喝声讨这个“贱人”。如果把这个故事放在一段里，立刻会觉得这个故事很假，根本不合常理，经不起逻辑推敲。可一句一段，带有强烈的情绪节奏感，逻辑被打碎打乱，你根本来不及去思考逻辑，很容易就被代入对“贱人”的吊打中去了。

一句一段，用简单粗暴的情绪节奏消灭了逻辑论证，剥夺了读者的理性思考。根本不用思考，跟着节奏就行了，这种文章读多了，智商必然不断降低。

最近看到的一篇网文也是这样的结构，题目叫《当高铁屡屡被阻，你们又要求警察强硬了？对不起…》，文章根本经不起推敲，偷换概念，转移话题，滑坡谬误，稻草人谬误，小众统计，类比谬误，以泪饰非，以撒娇掩过，我能想到的逻辑谬误都犯了。可如果没有逻辑防范力，跟着那“一句一段”，就很容易被带节奏。

斯泰宾先生在《有效思维》中讲过：我们使用带感情色彩的语言和绕来绕去的说法，这样就把我们论证的形式掩盖起来了。——一句一段，就通过碎片化的表达打乱了逻辑的可辩性，消灭论证形式，在泛滥的情感修辞中用荒唐的论据得出根本得不出的结论。

对付“一句一段”最好的方式，就是对段落还原，恢复其论证形式，论据是什么，逻辑是什么，结论是什么，逻辑是否存在谬误，论据是否靠谱。大前提是什么，小前提是什么，简单做一下还原，就能戳穿其漏洞。

二

编辑让我为这本评论集写个序言，我想到这个意思，就把这个当成序言吧。

读这些评论，也许你读不到那些爆款网文的快感，读不到那种酣畅淋漓，我想，我的这些文字不是服务于你快感的，有时候，就是让你不快，让你不舒服，挑战你的某种觉得理所当然的判断。读了之后，你拍手叫好，真好，跟我想得一样。那句话说得好，如果永远只看合乎你想法的书，你永远只会知道你已经知道的事。只读跟你观点一样的书和评论，永远停留于同样的思维层次，永远没有长进。

去年给一位朋友的评论集写了篇序，题目是《温和坚定地写自由而无用的评论》——这篇序，是对朋友文章的总结，更是一种自我勉励和自我强化。这个急剧变化且隐藏风险的时代仍保持着评论写作的激情，需要一种坚定信仰所支撑的强大的内心。我不太喜欢别人把我拉进某个群，即使碍于情面加入了，基本也不发言。人以群分，每个拉你入群的人可能都会有意无意地给你贴一个标签，对你有一种期待。人们常常会被这种标签和期待所绑架，扮演别人所期待你扮演的角色，在迎合粉丝的掌声中变得越来越激烈、偏执和自闭。扮演别人所期待的角色，寻找自己期待看到的信息，屏蔽不符合期待的信息，最终在思想上被关进了“期待”的囚笼而成为缺乏自由开放思考能力的奴隶。

对不起，我就是一个“不合群”的人，不与流行为伍，也不愿以“抱团”的方式取暖，我就是我。有人说，你知道什么时候我们真的感到孤独吗？是在人群里。——这话说得太有道理了。

对不起，我写的评论也没指望有什么“用”，我不会被别人设置议题和观点，不会被“有用”所裹挟，而是遵从自己的内心写一些自由而无用的评论。李欧梵教授说，以前我自以为是知识分子，现在我要把自己放在知识分子这个领域的边缘来思考。李欧梵用了一个词，“selfdeflation”，这个词很有韵味，大意是“自我消解”，别把自己看得那么重要，不要自我膨胀，不要把自己看作是“先天下之忧而忧”的那种。这种思考的进路是甘于边缘，知识分子保持一种边缘的地位和角色，不仅与“中心”保持距离，而且发挥对“中心”的批评功能。

三

一家媒体的评论栏目办了十年，设置了这样一个有意思的纪念性议题：说说那些陪伴了你十年以上的人、事、物？你和他们有什么故事么？

这个话题很有意思，吾日三省吾身，回顾十年陪伴，不仅是一次个体生活史的梳理，更是一次在熟悉的事物中寻找生活坐标、从熟悉坐标中认识自我的机会。在这个快得让人窒息的时代，人们似乎已经没有能力慢下来去思考这种“没用”的问题，智者与愚人的差别，很多时候就在于智者常看些貌似“无用”的书，思考些貌似“无用”的问题。人们常常厌恶庸常生活的重复单调，可静下来仔细想想，“不变”的事物其实不多。

除了家人，身边还有哪些人、事、物陪伴了自己十年以上呢？本以为可以找到很多，但绞尽脑汁，并没有想到多少“有形”的事物——想到的是一些自己坚持了十年以上的习惯。这种反省让我意识到一个问题：你现在做着什么、成为什么样的人，能通过十多年来你所坚持的、陪伴你的那些东西找到答案。

我工作快 15 年了，这十多年以来，一直陪伴我的一件事就是，每天坚持写 2000 字以上。高铁上，飞机上，候机大厅的地上，颠簸的车上，乡下昏暗的烛光下，都写过。有一次赶篇急稿，没带电脑，在手机上敲完 2000 多字的评论，把自己都感动坏了。

其实我的工作对我并没有这样的要求，就是一种习惯，有了想法一定要表达出来——就像很多评论同行一样，无法容忍自己在热点话题上的缺席，这也许是一种对自己挺残忍的职业执念。

有时明明很累，出差途中想休息一下，可打开公号一看后面很多读者留言说“曹老师对孕妇跳楼话题怎么看”，就忍不住去逼问自己的想法，看各媒体的报道，梳理自己的判断。“嗯，扶朕起来，朕还能写。”

很感谢这个习惯的陪伴，逼着我去关注社会，形成对各种社会问题的“想法”，并表达出来。说实话，我并不喜欢一些读者动不动就问别人“你怎么看某个社会热点”之类的没脑问题，不喜欢这种自己不愿思考而把思考责任推给别人的偷懒提问方式。我喜欢回答那种有自己想法的提问方式，表达自己对某个话题的思考，然后问别人怎么看——我们要习惯跟人交流“想法”，逼自己有想法后再问别人的想法，形成交流，而不是习惯沉默，习惯偷懒，让自己成为无思考无想法的“脑残”状态，那样很容易盲从。我希望我的读者都有自己的想法，并养成写出来说出来的习惯。

一个人身上的气质，不是变化带来的，而都是那些陪伴了十年以上的不变事物所塑造的。有人说，长这么大唯一坚持下来的一件事就是每天给手机充电。——这样的习惯，也许只能培养出一个或是新闻易感，或是新闻无感，或是生活在碎片信息中没有思考能力的废人。

听说过一句话，说得很好：每天看五分钟娱乐节目、肥皂剧之类，坚持十年，这个人仍将是一无所知的“废物”。每天五分钟，读一点经典，学几句法语，同样十年，这个人将有一技之长。嗯，养成一个好习惯最好的时间是十年前，其次是现在。

是为序。

曹　林

2018年1月

目 录

第一辑 暖 评

这种阳光，不是像鸵鸟那样把头扎进沙堆回避压力和问题，而是用自己的努力去面对压力。当改变不了环境时，那就做好优秀的自己，当迷茫而浮躁的时候，就做好手里的事。人们爱听“环境多么恶劣”“外界多么糟糕”“社会多么操蛋”之类的抱怨，因为这能让自己可以舒服地躺在“不是自己不行，是这个社会不行”的温床上。人们爱用“顺其自然”来安抚面对坎坷和艰难的自己，不过一句话说得好：真正的顺其自然，是穷尽努力后不留遗憾的不强求，而不是躺在那里双手一摊将一切归于环境和运气的毫无作为。

第二辑　热评

评论家一思考，精神病人就发笑。这不是第一次了，已经有过多次教训，比如某次校园惨案，评论家分析了大半天深刻的体制原因，分析了各种报复社会的原因，各种深刻的归咎，很快报道称是精神病人制造的惨案。还有邵东杀师案，调查显示是一个身上有着极端反社会人格的病人疯狂杀人，并没有什么深刻的社会原因、体制根源或教育症结。评论家似乎特别不愿意面对“杀人者可能是一个精神病人”的现实——如果事实那么简单，就没评论家什么事了。

第三辑 慢 评

正义在哪里呢？正义正存在于对正义感的克制中，没有克制，就没有判断力，不与那些看似正义的事物保持距离，就很容易被那种不明来源的信息所操纵。“杀死猥亵女童的禽兽”这个充满正义感的口号，会把人们刺激得热血沸腾，可你得守脑如玉，你得保持着判断，谁是真正的猥亵者？别砸错了人。谁才能对猥亵者进行执法，别以为替天行道就可以无法无天。

第四辑 差 评

在喷子眼里，这世界一切都有病，再美好的东西都能挑出刺来，从各种刁钻的角度挑刺儿。记得当年冰桶挑战很火的时候，那是多好的一件事啊，既好玩又有参与性更传播公益，可永远不要低估喷子刁钻的喷点：桶小，骂你不认真；桶大，骂你冰太少。水少，骂你太敷衍；水多，骂你太费水电。只浇不捐，骂你作秀；只捐不浇，骂你没诚意。从国外传入，骂你崇洋媚外；从国内发起，骂你山寨。捐给ALS，骂你卖国贼；捐给瓷娃娃，骂你以前怎么不捐。捐少了，骂你赚那么多，就捐这么点儿！捐多了，骂你是炒作！

第五辑 专 评

一直对发型不满意的人有一个共同点，他们都不肯承认是脸的问题。脸与发型，正如内容之于标题，很多时候都不是标题不行，而是内容太烂。被标题折磨的人，没意识到首先缺乏内容自信。有好的内容，标题怎么任性，别人都不会反感。内容空洞，标题越搔首弄姿，越让人排斥。新媒体的使命就在于用创新抗拒和颠覆套路，没有内容，透支脑洞，绞尽脑汁，投机取巧，寄望用标题空手套白狼，传播凌驾于内容之上，空有急功近利的“10 万 +”欲望，内容驾驭不了标题，套路撑不起内容，既把自己弄得很肤浅很疲惫，也没有前途。

第一辑

暖评

这种阳光，不是像鸵鸟那样把头扎进沙堆回避压力和问题，而是用自己的努力去面对压力。当改变不了环境时，那就做好优秀的自己，当迷茫而浮躁的时候，就做好手里的事。人们爱听“环境多么恶劣”“外界多么糟糕”“社会多么操蛋”之类的抱怨，因为这能让自己可以舒服地躺在“不是自己不行，是这个社会不行”的温床上。人们爱用“顺其自然”来安抚面对坎坷和艰难的自己，不过一句话说得好：真正的顺其自然，是穷尽努力后不留遗憾的不强求，而不是躺在那里双手一摊将一切归于环境和运气的毫无作为。

毒鸡汤丧文化泛滥的时代，感谢那些为读书亮灯的人

这几天，“北大保安成群逆袭”的故事再次吸引了公众的目光，让常被“阶层固化”焦虑所感染的人们感受到了一丝暖意。张俊成曾是北京大学的一名保安，因为好学被媒体称为“北大保安读书第一人”。1995 年，他上演了“扫地僧”式传奇，通过成人高考考上北大法律系（专科），如今是一所中等职校的校长。据报道，过去 20 年，仅北大保安队先后就有 500 余名保安考学深造，有的还考上了研究生，毕业后当上了大学老师。

这样的逆袭佳话在这个时代太珍贵了，让很多沉浸于失败情绪中的人有了信心支撑。有人说，他们用不屈的姿态消解了我们的“丧”——确实如此，在丧文化、毒鸡汤和负能量弥漫的社交媒介语境中，在诸如“失败并不可怕，可怕的是你还信这句话”“别灰心，人生就是这样起起落落落落落落落落的”“如果北大清华毕业都买不起房，还买学区房做啥”“有时你不努力一下，不知道什么叫绝望”之类毒能量的消解下，他们不屈服命运安排的奋斗姿态尤其可贵。他们的命运改变，也许并不就能说明阶层没有固化，却让人们看到了奋斗的意义，不要总抱怨环境，万一实现了呢？如果真的愿意去努力，最坏的结果也不过是大器晚成。你不努力的话，别人想拉你一把都找不到你的手在哪里。

我在北大教书，我的课堂上就出现过好几次北大保安的身影，往往下了班就直接奔往教室，衣服都来不及换。作为旁听生，他们比其他学生更认真

和专注，更珍惜听课的机会，似乎努力想记下老师讲的每一句有价值的话。北大学生也很尊重课堂上这些特殊的旁听生，有时还一起讨论社会问题。看他们的故事，在被他们的奋斗精神触动的同时，更看到了环境的重要，他们有幸身处一个能让自己避免被丧文化毒鸡汤所感染、避免在负能量中走向反智、从而保持着奋斗信仰的环境，他们总能遇到一些为他们读书点灯的人，让他们成为知识和奋斗的崇拜者。

北大保安逆袭的故事中，那些为他们读书点灯的人让我们充满敬意。

“北大保安读书第一人”张俊成讲起触动他内心的一次经历：有一次他在西门站岗，远远看见一个老人骑车而来，临到门岗前时，老人下车，推车而行。经过门岗，老人点头向他说：“你辛苦了。”这让他受宠若惊，他问师傅：“对方是谁？为什么这么尊重我们？”师傅告诉他，这位老人是北大校长。张俊成还讲起北大西语系的张教授喜欢拉着他遛弯儿，在沿着未名湖一圈一圈的散步过程中给他讲马克思主义哲学、讲黑格尔，并推荐一些书单。他还讲到，在教授们的建议下他开始读书学习。当时保安队规定宿舍10点熄灯，熄灯后他只能在被窝里拿着手电看书。队长知道后特批会议室可延长熄灯，他和几个爱看书的保安从此可以光明正大地学习。

从那个推车经过时问候张俊成“你辛苦了”的北大校长，到那些给他推荐书单的教授，再到为他延长熄灯的队长，都是为他读书而点灯的人。这点燃的不仅是他眼前的灯，更是用知识和奋斗改变命运的自信和希望。

我想起了前几天看到的一条新闻，新闻中也有一盏充满暖意的灯。温州一名小女孩站在夜色中，借着工厂车间透出的灯光，捧着一本书看得入迷。这一幕被邻居拍下并传到网络，引来很多点赞。小姑娘说，爸妈还没下班回家，她没有家里的钥匙，就在家门口看书等他们回来。邻居老伯于是找来工厂师傅，请求他们把厂里的灯全部打开，让小女孩能“借到”更多的光。

我不知道夜色中这些柔和的灯光对小女孩有多大的触动，但可以肯定，以后她会更爱读书，因为她能从那些为她打开的灯光中看到人们对读书的尊重，对“求知”充满敬意。这正像北大保安从队长“延长熄灯”的关怀中感受到的暖意一样。如果人们不是为小女孩打开灯光，而是说一句“别把眼睛看坏了，读那么多书有什么用啊”，孩子心中就会灭了一盏灯。如果北大保安在校园中没有感受到知识的力量，没有受到文化的熏陶，努力学习却被嘲讽“一个保安不务正业却学什么英语”，他心中的那盏灯也永远不会被点亮。

一个不让人垂头丧气、不让人贬低奋斗，而让人对知识充满敬意的环境太重要了！这就是为什么北大保安能成群逆袭，名校常出“扫地僧”，而这样的故事却很少发生在其他环境。人的气质很多时候是环境熏陶出来的，你整天读咪蒙的毒鸡汤，读“我为什么支持实习生休学”，读“我觉得金钱可以买到很多快乐”，熏出来的都是简单粗暴的功利主义思维；你整天沉浸于丧文化之中，油嘴滑舌于“生活不只眼前的苟且，还有前任的喜帖”“当你觉得自己又丑又穷一无是处时，别绝望，至少你的判断还是对的”，你会陷于颓废和绝望的泥沼中不能自拔；当你整天义愤填膺地把“阶层固化”摆在嘴上，跟着喷子一起把“教授”贬成“叫兽”，把“专家”矮化成“砖家”，贬低知识，嘲讽读书，消解学历，在愤世嫉俗中走向反智，你可能已经在“葛优躺”中沦为行尸走肉。

北大保安不屈的奋斗姿态让人动容，但要感谢那个环境、那些可敬的人，给了他们一副坚硬的盔甲，让他们能够抵御无处不在的丧文化和毒鸡汤的侵袭，让他们能在“如果北大清华毕业都买不起房，还买学区房做啥，北大清华学历还有什么用”的怨愤中，保持着不被干扰的求知定力。我还想到了前段时间走红的育儿嫂范雨素，她的坚持写作，也与一位老师的引导和鼓励密切相关，让她心中的灯被点燃。保安很多，育儿嫂很多，渴求用知识改变命运的人很多，但愿为他们的读书点亮一盏灯的人也多起来。

在亲吻失意者中挑战残酷的社会达尔文主义

“尽管我们不得不遗憾地告诉你，你未能通过本次自主招生选拔。然而请你相信，这是一个无关乎成败的结果判定，我们依然珍视你对北大的向往和热爱，在你的身上，依然有我们看重的执着和自信，而它比这次选拔的结果更能决定你的未来。我们必须承认，我们还不够完美；这个过程中，我们彼此都需要学习”——北大给2017年自主招生初审未通过考生的一封信，让无数人在感动中感受到了一所大学的精神和情怀。抚慰了失意者，弱化了胜败竞争，用温和的姿态挑战了一下那种无坚不摧、已经深深浸入这个社会每个毛细血管的社会达尔文主义。

可能有人觉得这是一种招生宣传的公关技艺，用标新立异的套路“表现”真诚。——这个时代的一大悲剧是，在虚伪、造假、炒作泛滥的语境下，情感和人性也成为消费主义的大餐，人们已经习惯用去价值化、泛营销主义的视角来看待身边的那些感动、温情、热泪盈眶和义愤填膺——当一个事物触动起人们的感动时，会本能地觉得这可能是一场消费人们情感的公关营销。处处弥漫着商业制造的虚情假意，人们不敢真诚地去感动。我愿意相信北大的真诚，这个时候，能想到给失意的考生写一封信，站在他们的角度体味他们的失落，让失意者奋起，已经非常不错了。这个世界从来不缺得意时的赞赏和失意时的打击，最缺的是得意时让人冷静的凉水和失意时让人重拾自信的鼓励。

我的一个学生谈到了她当年参加某校自主招生失意后的心情，她说，当我看到报考学校网页上冷冰冰的初试结果“未通过”三个字，我既怀疑自己在剩下的短短几个月中能不能达到理想学校的要求，同时也怀疑这所学校是否真正适合我的个人发展。虽然如今回想起这不过是求学路上的一个小小挫折，但那段时间大概是高三阶段最灰暗的时光。如果当时的我也收到这样一封信，告诉我“在你的表现中，我们感受到了你的热忱，看到了在你身上诸多美好的可能性，也读懂了你对自我的认知和对未来的理性选择”，对我来说绝对是非常及时有意义的鼓励。

我们的大学都说要向世界一流大学看齐，北大的这封信让人看到中国最好的大学已经有了世界一流的气质，大楼大师之外有着大的情怀。哈佛一直有这样的传统，给没有被录取的学生回一封信，告诉他们，我们从过去的经验中得出的结论是：学生进入哪所大学并不重要，重要的是他在未来4年中的成长。我还想起几年前马云给高考落榜生的一封信，也是写得情真意切：我想你这几天肯定很失落，我理解！因为我有过两次同样的经历。特别是第二次高考失败，我记得发榜那天晚上……怕被人看不起，怕被家人埋怨，怕自己会永远抬不起头，怕自己没有未来……人生变化无常，今天的顺利未必未来就一定会成功。如果你考进了名牌大学，请用欣赏的眼光看看别人！如果你考进或考不进大学，请用欣赏的眼光看看自己！

每次看体育比赛，享受比赛过程之后，最让我动容的不是胜利者在领奖台上的潇洒，而是观众向失败者致敬的掌声，是教练给输球的队员擦去伤心的泪水，是陪练亲吻失利者的情景。胜利者永远不会缺少鲜花和掌声，而并不是每一个失利者都能获得一个拥抱、一个亲吻、一声鼓励。——因为，在充斥着社会达尔文主义荷尔蒙的语境中，人们崇拜弱肉强食，崇拜胜者鄙夷败者，崇拜优胜弱汰，胜者为王，败者被贬为LOSER，市场不相信眼泪，很少有人在意失意者的感受。

想起一个同样充满柔情的故事，有一次，“铁娘子”撒切尔夫人与她的内政大臣一起吃饭，女服务员上菜时不小心把热汤碗打翻，汤汁洒到内政大臣身上，服务员吓得手足无措。撒切尔夫人起身，上前拥抱她安慰道：“孩子，别害怕，这个错误谁都有可能犯。”直到女服务员平静下来，撒切尔夫人才转身慰问被热汤烫得龇牙咧嘴的大臣。——感动人心之处在于，那种情境下，位低而窘迫不安的服务员比位高的大臣更需安慰。看惯了那些对底层服务员呼来喝去高声训斥的大爷态度，这种站在鸡蛋一边的柔软情怀更显可贵。

是的，强者的谦虚有时更让人动容，北大这封信触动的社会痛点正在于此，在一片达尔文化的残酷和冷漠中吹来一丝弱化竞争鸡血的温情。对于这所中国最好的大学，人们充满向往，也许每个人心中都有一个北大梦——人们如此倚重北大，这座独木桥令莘莘学子争得头破血流，每年都有无数人被挤落。在无数落选者面前，北大有充分的资格去表现强者的傲慢，用不可一世的冷酷体现高不可攀的神圣。一直觉得最令人钦佩的品质有这些：聪明者的努力、牛掰者的谦虚、胜利者的冷静、失意者的自信。从北大的这封信中能感受到这种让人钦佩的品质。

一个健康社会的道德秩序中，应该包括这些公民美德：强者的谦虚、弱者的自信、平民的不卑不亢、富人的慷慨、穷人的尊严、中产的稳重、精英的友善、掌权者的小心谨慎如履薄冰，鼓励竞争而关怀弱者，推崇成功者的奋斗也尊重失意者的努力。可在一个过度达尔文化的社会中，却只有残酷竞争下的弱肉强食思维，充斥着彼此为敌的竞争戾气、优胜弱汰的荷尔蒙和深入骨髓的强者傲慢。在范雨素现象中，一些中产精英在底层奋斗者面前表现出的傲慢、自私和无耻让人触目惊心，嘲讽弱者的奋斗，用粗痞化的思维矮化温情和善良，渲染精致利己至高无上的真理性。在这种达尔文化的语境中，对被老虎咬死者没有丝毫同情，而是一片“咬死活该”的狂欢；这种语境中，猥琐中老年成功男可以恬不知耻地大谈饭局上对女色的消费，老师可以毫无廉耻地对学生说“当你40岁时没4000万身价别来见我”，成功者可以得意扬扬地宣称“读书有什么用啊，我就没读过书”，身家数百亿的商人谈自己靠行贿挖到第一桶金时台下一片掌声。对弱者的同情常被嘲讽为圣母，苛刻和冷漠却被尊崇为规则。

也许你只是把北大这封信当成一碗聊以慰藉的鸡汤，可残酷和冷冰的竞争丛林中，这碗鸡汤的暖流格外珍贵！

尊重她不想成为“励志偶像”的小希望

看到假肢女孩谢仁慈的故事，很喜欢她的阳光。一场车祸让她失去一条腿，从此不得不依赖假肢。但她很坚强，没有为假肢自卑，穿着短裙露出假肢走在街上，被同学们爱称为“西政的太阳”。一个故事能感受到她的自信与阳光。一位副教授曾在健身房偶遇她，专门发了一条朋友圈：今天在健身房看到一个小姑娘，她一条腿戴着假肢，不断尝试各种健身器械……我问她，你为什么推哑铃？这个20岁的小姑娘咧嘴笑着大声说，为了防止胸部下垂。

很多人都把小姑娘当成了不屈服于命运、用阳光与命运抗争的励志偶像，从坚强的她身上汲取向上的力量。可她说，她不想变成一个励志典型，只想讲自己的故事。——不想被当成励志典型，也许有人觉得这是她的谦虚，不希望被人仰视。我觉得她不是谦虚，而是害怕“励志典型”中的同情、绑架和另类目光。她努力保持着微笑，不介意穿着短裙时被人看到她的假肢，努力淡化那些“不同”，是希望身边的人能用平等的眼光看她，不要用另类和异样的眼光盯着她，能把她当成跟自己一样没什么不同的人。“励志典型”虽有一种肃然起敬的道德剪影，却可能强化让她敏感的“不同”和“异样”。

“励志典型”的符号中确实包含着敬意和景仰，可敬意之后常常也潜伏着一种俯视化的同情，尤其是对弱势群体，自以为是的同情可能是一种伤害。一个记者朋友谈到过这种“典型塑造”中的俯视，她说：我们以前有记者去采访重症病人，哭得比重症病人还厉害，同情心上来了就控制不了。等她入职时间长了，逐渐发现，要做职业化的采访，这种俯视化的同情、匍匐的同情，其实都是对别人的伤害。对弱势群体采访多了后，就很容易让人有不克制的、泛滥的同情。

当我们把一些人塑造成“励志典型”时，很多时候是自私和功利的，实为各取所需，想从这个人身上获得一种正能量，获得这种精神那种营养，汲取这种价值那种意义，用其身上的某种精神鼓励自己。——我们考虑到的只是自己的需要，可有没有站在别人的角度考虑一下，别人是不是喜欢被当成这种“励志典型”？别人是不是反感这种“精神挖掘”？我们在别人的苦难面前哭得稀里哗啦，有没有考虑到别人的感受？

实际上，人们对“励志典型”的景仰之外，常常匍匐着一种隐秘的同情，这种同情让那些敏感者是很不舒服的。尤其对一个很要强的人来说，这种俯视化的同情更是一种不小的伤害。看得出来，阳光的假肢女孩是一个很要强的人，因为要强，她不再用厚重的壳把自己包裹起来，她去尝试各种健身器械，她突破困难骑共享单车，她努力考上了大学，她不想忍受别人悄悄地打量而去掉假肢的遮拦。她就是为了争取让别人觉得“她和大家是一样的”。

真正对她的尊重，不是把她当成“励志典型”，不是仰视，不是俯视，更不是歧视，而是平视。想起一个温暖的故事，美国前总统老布什为了表示支持其特勤人员身患白血病的儿子派崔克，曾特别剃了个和他一样的光头。派崔克因为接受治疗，导致头发掉光了。剃了光头的老布什坐在轮椅上开心地抱着 2 岁的派崔克的画面充满着暖意。事实上，不光是老布什，整个特勤小组成员都为派崔克剃成光头。老布什最大的女儿罗宾年仅 4 岁时死于白血病。老布什剃光头既是为孩子加油打气，也是用这样的方式让他感受到“你并没有什么不一样”。

还想起前几天看到的另一条新闻，英国莱斯特郡一对“特殊”的父子参加了越野障碍赛 ToughMudder。父亲不断鼓励着残疾的儿子靠自己的力量往上爬，后来不少参赛者都来帮忙。——父亲的这种努力，也是想让儿子感受到平等的自信。而人们的帮忙，也不是出于同情，而是鼓励他的自信。

尊重她这个小小的希望吧，不要总自私地想从别人身上汲取力量，却忽略了别人的感受。

真爱她们，就别再为她们的不涨价而自私地感动

看到一条新闻，感动之余，总有点儿不舒服。

新闻说：不忘初心，三代传承。广东陈添记的明伯，40 年来坚持只做三样小吃，尤其是一份爽鱼皮堪称镇店之宝！为了不让父亲伤心，明伯的女儿放弃银行的高薪工作回来做了第三代传人。广州的房价一直在涨，陈添记却 9 年没涨价了，明伯说："不能叫街坊失望，要对得起他们。"

放弃银行的高薪工作回来做第三代传人，这份精神传承让人感动。但"广州的房价一直在涨，陈添记却 9 年没涨价"却让人不忍感动。明明其他商品都以看得见的方式在涨，原材料、房租、员工工资、生活成本，都在涨，这家店却 9 年不涨价——是的，街坊和消费者从"不涨价"中受益了，可这种受益是以另一方的利益受损为代价的。感动是一种高贵的情感，我们不能用让别人放弃自己的正当权利、牺牲自己应得的利益来感动自己，这种感动非常自私。

用别人的权益牺牲来感动自己，这不是感动，而是一种道德绑架和情感敲诈。

常看到这种让人很不舒服的新闻，用自私的感动将某种极不合理的"不涨价"架到一个下不来的道德高地，在廉价的感动之中，心安理得地享受着那种反常情反市场的"不涨价"。看到过"早餐奶奶的早餐 20 多年不涨价，鸡蛋饼 5 毛 1 个"，看到过"88 岁老奶奶卖馄饨 10 年不涨价，网友：这价格太实诚让人感慨万千"，看到过"1 毛奶奶 20 年不涨价，老奶奶卖小吃 1 毛

钱 1 串走红网络”。面对这样的新闻，我真不忍用“业界良心”“正能量”这样的字眼去赞美——在我看来，只要价格合理，只要食品安全卫生，只要童叟无欺，就是业界良心，就是正能量，不合常规的低价不应该被鼓励。你如果有良心的话，会忍心吃下那 5 毛 1 个的鸡蛋饼？真忍心去付那个不合理的价钱？有良心的话，应该支持老奶奶合理正当地涨价，而不是用自私的感动心安理得地“消费”她们的良心。

其实，反常背后总有问题，这些老奶奶“不涨价”的新闻背后都有一些让人心酸的故事。她们有的是因为孤独没人陪，卖的是早餐，背后却都是孤单，她们不为赚钱，只为不那么孤独，她们需要陪伴，却走不出自己的老房子；有的是因为家里经济拮据；有的是为了打发时间，给自己找点事做。而那些自私的感动，“业界良心”的廉价赞美，常常遮蔽了背后的真问题。

不要把市场问题道德化，涨不涨价，很多时候应该是一种理性的市场行为，而不该用泛道德化的思维去看待。成本涨了，该涨就涨，成本降了，该降就降，应该基于常识常理而鼓励一种正常的思维，而不是将反常的行为道德化，在稀里糊涂的感动中忽略真问题。

什么是真正触动人心的正能量？下面这个关于涨价的故事，我觉得听起来更符合常情常理，也更有正能量的感染力。

河北保定“良心油条哥”，因炸油条不用废油而饱受赞誉。成名后的他被邀请参加中国食品安全论坛并与部长们一起发表演讲。他在演讲中没有豪言壮语，没有谈“不用废油”能给别人带来多少利益，也没有谈“不涨价”，而是高调地谈到了“价格比别人高”，谈“不用废油”给自己带来的种种好处。他算了一笔账：刚开始不用废油的时候，担心成本增加会亏本，每天倒掉三四斤油 20 多元，每月就损失四五百元，但他坚持诚信经营，明码标价，别人卖 4 块钱 1 斤，他卖 5 块钱 1 斤，没想到的是，虽然成本增加了，价格上涨了，可来吃早餐的人却越来越多，盈利也比原来多了 1/4。

成本上涨了就应该涨价，成本比别人高，品质比别人高，价格就该比别人高，这才是正常的。别总宣扬那种“不涨价好有良心”“牺牲自己利益好让人感动”“好人却好让人心酸”的悲情故事了，好良心好品质应受到市场的回报，这才是市场社会应有的佳话。

适应春节期间的种种不便，也是一种文明

社会文明进步的一个体现是，人们已经逐渐习惯了快递、保姆、餐饮、媒体等服务行业春节休假，尊重这些行业的工作者跟自己一样的休息、休假、回家过年的生活权利。前几年，每逢春节放假快递也一起休假，城市的很多社会服务停摆的时候，人们还各种吐槽，抱怨快递休假给自己带来的种种不便。而如今吐槽的越来越少了，都习惯了年前就把各种必要事务安排好，有了“春节不像平常那么方便”的心理准备。

不过还是有人不适应，比如某媒体就发了一篇评论谈“快递企业春节期间不宜过年休息”，抱怨快递休假让公众生活很不方便，文中谈道：对于服务行业的企业而言，节假日恰恰是最忙、销售的佳节，消费者过节，它们不能打烊，放过赚钱的机会不是傻吗？这个道理同样适用于快递企业，因为快递企业属于服务行业。因此，快递企业亟须转变观念，理应放弃“过节休息”的老观念。当然，快递企业要确保节日发货且保证时效，还需要改革用工制度与机制，建立健全稳定的快递员工队伍，这也是重要的。为此，要在工资、福利待遇等方面，舍得投入，等等。

这样的评论腔调，洋溢着“消费者是上帝，无论如何，让消费者不爽不方便，就是你的不对”的大爷心态。让快递企业春节期间不休息，不合理，不近人情，也不正当。

评论中有句话挺有意思：“节假日恰恰是最忙、销售的佳节，消费者过节，它们不能打烊，放过赚钱的机会不是傻吗？”——是啊，放过赚钱的机

会不是傻吗？人家不傻，谁都知道这是一个赚钱的机会，可人有比赚钱丰富得多的需求，你可以休假和家人团聚，别人凭什么不能呢？生活不只眼前的苟且，还有诗和远方，这话听着有些矫情，可对于快递小哥们很现实的是，生活除了送不完的快递，赚不完的钱，还有远方亲人的召唤。消费者和服务者都是人，消费者有家庭团聚的需要，服务者一样有，双方是平等的，不要以为“我是花钱的”就可以带着优越感去要求别人以消费者为中心、围着消费者转。穿梭于大街小巷辛苦送快递一年，别人也需要回家休息归乡过年。

评论给出的一个理由是：“因为快递企业属于服务行业。”——服务行业就必须永久以你为中心，一年到头不停地为你服务吗？这不是一个平等和正当的要求。我一直觉得，“消费者是上帝”是一句张扬着消费话语霸权、极不讲理的话，双方明明是平等的契约关系，并没有谁高谁低谁尊谁卑，一个给钱，一个提供服务。你给钱，可人家不想提供服务时，你不能以“你是服务者”去绑架别人、强迫别人非要提供服务。当然，你可以给更多的钱，但别人愿不愿意当服务者，得尊重别人的自由，尊重别人的休息权、休假权和归乡过年的情感需求，正如你也期待别人尊重你同样的权利一样。你可以付钱，别人有拒绝的权利。

这些快递企业跟公共服务还不一样。为了城市不至于陷于混乱和停滞，得维持一种最低限度的公共服务。比如，无论如何，公共交通、电力、供水、垃圾清理、消防、医疗等是不能停滞的，这是城市正常运行的最低服务保障，所以这些公共事业往往由国营运作。而快递、保姆之类服务则不一样，并非维持社会运营的基本保障，并没有那种“无论如何总要保持服务状态”的承诺。市场化企业可自主自由安排，公众没有要求他们“不能回家过年”“节日期间必须提供服务”的权利。实际上，只要你愿意多付钱，总有市场化的方式能解决自己的需求。

这篇评论提道：“快递企业亟须转变观念，理应放弃‘过节休息’的老观念。”——这还是太自私、太以自己为中心。为什么非要快递企业转变观念，而消费者不能转变一下观念，不能放弃那种“过节还要让人服务”的老观念呢？不要自己生活稍有不便就骂娘，而应将心比心去体贴、容忍和适应春节期间的社会服务停摆，习惯打车比平常难很多，习惯叫不到快递，习惯吃饭时找不到开着门的酒店，习惯找不到保姆。有人情味的态度是，在这种短暂的春节状态中意识到服务者的重要，意识到城市对外来务工者的依赖，日常对他们更多点儿尊重和关怀。

这几天从春运新闻中看到不少让人感到心酸的报道，比如为了春运服务很长时间不回家，两岁的儿子只能在舱门口看一下父亲；为了保障日常服务，夫妻常年见不着面——每看到这样的新闻，人们总会被感动，并觉得这样挺不人性化。我们不能一边看到这样的新闻很感动，觉得很心酸，一边在生活稍有不便时就苛求苛责服务者。生活再不方便也不要忘了，服务者也跟我们有一样的休息权利和情感需要。适应春节期间的各种不方便，也是一种文明。

陪他一起去扫雪，让感动超越廉价的鸡汤

17 年前，雪天路滑，儿子遭遇车祸丧命，沈阳丰收村村民康忠文开始在村中义务扫雪。从那以后，村里这条路再没发生过交通事故。老人说，不能让悲剧在别人家重演，要一直扫下去，直到扫不动为止。每到下雪，老人都特别想念他的儿子，老人想对另一个世界的儿子说：孩子放心，我们都很好，爸爸已经为你扫好回家的路。

看到这里，你一定跟我一样，泪眼朦胧中不忍再看下去。

前几天媒体报道了沈阳这个老人义务扫雪 17 年的新闻故事后，很多人用的表情都是：心疼、泪奔、感动。人们留言说，希望老人平平安安身体健康。这确实让人感动，真的没有什么比这种悲痛欲绝后升华的利他情怀更能触动人心。遭遇这样的悲剧后，有人选择了悲愤和仇恨，有人永远陷入悲痛和绝望中无法走出来，有人受不了打击从此一蹶不振，有人会一直生活在自责和他责之中，使悲剧延续下去。而这个坚强的老人选择了一种积极的活法，用避免类似悲剧发生在别人身上的利他行动来缓解自己的失子之痛，用余生的义务扫雪去完成一个心碎父亲的自我拯救，这是一份怎样让人肃然起敬的大爱啊！

我知道，也许老人刚开始扫雪的时候，并不是为了“避免悲剧在别人家重演”，只是为了缓解自己的悲痛，只是为自己找点儿事情做，用忙碌去填充和麻醉那折磨得自己痛不欲生的想念，用这个行为表达对孩子的深切思念。失去了至爱的孩子，失去了人生的全部意义，生无可恋，总得做点什么

让自己觉得有意义的事。扫着扫着，“不能让悲剧在别人家重演”就成了自己的使命，成了自己所赋予的意义。于是，17年来，每当下雪，他就会准时出现在村口的坡路除雪，无一天例外。

我记得媒体报道了这条新闻后，无数人转发了这条新闻，表达自己的感动和敬意，“儿子雪天车祸去世，他义务扫雪17年”的新闻成为当天的热点。可热点很快就过去了，感动更快就过去，人们很快就进入其他新闻热点的情绪节奏中，为其他事情感动、愤怒、争议、同情。老人扫雪的新闻很快被淹没，感动像潮水一样地来，又像潮水一样地退去了。

此起彼伏的热点中，人们的感动就是这样稍纵即逝，看这样的新闻故事，就好像在翻某一本心灵鸡汤故事，看了这一页，被这个故事感动得泪流满面。很快翻到另一页，又迅速进入下一页故事的情绪节奏中。现实中的新闻，不是编的心灵鸡汤，不只是一个热点，热点后面是一个个鲜活的人。我们不是在看故事，而是看另一个人的生活。不能让自己的感动显得那么廉价和轻飘，感动之余，还是应该有一些超越短暂、浅层情感触动的深层影响，有一些深入的思考，有一些积极的行动，做点儿什么让感动更加深沉和厚重一些，使感动不只停留于沙发上看肥皂剧的情绪佐料。

令人心安的是，老人的扫雪行动让不少人加入了扫雪的队伍。在康忠文的感染下，丰收村自发组成了“义务扫雪队”。一位村民说：他刚开始扫雪的时候，有不少人说他傻，吃力不讨好，还自己往里搭钱。没想到，他坚持扫了17年，现在不只我们村的人，邻村的，甚至经常开车经过的人都知道他。这些司机路过时都按喇叭谢谢他。但愿我们不只是感动于老人的扫雪，而能加入他扫雪的队伍，陪他一起去扫雪，在自己的社区做一些力所能及的公益行动，多参与一些公共服务。这样，感动就不会显得那么轻和薄。

另外，不能只是感动于老人的义务扫雪，应该看到，扫雪的老人需要别人的帮扶。他之所以扫雪，有一方面是为了缓解自己失去爱子的悲痛和孤独。拼命扫雪是为了拼命淡化和忘记，扫雪背后是老人难以言说的孤独。如果能读懂老人扫雪的孤独，感动之余，邻近的年轻人就应该多去陪老人说说话，多去帮老人做点儿事。他帮我们扫雪，我们应该陪着他，让他不那么孤独，让他感受到这个世界待他的温柔。痛苦的他用爱吻着这个世界，我们该报之以歌。

骂得再狠也比不上那位父亲的虐心自责

天津大悦城两幼童坠楼惨案，揪痛、刺痛、虐痛人心，沉重得让人窒息。纠结了好几次，我才有勇气点开新闻。因为家长的粗心，导致两个孩子先后从商场 4 层坠落至负 1 层。新闻后的评论中对那个粗心家长一片骂声，有名人称对其“不应苛责”也连带受到网友痛骂。网友们痛斥：

护栏再高也挡不住一颗作死的心。

难怪有的国家发生类似的事情父母会被抓起来关十几年反省。

一想到父母这种职业不需要任何考试就能上岗，我就觉得相当的恐怖！

万万没想到居然有这么弱智的父亲会把孩子抱起来靠在护栏上……还同时抱俩……无语。

孩子太可怜了，这样的人凭什么做父母。

要把孩子视为一个独立的人，不能因父子关系而不追究责任。

商场的护栏高过了父亲的智商！

骂得都对！骂得还不够狠！无论站在什么立场，都没有理由对这位家长宽容。他如此粗心大意，没有尽到一个监护人的责任，在应能预知严重后果的事情上未能保护好孩子，置孩子于必会引发不测的险境之中，犯了一个无法被原谅的错误，不能因为自己也是受害者就可以逃避谴责。

说是意外惨剧，但如果家长稍微负点儿责任，都会预料到抱着两个孩子站在这种地方的危险。真的无法理解得有多么粗心、脑子得进多少水，才会那样带孩子。粗心比魔鬼可怕多了！

面对两个幼小无辜的可爱生命，原谅人们真的说不出理解，说不出原谅，说不出宽容。

骂够了之后，义愤填膺的人们也许会发现，即使人们原谅了这个父亲，他也不会原谅自己。人们骂得再狠，也比不上这个父亲痛不欲生的自责。人们骂的那些话，他也许已经用狠毒万倍的方式在心里把自己骂了无数遍了。当人们咬牙切齿地骂“你怎么不去死”，肺气得要爆炸地骂“我要是这妈，自己眼睛哭瞎前，自己变神经病前，不会让这男人看到明天的太阳”时，他已经捶胸顿足地自骂过无数遍“我怎么不去死”了。

但，又有什么用！

有人说：看到他趴在地上痛苦的样子，都留点口德别痛骂了，他肯定比谁都难受。——我倒觉得，对骂声不要那么在意。这种骂，是人们看到这种极端惨剧后的本能反应，也是人们受到惨剧刺激后减压的一种方式。实际上，犯了这种错的人，是原谅不了自己的。他并没有心情、也没有资格介意被骂，痛苦自责之中他甚至希望别人骂他、打他一顿，让他受到惩罚，这样心里也许才稍微好一点。

骂完之后怎么办呢？这个惨剧很快会被另一条新闻所掩盖，人们都将回到自己的生活，情绪很快会进入另一个事件的情境氛围中，而这个家长、这家人一辈子都将走不出这件事的阴影，活在自责、噩梦、绝望之中。这个父亲，将用一辈子无法释怀的痛苦为自己的疏忽付出代价。

这件事没什么深层次的原因，是非都懂，就是粗心和疏忽造成的悲剧。极端意外、惨剧很罕见，可是，人们的粗心和疏忽并不罕见。把孩子一个人遗忘在锁着的闷热的车里；骑车时把孩子一个人无保护地放在后面，从后座掉下来都不知道；把幼童一个人放在家里出去办事，然后孩子爬到了无外栏的窗台上；父母骑着电动车带着两个孩子在路上横冲直撞；让孩子一个人在车来车往的路边玩。这些，想着都觉得心惊肉跳。

置孩子于险境就是成人的罪过，不能因为身为父母，就可以减轻这种道德罪责，孩子不是父母的附属财物，而是一个独立却需要监护的个体。但愿骂声不只是一种发泄，惨剧能让粗心的父母长记性。是的，也许没有人比父母更疼爱自己的孩子，疼爱孩子是本能，但疼爱很多时候确实是需要能力的，“成为父母”不是天然的结果，而是一个需要认真学习的过程。

我担心的是，人们都自负地以为很懂这些道理，却在惨剧降临时才知道，那可能只是假懂。我更担心的是，细心的父母才会为这样的悲剧痛心，而操蛋的父母根本不会看这样的新闻，他们无动于衷，只将其当成是别人的事，于是，悲剧不断上演。

你负责貌美如花，一定有人在承担丑的代价

北方多地飘雪，如诗如画美不胜收的雪景刷爆了我们的朋友圈，不过有媒体转发的一张照片让人们看到了另一种雪景：丑，却美着。媒体的微博是这样写的：你愿为这张沾满污水的脸转发吗？今早，山东济南，四名环卫工正用机器清理积雪。一位环卫工人的脸上沾满了机器喷出来的灰色水渍。他身上的橙色环卫工服，也完全看不出原来的样子。据了解，他们凌晨 2 点多就到街头清理积雪，一直持续到 8 点，连口水都没喝。致敬平凡岗位的坚守！

当人们在欣赏银装素裹的大美时，很少有人会注意到身边和街头这样一些人，注意到他们身上的泥泞和脸上的水渍，以及他们与雪的美似乎不相容的“丑”。可这种“丑”感动了很多人，人们纷纷留言向这些看不到他们留言的平凡人致敬：有人说，有些事不是鼻子酸酸就能解决的，希望不要乱扔垃圾，希望可以提高他们的薪资水平；有人说，希望有关部门能为他们配备齐基本的劳动保护用品，而不是转发致敬一下就完事了；有人说，我愿意递给他一块手帕、一杯热水，但是我不愿意转发，因为没用。

这张照片也许能让人们想到，当你负责貌美如花时，一定有人在承担“丑”的代价。

想到另外一组照片，也关于“丑”。媒体发了一组警队里的“丑照”，他们有的扑向了引爆汽油桶的嫌犯，有的用血肉之躯为被绑少女撑起安全天空，有的在库房面临爆炸时冲向火场，他们脸上和身上留下无数伤痕，有的

脸上被炸得面目全非，有的面部神经受损永远笑不出来，有的双手残疾再也提不起重物——网友说，这种“丑”是他们的勋章，每道伤痕都是一枚勋章。当看到那些夜读鸡汤中诸如“哪有什么岁月静好，不过是有人替你负重前行”的句子时，人们会觉得很矫情，可看到这些让自己震惊的“丑照”时，就会理解“负重前行”的每一个字都是用血写成的。

从人性需求看，人们都追求安全、美丽、整洁、安静、优雅、闲暇和美好，但我们所追求的这些并不是天然存在的，是需要付出代价的——一些职业就是为了承担我们所追求的美好而付出代价的。当你欣赏美的时候，背后有人在承担着“丑”；当你享受安全时，有人将自己置于危险之中；当你逃离火场时，有人逆向而行冲向火场；当你享受天伦之乐时，有人白发人送黑发人，白发人又随黑发人而去——前段时间吉林一位警察缉凶时牺牲，在追悼会现场，母亲因过度悲伤突发心脏病去世，此事心疼得让人窒息。

你可以冷冰冰地说，这是社会分工，不同的职业做不同的工作，承担着不同的风险。比如对环卫工的那张“丑照”，就看到有人说：他们挣得就是那个钱，他们只能做那样的工作，那是他们应该的。工地上的人更累，更危险，怎么没人致敬？其实每个岗位上的人都一样，只不过分工不一样，才会觉得环卫工人那么辛苦那么可怜。只有义工才值得尊敬，其他都是为了钱。——我知道，持这种扯淡观点的人不在少数，这种冷酷的观点貌似有一点儿道理，其实浸透着庸俗、冷血、工具化和抽离了价值敬畏的自私，是一种精致却失去人味的、冰冷无情的利己主义。

很多工作，确实是“社会分工”的结果，就是一份工作——但为什么你不愿去做那样的工作呢？罗曼·罗兰的名言常常成为鸡汤佐料：世界上只有一种英雄主义，就是看清生活的真相之后依然热爱生活。——我想说的那种比“热爱生活的英雄主义”更让人肃然起敬的是：看到职业面临的种种危险和重压，仍选择赴汤蹈火的英雄主义。对那些承担着比普通人更多危险、义务、担当的人和职业，人们不能失去应有的温情敬意。没有谁天然就应该去做那些需要牺牲、奉献精神的事，没有谁有天然的义务在别人追求美丽和安全的时候却与这个社会的危险、污浊、丑陋和阴暗打交道。职业并无高低贵贱，但总需要有人去做那些需要逆火前行、负重前行的工作，不能因为那是一个饭碗、他们拿了工资，就降低他们应受的尊重。

让一切平实自然，活在真实而不是正能量剧本中

最近朋友圈传播着一则让人感动的佳话。2 月初，河南新密一名高二学生陈奕帆，骑电动车不慎撞上了一辆停在路边的宝马车。因车主不在现场，该学生写了一封道歉信，然后用信包着寒假打工挣来的 311 元钱卡在车门把手里。车主被学生的诚实善良所感动，虽然修车花了 1.3 万元左右，但他决定表扬和鼓励这个孩子。这种诚实和仁义的友善互动给人心带来了很多温暖，人们纷纷留言说“穷有信，富且仁”。在当地相关部门的帮助下，车主找到了陈奕帆并送万元助其学业。

学生的诚实很可贵，车主善待诚实的情义一样可贵。一个社会良好的道德生态需要这种与人为善的良性互动，好人应被这个社会温柔以待。在一个诚信缺失的社会中，这个温暖而美丽的佳话更有一种动人的力量。其实我不太喜欢“穷有信，富且仁”这样的身份标签，也不太愿意强调“宝马”这样的符号，良善的品质跟贫富没什么关系，这是朴素人心的一次美好遇见。

不过，还是感觉故事的结局有一点儿小遗憾。车主委托女儿给这个孩子送来 1 万元现金，孩子和家人坚决不要，在很多人的一再劝告下才“勉强”收下这钱。——其实应该尊重孩子的意愿，可以不必非让人收下这钱。车主的情义让人尊重，但也应该考虑到这份情义可能给人带来的压力。是的，“万元奖励”让这则佳话在道义上升华到高潮，我们都含泪散去，但情义的压力却留给了孩子和家人。

看看新闻所描述的场景：陈奕帆的妈妈楚女士称，见面后，楚女士提出

赔偿车主所有的损失，但车主说既然已经明确说过不要奕帆赔偿了，就坚决不会要这个钱。楚女士再三请求提供银行账号，均被拒绝。车主委托女儿给楚女士和陈奕帆送来1万元现金，表示要资助陈奕帆的学业。对这1万元，楚女士和陈奕帆坚决不要，最终在当地宣传部工作人员、交警大队民警的共同劝说下，楚女士才收下了这笔饱含情义的“助学金”。

看得出来，这家人是真心在“婉拒”这1万元，而不是客套。将心比心，如果我遇到这种情况，我也会婉拒好意的，因为承受不了那种超越行为本身的情义压力，不想“欠”别人太多的人情。剐蹭了别人的车，留言留钱很可贵，却是应该的。受损的车主不仅没有索要修车的巨款，反而借媒体表达了感谢，向诚信致敬，已经很不错了。让人家花了那么多钱修车，又不要赔偿，陈奕帆和家人一定已经很过意不去了。——可车主还要给万元奖励，那么诚实的孩子，一定会觉得自己承受不起，不该拿这笔钱，所以他和母亲才“坚决不要”。

车主觉得这种诚实理应受到奖励，公众也觉得收下这钱没什么不妥，这钱也能让这则佳话更加美好，充满童话色彩和劝喻意义：诚实的人不仅不吃亏，还受到赞许和奖励。一个穷人家孩子碰坏了富人的豪车，孩子留信道歉并留下辛苦打工的钱作赔偿，车主被感动，费了一番周折找到孩子后不仅没让赔钱，还给了万元奖励。——佳话很美好，可是，不能为了佳话的完美而忽略当事人的想法，不能为了自我感动而强加让人有压力的善。

看得出来，车主是个好心人，孩子留言致歉时称“寒假在城里打工，我给你留了钱作为补偿，我知道这不够，但我已经没有钱了，非常对不起”，他判断“这孩子利用寒假打工，说明孩子的家境不太好”，就想到给钱资助。这种善意当然非常好，但也要尊重孩子和家人的想法，要了解他们在心理上是否能接受这笔钱，这笔钱是否会带给他们压力。行善当然不错，但更应该以尊重别人想法、让人舒服的方式去行善。我们不要无意间犯了自私的错误，拿对别人的好来感动我们自己，以让人有压力的方式去爱别人。

我丝毫没有觉得车主给万元奖励有何不妥，甚至对这一情义充满敬意，但我觉得，当孩子和家人一再表示拒绝的时候，人们不必“强劝”他们收下。并非收下这钱才算完美，其实佳话已经足够美好了：剐蹭后留言留钱，是诚信；为诚信感动而不索赔，是仁义；主动要求赔偿所有损失，是担当；不仅不索赔还送给万元奖励，是良善；拒要万元奖励而心存歉意，是朴实。而热心人非劝孩子和家人收下这钱，感动了我们自己，却让他们背上了无法释怀的情义压力。

为什么底层人的善良尤其触动人心

环卫工路边捡 7 万元，雨中站两小时等到失主——这条充满暖意的新闻，看起来很像一则童话，如果不是当事人现身接受采访并受到政府表彰，很容易让人怀疑是一则“正能量假新闻”：如今还有这样“傻”的人?

媒体报道称，近日，安徽亳州市涡阳县环卫工人李兰英在路面打扫卫生时，捡到了一个装有 7 万元现金的袋子。担心找地方避雨失主找不到，她在雨中等待了 2 个多小时，最终等到失主前来认领。李兰英说：“人家丢了东西，肯定心里着急，我当时唯一的想法就是能尽快将东西交还给失主。”据了解，李兰英家境困难，为了给丈夫治病债台高筑，每月 1000 多元工资，去掉丈夫药费后所剩无几。

每次遇到这样的新闻时，都能看到网友发自肺腑的留言：对这样的好人，真想为她做点什么，真想让她感受到世界对她最大的善意——让好人立刻有好报，我们才安心。有的说，也许您是经济上的穷人，却是美德上的富人，您有金子般的一颗心，堂堂正正让人佩服！媒体报道后，当地有关部门给她送来了锦旗。网友说，提高环卫工人福利待遇才是王道，对这样的好人我宁愿把做锦旗的钱给她而不是锦旗。

当然，也有人说，穷人是多么的善良，相比之下，有些富人是如何如何。甚至愤世嫉俗地说，穷人之所以穷，是因为他们都很善良——我并不赞同这种把贫富身份道德化的民粹主义观点，品德跟贫富并没有什么关系，新闻中见多了善良的富人和凶残的穷人，底层沦陷的现实残酷得令人发指，善良和罪恶在人群中是平均分布的。拾金不昧的有钱人，一定也不在少数。善良与贫富无关，但有必要承认的一个事实是，穷人和富人做同样一件事，底层人的善良更让人肃然起敬，更有一种触动人心的温暖和力量。

为什么呢？因为底层人的善良和道义尤其需要超越物质层面的纯粹精神支撑。比如，相比一个富人捐的 10 万元，一个穷人虽然只捐了 100 元，但他每月工资才 1000 多元，这 100 元占他财产和收入很大的比例，哪个更让人感动呢？一个有钱人，在路边捡到 7 万元，对他们来说根本不算什么，交还失主是很容易做到的事。但这样一个生活在社会底层的人，为了给丈夫治病债台高筑，做环卫工作每月仅 1000 多元工资，她很缺钱，而且是缺治病的急钱——这时候，面对捡到的 7 万元能做出那种选择，真很了不起！

有些人穷，总带着一种“别人应该让着我、应该体贴我、应该帮助我”的理所当然感，甚至自我演绎为某种道德优越感，总觉得社会欠着自己，别人欠着自己的，自己的困境好像是别人造成的，把“弱势”当成了一种降低自己道德要求的资本，我弱我有理，我弱我正义，我弱势我做什么都应该受到原谅，你们都应该理解我。而从李阿姨身上我们看到了一种无论身处何种境况总不放弃道德自律的可贵品质，她虽然很贫困很缺钱，但没有在道德上给自己留后门，没有让别人考虑她的境况，而是更加设身处地地想到了丢钱者的心境——人家丢了东西，肯定心里着急，我当时唯一的想法就是能尽快将东西交还给失主。

扪心自问，我们这些生活无忧的人遇到这种情况，未必能做到这样，甚至会觉得这样做很傻：担心找地方避雨失主找不到，她就在雨中等了 2 个多小时，最终等到失主前来认领——为方便失主认领竟在雨中等了这么久，这不是傻，而是一种朴素的善良。作为贫者，也许她经历过丢钱后那种自责、焦急、无助和绝望感，更能去与人共情，站在丢钱者的角度去思考问题。

走在城市的大街上，人们平时也许很少注意到像李阿姨这样的环卫工人的存在，可正是被我们忽略的这些人，在默默地坚守着一些可贵的品质。

护士怒斥，医患站在一起的感觉真的很美好

近日，一条“护士怒斥医托”的视频在网上热传。视频中，值班护士发现医托后大声呵斥：病人都哭了，你还骗人钱！她抓住医托的手怒称：你们就是钻国家法律的空子，真是恨不得在你们脸上贴上“医托”两个字。这名医托讪讪地说：“那我走了，不来了……”护士随后联系保安将医托带走。很多网友称这位护士为侠女，纷纷“为大侠点赞”。媒体追访了解到，视频中的“侠女护士”系南京市妇幼保健院员工。

这句“病人都哭了，你还骗人钱”真是正义凛然疾恶如仇，大快人心。此话不仅狠狠训斥了一个钻法律漏洞、食病患人血的无良医托，更狠狠地浇了公众心中的块垒。人们对医托深恶痛绝，可这些人是隐形的，脸上又没写“医托”两字，人们只闻其恶，只闻其暴利，却很少能揪住医托“拷问”一番。护士当众怒斥医托，完成了一次对无良医托的道德审判。

尤为可贵的是，这声怒斥是护士发出的！过去很多人觉得医院在对待医托上很不给力，反正医托欺骗病人跟自己没有什么关系，多一事不如少一事。正是这种“事不关己”的态度导致医托越来越泛滥，甚至公然在医院骗病人，骗病人的救命钱。个别工作人员甚至因为利益，而纵容医托的存在。这一次对医托的怒斥，恰恰是从医护人员嘴里吼出的，格外让人感到欣慰，让人感到正能量爆表。到了医院里，病人就把生命托付给了医生，很无助，只能选择信赖医护人员。这个护士的一声吼让公众看到，医护人员会保护自己的病人，把医托当成共同的敌人，这样的医护人员是值得托付的。这一声

怒吼，很像一个大侠把弱小者拥在怀里，保护他免受恶人伤害！护着病人不被欺负的凶狠样子很动人。

医患关系这几年为什么不断恶化？很大一个原因在于医患的共同利益感越来越弱化，不是站在一个战壕里向疾病宣战，不是指向共同的敌人，而是互相伤害，彼此为敌。出现一两个缺德的医生，就妖魔化所有的医生；有了一两个不讲理的患者，就带着强烈的防卫心态看待每个患者；你带着录音笔来看病，把每个医生臆想为医疗事故制造者，我就戴着头盔和武器上班，把每个患者假想为医闹。而“护士怒斥医托”带来的感动让人看到，当医护人员和患者不是彼此为敌，而是指向一个共同的敌人时，那是一件多么荡气回肠、多么能滋养医患和谐的事。没有什么比“病人都哭了，你还骗人钱”这声怒斥更能让患者对医护人员产生信赖感了。

你若生死相依，我必不离不弃——这说的不仅是地老天荒的爱情，也是医患这种特殊关系所包含的生命托付感。这一声吼是告诉医托：忍你们很久了，病人都哭成这样了你还骗，实在不能忍了，还不赶紧滚。医托是患者的敌人，也应该成为医生和医院的敌人。护士这一声吼所传递的正能量，正是那种医患同仇敌忾的感觉，让患者觉得到了医院就受到了保护，而不是冷漠和孤立无援。

其实，患者也在吼，但听起来远远没有护士这么有力，甚至让人感到悲情和无助。两年前网上曾有一个视频在流传，是一个来北京看病的女孩怒斥号贩子，她指责医院号贩子“猖獗”，300 元的专家号到号贩子手里就卖到了 4500 元，并质疑医院保安对号贩子不管不顾，导致自己和其他普通病人排不上号，说到最后声泪俱下，泣不成声。——如果说“护士怒斥医托”传递的是正能量，让人感觉有力，那“患者怒斥号贩”传递的就是负能量，让人读到的是患者的悲情、愤怒却无助。为什么呢？因为号贩和医托之类，完全不会把患者放在眼里，那种怒斥只是弱者的义愤。而护士的怒斥不一样，它代表着一种来自医护的声音，一种能对医托和号贩产生威慑的强势态度。患者怒斥传递的是“身在医院无依无靠”的无助悲鸣，而护士怒斥宣示的是“我们跟患者站在一边，我们保护患者”的正义关怀。

因为没有医生和护士的怒斥，患者无依无靠，只能哀号几声。什么是负能量？逼得弱者只能无助无力地怒斥，弥漫人心的可能就是负能量。什么是正能量？手中掌有权能的强者站出来大声向丑恶说不，那就是大快人心的正能量。但愿能听到护士怒斥之外更多的怒斥，医生对医托的怒斥，院长对医托的怒斥，卫生局长、卫生部长对医托的怒斥，一切有能力解决问题的人都站出来怒斥——当然，不仅是怒斥，更要有治理的行动！这一次的怒斥让医患站到了一起，如果医患常有这种站在一起的感觉，医患关系也不可能那么恶化了。

飞快的街头为一个老人
慢下来的一幕，真的很美

去年《赫芬顿邮报》一则“有爱警察护送鸭子一家过马路”的新闻，曾萌化了很多人。那则报道称：一只鸭妈妈带着它可爱的一群小鸭在加拿大草原省萨省的萨斯卡通市中心摇摇摆摆地过马路。为了保护这些鸭子避免被路上的机动车辆撞上，两名正在执勤的骑车警察泰勒和盖尔博便一前一后，慢慢护送鸭子一家穿过繁华的马路，让鸭子们安全回到河中。

如果这则护送鸭子过马路的新闻让人感受到的是爱和萌，那么近日中国网络上的一则视频中警察开警车护送一个行动不便的老人过马路的新闻，让人感受到的则是温暖和感动。

人们从这则广为流传的视频看到：一个行动不便的老人推着轮椅经过人行道，老人步履蹒跚走得很慢，绿灯很快就变成了红灯。正好骑着警车经过在等红灯的两个警察看到这一幕，便下车帮忙，一个指挥着左转的车为老人让路，一个骑着警车护着老人让她慢慢走过。

很平凡的小事，却让人心中涌过一阵暖流。人们都反感特权，可没有人会不为这样的“特权”所感动。人们都会羡慕警察的帅气，可没有什么时候比警察骑着警车护送老人过马路的样子更帅。

这个路口的交通，车辆的通行速度，也许因为这个老人的经过，比平常慢了很多，但这样慢下来等一个行走不便的人，是文明应有的样子。川流不息的都市，本来就应该有腿脚不便的老人行走的空间，有这样的文明礼让。

我不知道那天路口因为老人经过而让车速慢下来的司机，会不会有抱怨？应该不会有，他们应该能想到自己也有老的那一天，能想到如果自己年迈的父母在外受到这种友爱帮助该有多美好，能想到向这两个交警致敬。

当然，也有令人刺耳的声音，一个喷子在新闻后留言说：什么时候这些老人家可以换位思考，考虑考虑自己行动不便会给他人造成影响而尽量在小区里活动的时候，才是质的飞跃。——当然，这条留言受到了很多网友的谴责。一个文明的社会，不会把行动不便的人当成“麻烦”，不会提出“考虑自己行动不便会给他人造成影响而尽量在小区里活动”这种自私而冷漠的要求。人本和人文的含义就在，体贴弱者，考虑到弱者的不便而尽可能朝有利于他们的角度去设计。不是嫌他们影响了我们对快的追求，拖慢了我们的速度，而是让我们慢下来，等等他们的脚步。

这正是这个画面虽然很平凡，却触动人心的地方。有人说，这样的事情都会被大肆称赞，社会已经坏到什么程度了！——这样愤世嫉俗的评论，是缺乏爱的能力。

当然，也有人质疑说：警察是不错，但是他们明明可以让那个老人坐在轮椅车上，然后他们推着老人过马路，那样不是更便捷吗？为什么警察不推她过去呢？我想，让人感动的地方正在于此——没有推老人过马路，而是以开着警车和指挥交通的方式护着她。这样做，是为了老人的尊严，以让老人有尊严的方式受到帮助，这种分寸感尤其让人觉得可贵。

一个网友说：我外公也是行动不便，但是有些时候他更希望自己可以走，不想别人帮忙。每次我想去帮他他都拒绝。行动不便的人其实心里很敏感，所以我觉得交警这样蛮好的。——站在年轻人的立场，会觉得“直接帮”会更有效率，只有站在老人的角度，才会体验他们对尊严和尊重的需要。其实，越是弱者，心理也许越是敏感，应该尽可能考虑到他们的脆弱感，不让他们觉得不好意思，不让他们感到“被人同情”。从他们的角度看，他们可能更希望城市的公共设施能更人性化，更有利于他们行走，而不是希望总能遇上好人扶他们过马路。他们希望自己的缓慢受到尊重，而不希望有人推他们跟上年轻人的速度。

川流不息的街头为一个老人慢下来的这一幕，真的很美！

我仍然意气风发，希望你也是

飙涨的北京房价让人感到抑郁和焦虑，我写了一篇题为《我为今天的年轻人感到难过》的评论，体味年轻人感受到的压力。我在文中谈道：打开最近的朋友圈，爆款的主要是两类文章，一类是让人心神不宁的暴富神话，什么咪蒙的助理月薪5万元，什么“95后”小编年终奖百万元，让那些勤勤恳恳努力打拼的年轻人觉得自己简直Low爆了；一类是房价又在飙升的坏消息，可能把本已十分沮丧的年轻人的心情又推向了谷底，如果北大清华毕业都买不起房，还买学区房做啥？人们开始怀疑奋斗和学历的意义。

我说：我不知道，如果我当年就业时也面临着这样的双重撕扯，一边受着“‘95后’小编年终奖百万元”的刺激，一边受着“房东叫价728万元，砍价几小时最终以748万元成交”的冲击，会如何心神不宁？没有什么时候比刚走出校门时更应该踌躇满志，意气风发，可这个年龄应有的风华与自信，也许会被朋友圈里那些让人失衡的故事击得粉碎。

本以为，这种替今天年轻人鸣不平、体味他们压力、为他们感到难受的文章，会在戳中他们痛点的时候引发他们的共鸣，会去抱怨高企的房价，会埋怨环境给自己带来的压力，会吐槽自己的各种不容易，会自悲自怜，会感慨沉重的生活压力使自己失去了梦想和未来。没想到，文章后面的跟帖并没有被这些“负能量”所主导，年轻人们并没有借机抒发高企的房价给自己带来的消极情绪，相反，多是一些阳光的声音。

有人说，把欲望放低一点，脚步放快一点，心胸放宽一点，都还好。今年考研，差几分没进入最向往的新闻学院，但热情不减，新闻理想依然在。其实，无论我是惆怅，还是积极乐观，这都是我的人生啊，是任何人无法取代的人生。无论年轻人多么不容易，最好的安慰剂是大家都一样。有人说，我不羡慕别人的百万元年薪，也不觊觎别人的一夜暴富，我不想被肆无忌惮的房价绑架，也不要被卑微的工作搞得心乱如麻。有人说，我仍然意气风发，希望你也是。还有的说，如果真的有了自己想达到的目标，想做成的事情，就不会有工夫和心情去看别人怎么怎么样了。

真的被这些年轻人的留言感动了！面对高企的房价，艰难的就业，大城市的压力，理想与现实的冲突，还有那些让人无法心安的环境，他们完全可以抱怨，可以把问题推给外界环境，给自己的不努力找一个堂皇的理由，躺在“奋斗一辈子不如别人一套房，房价消解了奋斗的意义”的温床上心安理得地自怜自弃一番，抒发失去梦想的抑郁、苦闷和不满。可他们没有这么做，他们选择的是拒绝同情和自怜，没有哪一代是容易的，没有理由不去奋斗。

一个年轻人刚经历过几场失败，不过看得出来，他并没有被那些焦虑所感染，留言中有一种让人安心的淡定与从容，他说：我是四线城市三线大学的新闻专业学生，正在一家采编中心只有四个人、随时可能倒闭的报社实习，考研、考公务员都失败了，面对现实也迷茫过，想进入传媒行业却有点胆怯，但转念一想，我目前什么也没有，有的就是青春和时间，既然青春无处安放，那就在疾风中奋斗等待飞翔。

我喜欢这份阳光心态。这种阳光，不是像鸵鸟那样把头扎进沙堆回避压力和问题，而是用自己的努力去面对压力。当改变不了环境时，那就做好优秀的自己；当迷茫而浮躁的时候，就做好手里的事。在每个阶段做这个阶段自己应该做的努力，而不是在该苦学求索的时候想着房价，在该积累职业资历的时候想着“百万元年终奖”，在奋斗的年龄想着“钱多事少离家近”。人们爱听“环境多么恶劣”“外界多么糟糕”“社会多么操蛋”之类的抱怨，因为这能让自己可以舒服地躺在“不是自己不行，是这个社会不行”的温床上，而不愿面对“如果社会不行，为什么别人能行”“不是社会不行，是你自己不行”的现实。人们爱用“顺其自然”来安抚面对坎坷和艰难的自己，不过一句话说得好：真正的顺其自然，是穷尽努力后不留遗憾的不强求，而不是躺在那里双手一摊将一切归于环境和运气的毫无作为。

人们也许夸大了房价对这代年轻人的影响，高估了“咪蒙的助理月薪5万元”“‘95后’小编年终奖百万元”之类浮夸神话对年轻人的冲击，他们远比我们想象得要阳光、自信、从容很多，他们一步一个脚印并不着急，不要把我们的焦虑投射到他们身上。

“发帖为夫请假”的柔情我们都懂

近日，一名怀孕警嫂在微博上发布一篇题为《我的老公是警察》的文章，讲述了她和她的警察老公的故事，感动了不少网友。她写道，下个月就是预产期了，自己的要求不高，“只想让丈夫抽空接送一下”。对于丈夫无法陪同产检、无法如期约会，她觉得心中有苦，但仍写道：“我理解，因为他身后有灯火万家。”文章作者叫林思翼，是一名下个月就将分娩的“90后”警嫂。

一篇网文泪洒互联网，让众网友潸然泪下。怀孕的警嫂发帖为丈夫请假，作为一个怀孕的妻子，期待丈夫能陪她去产检，作为一个警察的妻子，她又理解丈夫身后的灯火万家，纠结背后的家国情怀和似水柔情，我们都懂。站在妻子的角度，我们觉得这个警察欠妻子很多，而作为被守护的万家灯火的一盏灯，我们又觉得欠这个家庭，欠这个妻子作为一个孕妇最低限度的被陪伴、被呵护、被爱惜、被拥在怀中。

如果这个故事是警察宣传部门讲出来的，宣传警察是多么爱岗敬业，多么热爱工作，为了集体利益放弃了多少个人休息和家庭陪伴，很多时候根本顾不上家，妻子怀孕了都很少陪妻子去产检，孩子出生妻子最需要他的时候，他因为工作太忙，都没有陪伴在妻子身边，等等，我们会把这种“典型塑造”看作很没有人情人性，很自私和残忍，会对这种“将工作理直气壮地凌驾于个人和家庭”上的价值观充满反感。

可当这个故事从一个妻子角度讲出来时，我们的心却被这种柔软和家国情怀融化了，里面既有一个妻子小鸟依人的温柔期待，又包含一种超越个私情长的关怀。这难道不是世界上最美、最让人感动的一封情书吗？文章中对警察这一职业又爱又恨：打从和他在一起的那天起，他带给我的只有两个字——牵挂。安保、备勤、清查、设卡、武装巡逻等日常工作，让他不得不把我撇下。我自私地想把他留下，但也明白守护平安更需要他。有一次，有人试图引爆煤气罐危害公共安全，老公和他的同事英勇冲上前，他迅速处置煤气罐，阻止了危险发生。谈起这件事，她心中仍感到后怕。下个月就是预产期了，她的要求不高，只想让丈夫抽空接送一下。

很真实的后怕，很真实的自私，很真实的、并让人热泪盈眶的爱与恨。

结果挺让人欣慰，感动不是悲情和同情，而有含泪的笑。“发帖为夫请假”不仅为丈夫请到了假，也唤起了相关部门对警察家庭的关注，组织送来了慰问，也在反思对家庭的亏欠，努力让警察能多照顾到家庭，而不是用“爱岗敬业”的神圣名义把他们绑在工作上，辜负那许多柔情，辜负身后的家庭，对不起将出生的孩子。一封来自警嫂的家书，不是一个把警察塑造成“爱岗敬业不顾家”典型的宣传机会，不是沉浸于自我感动中而将她的无奈、焦虑和纠结诗意化，也不是高调地赞美她们的“默默付出”，那很残忍。

过去也有过很多这样的故事，但最终都在一句“哪有什么岁月静好，不过是有人替你负重前行”的自我感动中完成叙事，将悲情诗意化，将苦难道德化。这种感动甚至已人让人觉得麻木，感动遮蔽了很多问题，忽略了对一个群体的体贴与关注，心安理得地让他们、她们继续承受那些残忍的重量。

键盘式正义感泛滥下，得理饶人的样子真的很帅

近来“北京一骑手礼让行人后教育后车”的视频在网上热传，这个用言行传递了马路正能量的骑手获得了很多人的点赞。从视频中看到，他在斑马线停车礼让行人时，后面的司机不耐烦地按喇叭催促。后来停下来等红绿灯时，那个司机又按喇叭。他停好车，走到后车旁让司机摇下车窗，告诉她刚才停车是为了礼让行人，现在停车是因为等红绿灯（这条道既可直行又可右转），教育司机不要总是按喇叭。那个司机听了忙说知道了知道了。

街头很平凡的一件事，看起来让人感觉很“清朗”，满满的正能量。之所以那么多人为一件平凡的小举动点赞，可能因为它击中了很多人的痛点——虽然平凡，虽然细微，很多人却做不到。比如说，开车经过斑马线时主动减速为行人礼让，停车为老人孩子让道，很多人就做不到。当看到别人违反交通规则，不停按喇叭催促，理性地用交规去教育，理直气和地讲规则，很多人就更做不到了——说实话，我也做不到。这种情况下，多数人只有两种选择，要么忍，要么残忍。或者忍了，坐在车里朝后面愤怒地骂几声；或者残忍，充满路怒式的义愤填膺，理直气壮地下车去教训后车司机，甚至大打出手，引发一场街头冲突。

这个骑手似乎有充分的理由义愤填膺和不依不饶，明明我是在礼让行人，干吗按喇叭催促；第一次忍了，第二次明明是在等红灯，干吗还按？——路上开车的人本来就容易愤怒，又占着理，就更容易愤怒了。而且这种正义凛然的愤怒也容易站到道德高地，在网上获得支持。过去有过不少

这样的新闻，比如前段时间一条题为“女子看电影开闪光灯拍照被打得鼻青脸肿”的新闻后，打人者获得了网友一边倒的支持，满屏的“活该被打”——有人说：看完才打，真是中国好观众；有人说，竟然忍到了电影结束，素质不错；有人说，不打不长记性，真的欠打。

令人尊敬的是，这个骑手完全可以理直气壮地去教训后车司机，甚至可以得理不饶人地兴师问罪，但他没有这样做，没有“或者忍，或者残忍”，而是选择用一种理直气和的方式，既捍卫了规则的尊严，又让乱按喇叭的人受到了教育，意识到自己的错误，并且没有激化矛盾，在平静说理中完成了一次对规则的守卫和正能量的传播。设想一下，如果他气势汹汹，得理不饶人，路怒遭遇路怒，势必引发一场激烈的冲突。当年引发举国舆论关注的“成都女司机被暴打”事件，就源于开始的一个小冲突。

礼让行人很可贵，更可贵的是这个年轻的骑手身上这种“以规则逻辑去教育违反规则者”的文明与耐心，这才是真正的规则意识。网络空间，似乎人人都是“键盘侠”，不缺正义的热情，不缺义愤填膺的道德感，不缺捍卫规则的声音——缺的是行动和理性。问题不是没有正义感，而在于正义感总会用力过猛，从一个极端走向另一个极端，以暴制暴，以反规则的方式去捍卫规则。网上网下弥漫着一种“正义的火气”，自以为为守护正义就可以用非正义的方式去进行法外惩罚，用拳头表达正义，用暴力和肌肉宣示正义。这种环境中甚至形成了一种暴力崇拜，人们对那些用拳头伸张了所谓正义的“暴力使用者”充满膜拜英雄式的景仰，为老虎咬死违规闯入者叫好，为暴打插队者点赞，将那些用暴力行为浇了人们胸中块垒的人敬为英雄。

这正是年轻的骑手身上最可贵的品质，用规则逻辑去捍卫规则，用文明去教育，用规则去说服，而不是将自己置于规则之上，没有认为自己“礼让行人”了就满怀正义的火气。其实，后车总按喇叭的车主未必是故意催促或不懂礼让，也许是没看到前面的情况，也许是真有急事——从后来那位司机被骑手教育后表示歉意来看，很可能就是不知道前面情况才按喇叭的。

克制正义的火气，有理也请好好说话，用文明和理性去捍卫规则，而不是陷入暴力崇拜的伪正义陷阱中。

当年呼吁“国旗为谁而降”，今天用黑白 LOGO 痛悼员工

一条让人心碎而又感到温暖的新闻：一家大公司为悼念一个救人而牺牲的员工，将微博、微信等公司所有社交媒体平台的头像 LOGO 及页面背景都换成了黑白色。

4 月 3 日傍晚，江西万安一名 9 岁儿童和哥哥在赣江边走路时不慎落水，恰好路过的饿了么外卖小哥曾鹏当即跳江救援，小孩被救上岸后，曾鹏却被卷入水中，再也没有回来。在出事前一天，曾鹏刚献过血，他平常因爱帮人而深受客户信任，有很多客户专门备注让他送餐。痛失一个好员工，饿了么公司派专人去慰问曾鹏母亲，与当地民政部门讨论善后方案，并以将公司 LOGO 换成黑白色的方式表达失去一个好员工的沉痛心情。

好人曾鹏的壮举让人充满敬意。饿了么将公司 LOGO 换成黑白色，这种满含人情味的举动，让人看到了一个好企业应有的人本意识和生命关怀。这样的象征，既是哀悼自己的一个好员工，向一个小人物的大关怀致敬，也是向员工传递企业对这种善行善心的鼓励，企业以有这样的好员工而骄傲，以失去这样的员工而痛心。LOGO 是一个企业的象征，它用恒定的模样向客户传递恒定的价值，这一次换成黑白色，也是这种恒定价值的一部分：每个生命都是独一无二的，每个小人物身上散发出的人性光芒都值得用这样的方式去致敬和关怀。饿了么作为一家依靠无数个像曾鹏这样穿行在你我身边的“小人物”而成功的企业，更明白这种价值的意义。

你知道吗？同样触动人心的是，这背后还有一段精神传承。

一家企业用黑白 LOGO 悼念员工，官微头像为牺牲员工而换成黑白色，让人想起快 20 年前刊登在《中国青年报》的一篇评论：国旗为谁而降。——这是我国颁布《国旗法》后第一次有人呼吁国旗为平民而降，那篇评论后来成为经典，很多人都能记得评论的开头：东北的灾民早已在雪前住进了温暖的地窨子；九江大堤决口封堵处也于近日开始拆除重筑。洪灾过后，诸多善后事宜有条不紊地进行，但现在回想起来，有件事被忽略了：按照《国旗法》第十四条的规定，为九八特大洪灾的死难者下半旗志哀。——这篇评论成为经典的一个标志是，后来每逢有事故和灾难导致大的死亡后，都有人重复这一命题，不断呼吁“国旗为平民而降”，直至这样的降旗哀悼成为常识。

《国旗为谁而降》的作者叫郭光东，这篇成名作让他后来成为《南方周末》的评论总监、名评论员，他现在的身份是饿了么副总裁。——看到这里，你就会明白我刚才为什么会说“精神传承”！当年呼吁“国旗为谁而降”，今天用黑白 LOGO 痛悼员工。20 年，从媒体人到企业人，身份虽然转变，时代已经变化，但“敬惜生命”的情怀和理念一以贯之。当年倡导了一种人本的理念，广为人知成为常识，今天实践着这样的理念，这种情怀很让人尊敬。一家企业之所以让人尊敬，不仅因为你需要并依赖它，更重要的，是一家企业所倡导的价值和文化，以及这种价值所熏陶出来的人。

我相信，做出这样决策的一定不只是郭光东一个人，而是一个企业所倡导的价值。老郭的同事老杨也是媒体人，去年记者节他的那篇饿了么社论《但愿心有所持，温和坚定》触动了无数媒体人的痛点，老杨的文字也一样充满对生命的敬惜和关怀。他当评论员时，很多名篇都离不开“生命”二字，比如《灾时叹生命脆弱　如今赞生命顽强》《以生命的名义检视阿伯推人下桥》《魏文华之死以生命的悲怆叩问制度》，等等。2010 年，玉树地震后，老杨给媒体写的评论员文章题目叫《愿国旗依旧为死难者而降》；2008年，汶川地震举国哀悼之后，他含泪写下的标题是：这三分钟，是什么让我们泪流满面。——他那段“三分钟。多少古往今来，多少沧海桑田，多少云散风流，这一刻，我们终于可以哭，可以志哀。民族有多少苦难，历史的表情就有多凝重与肃穆”，也让我的眼泪夺眶而出。

今天，他们当年呼吁的平等精神已经成为常识。汶川地震后，国旗已为平民而降，生命无分贵贱的理念已经深入人心。一家企业为一个救人牺牲的员工将LOGO换成黑白色，我不知道这是不是第一家，但我知道，这种生命关怀已经成为常识，这也正是郭光东和老杨们一直所致力倡导的——人物无论大小，生命不分贵贱，每一个平凡的生命都值得我们去尊重，对普通人生命的关怀更体现着一个社会的良心和温度。

你可以厌恶鸡汤，但不要失去感动的能力

看了北大保安成群逆袭的故事，很感动。过去20年，仅北大保安队先后就有500余名保安考学深造，有的还考上了研究生，毕业后当上了大学老师。——尤其让人感动的是，他们成长中那些为他们读书点灯的人。

“北大保安读书第一人”张俊成讲起触动他内心的一次经历：有一次他在西门站岗，远远看见一个老人骑车而来，临到门岗前时，老人下车，推车而行。经过门岗，老人点头向他说：“你辛苦了。”这让他受宠若惊，他问师傅：“对方是谁？为什么这么尊重我们？”师傅告诉他，这位老人是北大校长。张俊成还讲起北大西语系的张教授喜欢拉着他遛弯儿，在沿着未名湖一圈一圈的散步过程中给他讲马克思主义哲学、讲黑格尔，并推荐一些书单。

他还讲到，在教授们的建议下他开始读书学习。当时保安队规定宿舍10点熄灯，熄灯后他只能在被窝里拿着手电看书。队长知道后特批会议室可延长熄灯，他和几个爱看书的保安从此可以光明正大地学习。——这让我想起最近媒体报道的一条暖闻：温州一名小女孩站在夜色中，借着工厂车间透出的灯光，捧着一本书看得入迷。小姑娘说，爸妈还没下班回家，她没有家里的钥匙，就在家门口看书等他们回来。邻居老伯于是找来工厂师傅，请求他们把厂里的灯全部打开，让小女孩能“借到”更多的光。

当我把这个故事转到我的学生群中，想跟他们分享我的感动时，一个学生说，感觉太鸡汤了；另一个学生说，《读者》味太重，这种鸡汤已经很难感动人了——学生们似乎阅人无数地看透一切的“成熟”，生生地把我本想

分享的“感动”给憋了回去了，场面有点尴尬。面对学生的“成熟”，我的感动似乎显得有点幼稚。

我理解学生们“不感动”的原因，因为媒体上这种煽情网文泛滥成灾，用一个个为易感人群量身定做的正能量版本去消费人们的情感，浓浓的鸡汤味，刻意的煽情，矫揉造作的美好，已经让人们的情感变得麻木。尤其是一些鸡汤文，为了制造正能量故事的感动效果，添油加醋，扭曲真相，臆造细节，隐瞒关键事实，让人稀里糊涂地感动，不明不白地捐款，迅速反转后又铺天盖地地义愤填膺。当人们的情感被这些正能量假新闻和煽情鸡汤过度消费后，难免会产生厌倦，而从“易感人群”变成看透一切而拒绝感动的“无感人群”。我也反感那些鸡汤文，还曾写过“警惕煽情网文，警惕眼里常含泪水”，让人们克制自己的感动。

可是，你再讨厌鸡汤，也不能失去感动的能力。经历过新闻反转和情感欺诈的你，应该变得理性，更有判断力，而不是冷漠，失去共情能力。不能用否定一切美好和感动的冷漠方式表达反抗，不能用玩世不恭消解一切的虚无姿态，给自己打造一副“免受虚伪伤害”的盔甲。

被美好和善良感动，不是一件羞耻的事，而是一种能力，表明我们内心的柔软和健全的道德感。真假难辨的混杂语境中，不能失去这种能力。面对正能量假新闻，应该提升辨别真假的能力，而不是因噎废食地关上自己的情感触角，封闭自己的心灵，隐藏自己的善良，泯灭自己的恻隐和悲悯之心，对一切都表现得毫无感觉，以此反抗被消费。是的，这样也许永远不会被欺骗，感情也不会被利用和消费了，但把自己退化成了一个没有共情触角、失去感动能力、让人鄙夷的冷血动物，失去了在分享美好情感中完善自我人格的机会。

我不喜欢那种没有判断力的易感，笑点泪点感动点愤怒点都特别低，但更不喜欢那种与年龄不相称的世故、成熟和对一切无动于衷的冷漠无感：没有仔细琢磨一下文章的味道，就贴上一个“鸡汤”标签表达自己的鄙夷和智商优越；没有对事实作一下分辨，就习惯性地判断“太鸡汤”。对有些鸡汤的厌恶不能变成一种对任何励志故事的拒斥，人们需要感动，需要砺志，需要在心情沮丧的时候接受一些阳光的暗示，从失败情绪中走出来，在现实压力中看到一丝光亮，在负面情绪围绕着时用感动净化一下心灵。对于真实的美好和真诚的善良，有什么理由关闭自己的心灵呢？很多时候不是别人太鸡汤，而是自己感知和欣赏美好的能力在退化。

在怀疑的时代更需要信仰，在新闻总在反转、情感总被消费、善良常被利用的时代，更不能失去被真实的美好所感动的能力。我欣赏的品质是，一片浮躁之中的冷静、冷静中的感动、感动中的温和坚定。

你我尽职敬业，便会少很多矫情病

这几天一个视频在网上热传，视频中，一位环卫工人趴在车下用手扒出垃圾的照片感动了很多网友。短短一天这张照片便引爆各大网站，引来网友纷纷点赞，甚至上了央视，大家称这位敬业的环卫工为“最美环卫工”。面对舆论赞誉，无意中成为网红的林师傅倒是很淡然：咱也没做啥，城市更干净了，大家心里都敞亮了不是？做了环卫工，就要尽职尽责，最美可谈不上。

林师傅越淡然，越没当回事，越显得铺天盖地的“感动”似乎显得有点儿矫情，那些夸张的表情，动辄“最帅”“最美”，映出我们对日常生活的陌生和隔膜。其实这样的场景是环卫工人的工作常态。正如有网友说，清理垃圾本就是脏活累活，如果常关心身边的这个群体就会知道，这样清理是常有的事。环卫工人大多来自农村，能吃苦，做事认真，这样干活很普遍。

常有一些美好的事物触动我们柔软的内心，让人们感动。是的，人们的道德感官要保持着敏锐的嗅觉，不能失去感动的能力。但很多时候人们的感动似乎又太随意、任性和易感了，动不动就热泪盈眶，动不动就“最美”“最帅”，姿态总会走向浮夸。有些感动，激起的是美好的共情；而有些感动，映照出的不是共情，而是人们对日常生活的陌生而露出的浮夸表情。

就像一个平常不太努力的人，偶尔稍微努力一下，就会为自己的努力自我感动不已。同样，有些人也许平常缺少对身边环卫工人的关心，不了解他们的生存状态，甚至意识不到他们的存在——偶尔看到他们工作的照片，竟然趴在车下用手扒出垃圾，便感动得不要不要的了。很多感动，都源于这种陌生和隔膜。偶尔看到农民工孩子趴在路边做作业，便感动得不行，偶尔看到农村孩子干那么重的农活，便哭得稀里哗啦。多接些地气，多些关注和了解，便不会那样站在不同的生活世界里自我感动了。

这种建立在陌生和隔膜基础上的感动，带着很大的矫情成分，来得快，也去得快，如潮水一样地来，也如潮水一样地去。派发了“最美”的帽子，感动之后，仿佛共同完成了一次伟大的善业，然后心满意足地迅速背过身去，回到自己的世界，而陌生和隔膜仍在。

环卫工人趴在车下用手扒出垃圾，是他的尽职和敬业。人们表现出的那种铺天盖地的感动，也折射出尽职敬业品质的稀缺。——一个社会缺什么精神，人们便更容易被那种精神感动。环卫工人尽职去清理垃圾，建筑工人尽职去盖好房子，面包师尽职去做让顾客放心安全的面包，企业尽职生产让妈妈们放心的牛奶，我们都像趴在车下扒垃圾的师傅那样一丝不苟，那样细致入微，那样做好职业要求的每一个细节，便不会觉得那是多么让人感动的事了，因为那只是一种专业的姿态。你我都尽职敬业，便会少很多矫情病，少很多感动癖，少喊很多“最美”“最帅”的口号。

这条新闻后面铺天盖地的感动之外，还有另外一种声音，就是一些网友表现出的习惯性批判意识。比如有些网友说，天天最美最美，你倒是把福利待遇提上去。有的说，一个干了 10 年还是临时工的最美清洁工。有的说，有编制的都在办公室！领导，就这点，我服你！有的说，最脏最累最少工资，不知道给他弄个虚头巴脑的“最美环卫工”有啥用。有的说，我看到的只有辛酸，62 岁了，还要为生活奔波，拿着两三千块钱，日晒雨淋，钻车底捡垃圾。等等。

我也不太喜欢这种脱离了现实情境的愤世嫉俗，以悲情和辛酸的视角看待环卫工作，这也是一种矫情病。从林师傅接受采访时的表达来看，他并没有带着悲情和受欺负的心态来做这份工作，而是挺开心和自豪的。他说，路面就像家里的地面，不扫干净心里不舒服。咱曲阜是全世界出了名的旅游城市，作为环卫工可不能拖了后腿。他还说，做了环卫工就要尽职尽责。——相信他不是在迎合宣传唱高调，而就是一份工作的平常心。在他的豁达和快乐面前，那些不了解他的生活、貌似替他鸣不平的评论，倒显得挺滑稽。

最后说一句，我是无比讨厌新媒体报道这条新闻时用的如此标题：《山东62岁环卫工上了央视　只因为他做了这个动作》——不好好说话，不好好说人话，故弄玄虚，无趣无聊，什么新闻都套用这种悬念体，偷懒到令人发指。

你很快会忘记带母求学的感动，但对清华只是开始

甘肃高分残疾考生请求带母上学，清华大学温情回应——两封信，两颗心，奋斗精神与大学情怀的惺惺相惜和温柔以待，读得令人眼眶几次湿润。本是一个充满悲情的故事，孩子身患重度残疾，父亲又重病去世，孩子的努力和母亲的坚韧驱走了悲情，克服了无数常人无法想象的艰难和折磨，孩子今年高分被清华预录，这拼命追逐梦想的坚韧精神让人动情。孩子给清华写了一封信，因为身体原因离不开亲人的随身陪护，无奈带母求学，请求清华能帮忙解决一间宿舍。清华的回应，让人读到的是大学的温情和人的深情。

从悲情变成温情，一个伟大的母亲，一个努力的年轻人，一所令人尊敬的大学，给人们传递了多少奋进前行的力量啊。人们感动于母爱的坚强，女本柔弱，为母则刚，从孩子的信中能看到这个母亲的意志是怎样像钢铁一样；人们感动于年轻人的拼搏，这样的成绩真是拼来的，在经历疾病和丧亲之痛后，孩子用坚强和努力活成了让人们尊敬和崇拜的样子；感动于大学的情怀，前段时间北大校长提出在“建设世界一流大学”之外要建“伟大的大学”——“伟大”之谓曾引发争议，但从这封感人至深的回信，能看到，一所大学的伟大不是大楼，不是大师，而是这种让人肃然起敬的大情怀、大品格，而是成为一个社会的精神高地，向社会输送道德能量。

我有一事，生死与之，一个身残志坚的孩子报考了清华，清华应该觉得这是一种不可辜负的重托。这时候，一所大学，不仅是一所大学，更是支撑

着一个人一个家庭努力走下去的精神支柱。从小身患重残，没有那种经历，可能无法想象那种生活没有了追求的绝望——雪上加霜，父亲又重病去世，命运对这个家庭是多么的残酷啊！这时候，清华成了他们在面对残酷命运的苦虐下绝望无力时眼前闪过的一丝光亮，如果不是这个目标、这种梦想的支撑，这个家庭很难走下去。清华这盏灯一直给他们传递着希望感，让他们在无力时有力，失望时重新燃起希望，想放弃时咬牙再坚持一会儿，如今已经走到面前，这盏灯不能熄灭，只能更亮一些。一所大学，应该觉得有幸成为这样的点灯者，让无数奋斗者、无力者、悲观者、落魄者看到前行的希望。

这封温柔的回信，就是给很多人点起心中的明灯。不仅是给那个走过荆棘后满怀希望的孩子，更是给无数双在黑暗中睁大眼睛的双眸。大学能成为点灯者，这是大学的荣幸。

那封温柔的回信写得多好啊：在清华园里的所有学子，无论是生活困顿，抑或身体抱恙，都会有“爱”与“情”相伴。相信未来的你，也会和活跃在各领域的清华学子们一样，穿花拂叶，除却一身困顿，成就自己的不同凡响。——这样的承诺让人看到，命运会折磨人，生活会捉弄人，但人们不会辜负那些努力拼搏的人。努力奋斗的人，运气总不会太差，怕的不是身体残疾，不是穷困潦倒，而是双手一摊无所作为悲叹命运不公的自我放弃。很多像这个家庭一样遭遇残酷命运的人，都在看着这封信，他们心中会立刻燃起一盏灯。

清华的学子也应该感到，身边有这样让人尊敬的同学，与他们为伴，一起读书，一起追梦，是自己的幸运。他克服了那么多的困难才考上清华，受到这种精神辐射，没有理由不更好地珍惜读书机会。看到身边有这样一个带着母亲上学的同学，用比常人百倍的努力去学习，认真地上课，一丝不苟地记笔记，靠着信念和毅力努力接近自己的梦想，其他人还有什么理由不努力学习？与这样的同学一起成长，相互帮助，共同走过，心会更加柔软，意志会更加坚韧，也更会去爱。

作为一所大学，深知这种精神的可贵，像捧在手心一样呵护这种梦想、这种精神，也是在完善大学的精神——不仅是清华接纳了这个学生，当他成为清华一部分后，他身上的坚韧精神也会凝入这所大学的品格中，让无数身在其中或在外眺望的人受益。

清华写了这封回信，相信不是鼻子一酸，脑子一热，而是深思熟虑，已经做好了担当的准备，不让任何一个梦想失之交臂，不辜负任何一种努力奋斗。对于多数人来说，再励志的故事，再热泪盈眶的感动，也很快就会忘记。这新闻，也许只有一天的热度，这感动，也许只有一天的热情，其他人很快就会转向其他热点，但对清华来说，这不是一个热点，不是一场感动，而只是开始。写完信之后，为了让这个孩子圆梦，让母子清华陪伴，会有无数庞杂、细琐的事，怎么让他融入群体中，怎么为生活不能自理的他提供方便，这些都是需要费心考虑的细节。你很快会忘记带母求学的感动，但对清华只是开始。

不为他写一篇评论，便觉得良心不安

他不是什么大人物，没有做什么惊天动地的大事，他离开的默默无闻，没有什么宏大的新闻背景——但他的离去却牵动了无数人的心。这几天一直很难受，不为他写一篇评论，便觉得良心不安。

他家乡的媒体报道他时，用的标题是《河南农民有着金子样的心，故宫博物院为他举行追思会》。32 年前，何刚拒绝了文物贩子的一蛇皮袋现金，将从自家院里挖出的 19 件珍贵文物，悉数捐给故宫博物院，填补了故宫藏品空白。32 年后，在石（石家庄）济（济南）客运专线工程工地，一台龙门吊在拆除过程中发生倾覆，在此打工的何刚不幸遇难。听闻何刚的不幸离世，故宫博物院将为他举行追思会，这在故宫历史上还是第一次。

在我印象中，是一家曾报道过何刚的专业杂志让舆论关注到了这场未引起关注的事故和死亡，从而在迅速沉没的冰冷新闻中打捞起何刚这个陌生的名字，打捞起被人们遗忘的壮举，避免这样一个有着金子般心灵的好人悲情离去却默默无闻，让他的身边人寒心和悲叹“好人没好报”。感谢这家杂志，关注和追踪曾报道过的新闻人物的命运，既是一种职业关怀和情怀，也带着一种感恩——让这个好人在不幸离世后不被遗忘，让他的善举在 32 年后仍被人铭记，让我们在心痛时可以稍微心安一点，不至于觉得欠好人太多。

故宫为他举行追思会，是以这种能做到的最高礼遇向他表达敬意——不仅因为那些藏品填补了故宫的空白，向“捐赠者”致敬，更是向一个小人物身上这种高贵的品质致敬。虽然我不懂文物，不知道这些文物有多珍贵，也没有看到过，但我被他身上纯真而朴素的精神深深触动了。我们总希望好人更多得到好报，好人能被这个世界更温柔地对待，没什么比看到一个好人受到善待更让人欣慰和心安了，因为这会提升我们的好人自信。但世事无常，生死无常，好人何刚却遭遇到这样的不幸，死于他打工的工地。没什么比看到一个好人遭遇不幸更让人难过了，不为他写一篇评论，真觉得良心不安。

我知道，这样的评论并没有什么用，可能不会有多少人看，何刚也看不到这个世界对他的赞美了——更多是写给自己的良心，给自己鼓励，让这个社会不会遗忘和亏待好人。面对好人遭遇的不幸，总想做点什么，才能让内心那种“好人为何不长命”“好人为何要经受不幸”“上天为何如此不公”的哀叹和不安平息一点。当然，也是想用这些带着温度的文字让那些跟何刚一样的好人温暖一点，不要寒心，不要悲叹命运，不要怀疑自己的坚持。何刚的不幸只是偶然，老天和命运对他不公，但他生活的这个社会对他充满敬意，他的身形并不高大，但他那颗金子般的心让他在人们心中高过很多大人物。

我们说好人有好报，说的不是命运报应和因果轮回。命运常常捉弄人，好人何刚一直过得并不顺，他本不富裕的家庭接连遭遇生活的不幸，第一任妻子亡故，第二任妻子又罹患尿毒症去世，老父亲股骨头坏死，老母亲肋部摔伤……家里也就五亩地，一家人的生活，原本就靠何刚外出打工维持，现在更是入不敷出，债台高筑。其实故宫一直没有忘记何刚的义举，在了解到何刚家里的遭遇后，曾两次伸出援手，资助他 10 万元。文物无价，情义亦无价。好人有好报，说的是人心。听了何刚的故事，网友潸然泪下，很多人都想找途径捐赠帮助何刚家属。32 年前他拒绝诱惑无私地把文物交给故宫，今天，故宫和无数网友想用这种方式回报他，让不幸离世的他没有后顾之忧。

有网友说，喜欢这样不遗忘好人的故事，在他最终离开的时候，把他的故事说出来，感谢他，纪念他！这一切说明，他做过的好事虽然没有常被人提起，但还是被很多人记在了心底。何刚永远听不到这些赞美，看不到这些回报了，但活着的人在看着、听着。

愿你我心中都有一副坚硬的好人铠甲

救人时被偷8000元，浙江一医生说钱能再赚生命不会重来——这条新闻给人传递了多重的暖意。据报道，浙江遂昌县中医院口腔科医生叶青在急救一名突发癫痫患者时被小偷偷走8000元。“我在做善事，他们在做恶事，但救回一条命比丢了8000元值得，我还是很欣慰。钱可以再赚，生命不能重来。”叶青医生近日在接受媒体采访时说。

这是一次双重“救”人，叶医生用医术救了那个突发癫痫的患者，也是用他以德报怨的高尚之心去“救”那个小偷。我想，如果那个偷了叶医生钱的小偷看到这条新闻，心中尚存有良知和耻感的话，也许会被叶医生的言行所触动，感到愧对一个高尚的灵魂，从而心生悔意改邪归正。偷窃是很可耻的事，偷一个正在做好事的人的钱，偷走的是自己的良心，可耻到会被其他小偷所鄙视。救人被偷后却没有让纯净之心蒙上阴影，淡看损失而心系生命，这份豁达、阳光和高尚，足以让任何人性中的丑陋和猥琐无地自容。

叶医生从业经历中可能已经给病人开了无数药，这一句“钱可以再赚，生命不能重来”，也许会成为他开过的药方中让最多人受益的一味药。这个时代，很多人都有一颗脆弱的玻璃心，常常委屈地抱怨“做好人没好报”，这块“心病”让人们缺乏起码的好人自信。叶医生的这个药方，也许能在我们心中植入一副像他那样坚硬的好人铠甲。

做好人，救人命，却被偷8000元，真是绝妙的讽刺，他似乎有充分的理由去抱怨“做好人却没好报”，去义愤填膺地批判世风日下、道德沦丧，去感慨这让人以后还怎么敢再去做好人，去呼吁“请法律和制度给人们做好人的自信”。可他没这样做，没有被坏人无底线的丑陋行为拉低自己的道德标准，没有因为坏人的行为而影响自己的好人自信，而是心安于自己救了一个人，把救回一条命高高地排在“丢了 8000 元”前面。救人是救人，小偷是小偷，应该看到的是，救人的高尚行为更反衬出偷盗行为的无耻，更看到道德的力量，而不是道德的逆淘汰，良币反被劣币所驱逐，救人反被偷盗所干扰。

这个社会每天都在上演着无数的善良和丑陋、正义与邪恶，面对丑陋和邪恶，正义应该有一副坚硬的铠甲，好人应该有一颗强大的内心，才能避免社会道德底线被恶行所拉低。善良和正义常常需要人们的某种付出，而丑陋和邪恶常常能够暂时获得某种看得见的利益，这时尤其需要我们能够超越玻璃心，避免我们内心的道德盔甲被邪恶所击穿，避免这个社会的道德标准被猥琐所拉低和规训。

好人的阳光自信在于，内心有坚定的道德信仰，做一个好人，自己心安就行了，不是做给别人看，不必在意别人的眼光，不给做好人设定条件。玻璃心的典型表现就是，内心很不坚定，给自己做好人设置很多外在的条件，比如：

1. 我在现实中很少遇到好人，我也没被人帮助过，我也不想做好人；2. 现实环境太恶劣，万一遇到讹诈怎么办，还是算了吧；3. 做好人没好报，太多这样的新闻了，法律缺乏对好人的关怀和保护，很多时候让好人既流血又流汗；4. 有时很寒心，做好人的时候，其他人却在围观，还是算了吧；5. 这个时代，自己争取不做一个坏人就不错了，好人还是让英雄去做吧；6. 万一有人说闲话怎么办，有人觉得我是表演作秀怎么办，算了吧；7. 好人又什么用呢？高考能加分吗？孩子上学能优先吗？法律会保护好人吗？社会会尊重好人吗？制度会奖励好人吗？

新闻中经常传递着这种道德撒娇，一旦发生疑似“救人反遭尴尬”的个案，立刻会弥漫一种消极的丧文化，以后谁还敢做好人啊。有时真的不是坏人太嚣张，而是“好人”的价值观太玻璃心，在玻璃心下常常保持自私而可耻的沉默。当人们习惯给“做一个好人”设定无数条件时，人们就失去了正义的盔甲，而善良一沉默，道德就沉沦，社会就会堕落成一个个精致利己的原子式个人。

真正的换位思考是换到不舒服的位置

换位思考是人们经常挂在嘴上的一句话，但什么是真正有诚意的换位呢？一个女医生为了以后减少病人痛苦给自己做胃镜记录下过程，让人们看到了换位的正确姿态。

7 月 16 日，山东泰安，一名女医生体验给自己做胃镜，身旁同事恰好记录下整个过程。经过朋友圈转发，李晓沛医生成了“网红”，她告诉记者，通过体验不舒适感，能够更好地知道怎么让病人配合，减少病人的痛苦。做到哪一步时，到底是怎样的不舒服，以后做到这部位时就有思想准备了。她的感觉，一个是进咽部时，一个是幽门进十二指肠时，还有在胃部充气时。她说将来再给病人做时，心里就有数了。

让人感动的是，这位女医生的换位思考，不是嘴上说说，不只是以心理想象的方式去体味，而是真正换到患者的位置去真正地感同身受，竭力让患者不那么畏惧胃镜，做胃镜时不那么难受。其实，医生完全可以不这么做，按专业规范给病人治病就行了，让病人舒服不是医生的义务。很多人就医时可能都有这样的体验，给你检查，你好好躺着接受检查就行了，别乱动，哪管你舒不舒服？要舒服回家躺着去，到医院干吗。生孩子时疼得大嚷大叫不被护士训，是很难的事；做胃镜时扭曲并排斥的反应不被医生鄙视，也很难。僵硬的面孔，职业化的冷漠，把你当成一部待检的机器而不是一个人，让本就身体不适的人更多了一份心理不适。这时医生的一个微笑，一份共情的理解，一声安慰，有时比治疗更有抚慰和治愈效果。

是的，让病人做检查时稍微舒服一些，不是医生的义务——“义务”之外尽点儿责任，正是让人暖心之处。这个时代，人们爱把权利义务摆在嘴上，义务之内保持一种职业性冷漠，义务之外更是无情——动辄一句“那不是我的义务”“我没这个义务”“做是情分，不做是本分”，其实人际很多义务关系并不是那么清晰，有很大的模糊空间需要人的热心、善良、尽职、利他去弥补。很多冲突，都不是权利与义务的冲突，而是义务之外的冲突。身处优势的人，做点儿业务之外的事，人与人之间便会多很多温情与友爱。

将心比心，换位思考，可能人人都说过这样的话——可多数时候，当人们谈起换位思考时，谈的是“让别人换到自己这种不利的位置”，以自己为中心，让别人来理解自己。这实际上是一种自私的话术，比如，谈论熊孩子与熊家长的冲突时，就有人谈到过那种以自己为中心的换位：有一类人，没孩子的时候嫌人家孩子烦，有孩子了他的宝宝最可爱，谁都要包容他。无论他们身在何时、何地、何种处境下，他们的处事原则永远只有一个：世界应该围我而转。这个叫换位吗？不，这叫自私。真正的换位是：没孩子的时候能理解别人带孩子的艰辛，多理解，力所能及地帮忙，包容孩子偶尔不可控的吵闹；有孩子的时候能尊重没孩子的人，别轻易打扰到别人。

真正的换位是，反求诸己，主动换到不舒服、对自己不利的位置，在反思中主动去承担一些义务之外的事，宽容别人，而不是把义务推给别人，让别人来宽容和理解自己。有诚意的换位是，当自己处于优越位置时，俯身去换到弱者的位置去思考，保持一种同情、友善和谦和的能力。比如前段时间那个受到舆论盛赞的北京高考状元，身上就有这种可贵的品质。多数人用屁股决定脑袋，他却用脑袋质疑了屁股，处于优越位置，却没有觉得自己享受优势资源是天经地义的事，而考虑到身处劣势者的境地，正视和反思让他受益的高考制度所隐含的问题，去理解那些身处不利境地的人。从这个亲身做胃镜体验不舒服的医生身上，我看到了同样的品质。

这个世界的冲突多在于，多数人都只是身处弱势时让别人换到自己的位置，让别人理解自己，脸上写满“我多不容易，你竟然还不理解我”的怨愤，很少有身处强势的主动换到弱势位置，去理解别人的不容易。

你我终将陷入职业性冷漠，但总有热情如初者

看到一条新闻，感到很难受。40 度高温下，外卖小哥被禁入阴凉处等待。某地一写字楼门口，一个外卖小哥拎着两袋外卖蹲在大门口，大中午太阳直射，他只能以一顶太阳帽遮阳。面前大门处虽可遮阴，但因为写字楼规定外卖不得进门，因此小哥只能蹲在门口的大太阳下，等待顾客来取。——刺眼的场景，比毒辣刺眼的阳光还让人难受，网友炸开了锅：制度是死的，人是活的，生活都不易，为什么那么没有人情味，为什么不能变通一下呢？

这种让人寒心的新闻衬托下，另一条新闻读来让人感到更暖。江苏宿迁老人违规摆摊卖菜被城管买光：天热，老人不易——近来某个炎热的中午，一位老人在路边摆摊卖青菜，几名城管围过来。众人都以为要收老人的摊子，城管却买光了老人的青菜，劝其离开。“天热，老人也不容易。”城管们说。这则视频在网上流传后，引来无数点赞，“暖心！”记者后来找到了当事城管林先生，他说，当时天热，路边摆摊也危险，如果把菜买下，老人就可以回家了。视频本来是发在单位内部群，让大家看看该怎么执法，朋友看到后说可以放网上让大家感受一下，城管不都是大家臆想中的那样像土匪强盗。

在城管与小贩经常爆发冲突的语境下，一句“天热，老人不易”让人感觉好像是童话。也许这个城管在执法时想起了自己年迈的父母，想起自己也会变老，想起自己生活的不易，这份将心比心的共情心是多么的可贵。这个城管虽然没有“按规定赶走违规摆摊的老人”，但没有人会批评这样的“未

按规定”，因为规定之上还有人情，“粗暴赶人”也绝非制度的初衷。也没有人会认为这种柔情执法会纵容更多的违规摆摊，越人性化的法规越让人敬畏，这种柔软也许更有感染力。

我不知道这个城管是不是新人，如果是新人，对老人有这份温情很可贵；如果是工作多年的老城管，还能保有这份悲悯和体贴情怀，就更让人尊敬了。一个很难超越的现实是，一个人在某个岗位上待久了，身上会有一种职业性的冷漠，这种职业性冷漠会使他失去原初的激情，没有了交流力、共情力和职业道义感，失去热爱和感动的能力，对什么都无所谓，把自己当成一个执行机器，对一切面无表情，僵化地执行规定，把“按规定办事”“这是上面要求”摆在嘴上。无论你有多么不容易，跟我没有什么关系，对我也没有什么好处，我只按规矩办事。

40度高温下让外卖小哥在太阳暴晒下等待，禁入阴凉处等待——这种不近人情，背后可能就是一种职业性冷漠：你的工作是送餐，我的工作是保安，规定不让进就不让进，外面下暴雨下刀子也不让进。我相信，人并不是一开始都这样冷漠，一开始工作时可能会有热情，有道德感，热心助人，可干久了之后，就没有了那份热忱。刚开始时，脸上可能还有微笑，时间越长越面无表情。

多数人都无法抵抗这样的职业性冷漠。所以，很多时候我特别能够理解各行各业那些形形色色的僵硬木然的脸：医生僵硬的脸——那张脸也曾经热情微笑过，但每天看那么多病人，日复一日，年复一年，当初的热情早已消退，做好职业要求的事就行了；城管僵硬的脸——可能工作之初也并不那么凶，也会好好说话，但无数次琐碎日常执法的遭遇后，工作的要求很容易就塑化成那种职业性冷漠面孔；老师僵硬的脸——哪个老师没激情燃烧、满怀理想过，哪个老师没对学生热情、耐心、宽容过，但带过那么多班、教过那么多学生、上过那么多课后，激情和耐心也被岁月消磨了，只剩下职业性冷漠；还有警察僵硬的脸，保安僵硬的脸，公务员僵硬的脸，服务员僵硬的脸，等等。

理解这种职业性冷漠，因为媒体人也难以避免，面对无力者的求助，刚入行的记者会很热情，但见多了，报道多了，不当成新闻了，也会倦怠并冷漠。

多数人终将陷入职业性冷漠，但总有可敬的超越者——一片带着职业性冷漠的僵硬面孔中，少数那些保持初心、保持热情、不失职业理想的人，更让人充满敬意。他们原初的那份激情和职业情怀没有被岁月磨光，始终保持着微笑、善良、纯净和怜悯，保持着赤子之心，会泪流满面，会拍案而起，会像孩子那样单纯天真地思考，会做一些对自己无用却有助他人的事，会用人性中的善良去融化制度的刚性。也正是他们，用那种温情和善意守卫着自己所热爱的职业，让那种职业精神生生不息。

我们不能失去写信这种笨拙而温柔的能力

这段时间我们的朋友圈被好几封信刷了屏，在社交媒介快速即时的碎片化交流主导着日常沟通的快时代，写信这种古老、笨拙、缓慢而温柔的交流方式，一次次让我们心中涌起暖流。先是北大给2017年自主招生预审未通过的考生写了一封信，亲吻失意者，柔化了人心。再是清华给准备带母亲一起上学的甘肃考生写的一封回信，人生实苦，但请你足够相信，你自强不息，我厚德载物。最近是新华社女记者写给学弟学妹的一封信：寒门实苦，贵在久久为功——用自己奋斗的经历给毕业生鼓劲。

打动我们的，除了信中流淌出的那些真诚而充满情怀的表达外，还有写信这种方式。所以说它古老，因为它在社交媒介如此发达、信息传播如此迅捷的时代显得很传统。所以说它笨拙，因为它需要坐下来细心体味、静静琢磨，一个字一个字地敲，走近人的心灵深处去对话交流。所以说它缓慢，因为它看起来似乎很没有效率，一条微博能说清的，却娓娓道来慢悠悠地说那么多句。所以说它温柔，因为它常常能直抵人心最柔软的地方，让读的人心里一颤。

好好想一想，我们多久没有写过信了。我们每天发无数条微信，写很多条微博，发很多条朋友圈，打很多字，却好几年没有写过信了。在快得让人窒息的传播时代，我们似乎已经失去了写信的能力。

也许有人会说，这个时代已经不需要写信了，社交媒介让交流如此便捷，有事微信里说，有话微博里讲，即时通信非常发达，视频聊天能时时实现面对面的交流，干吗还要写信这种笨拙而落后的方式。被即时社交工具施了魔法的现代人，就像神话中那个穿上舞鞋停不下来的女孩，已经没有能力让自己慢下来和停下来了。交流，不仅仅是工具层面的沟通，还需要心灵的对话。智能手机让工具层面的对话越来越便捷，却替代不了人们心灵深处的对话。

拿着手机交流的人，已经慢不下来去写一封信了。不是不会写字，不是没有时间，而是失去了慢下来与人交流的心境，陷入工具性、功能性的社交信息中，内心的情感交流力在萎缩和退化。写信常常是在深夜，夜阑人静，万籁俱寂，这是人心最静的时候，也是进入别人内心最好的时间，而现代人已经把那个最宝贵的独处时间都交给了手机。社交媒介毁灭着人们的社交，消灭了人们的独处时间，使交流越停留于浅层的工具层面，写信的能力也就渐渐失去了。

手机让人们的距离似乎越来越近，随时能找到，随时可以对话，这种近到没有距离感、让人窒息的零距离，却让人们的心灵没有了对话的空间。写信，恰恰是需要一定的距离感的，思考，等待，不是即时对话，而是隔着时空，这种距离感能让人超越不假思索的浅层对白而进入内心深处，深思熟睹，长长的话慢慢地说，慢下来去体味，慢下来去尝试理解。写信告诉我今天海是什么颜色，写信告诉我你今夜想要梦什么，明明动了情，却又不敢靠近。

某年女生节，曾有媒体采访众多女生，问她们最讨厌男生跟她们说什么，排在前面的分别是：多喝热水、早点睡、随便、还在吗、吃了没、你忙——为什么女生最反感这些话呢？最重要的可能是，这些话代表着一种敷衍和漫不经心，手机就发过来这几个字，不愿意多说几句。这些单调乏味的交流，却占据着人们日常社交媒介交流的主要部分。社交工具本来就只是一种工具，很难借助这种工具进入人心深处去交流，他只会说一句“多喝热水”，而不会在你焦躁烦闷的时候，陪你多说几句情话，不会在微信上给你写一封长长的信，贴着你耳朵用细腻的情话拨动你柔和的心。

我也已经很久不写信了，怀念那个写信的时代，当年我的 263 邮箱里保留着很多与朋友来往的信。20 世纪末的时候，交流不像现在这么方便，多是通过邮件交流。现在虽然有时还通过邮件交流，但往往写几个字就发出去了，惜字如金。可惜不用那邮箱后，那些邮件都丢失了，而一起丢失了的还有那些年的心情。那时仍流行写信，写在纸上然后邮寄的那种，我还保存着很多，泛黄的纸页上沾了不少灰尘。随时翻出这样一封信，就翻出了一段岁月和心情。记得那时大三，我办了一份报纸，写了不少犀利的评论，作为主编，受到学校的批评。那是我大学最沮丧的一段时间，收到了好些读者来信，比如这封，至今都不知道是谁写的，这个读者在信中这样鼓励我：

“在这个充满诱惑的校园里，在这个被功利充斥的地方，今天我们还能看到一点圣洁，在那里有的应该是一颗颗火热的心与青年人挥斥方遒、激扬文字的不凡气度。我想，那真应该是一种坚持，不论周遭如何喧嚣，只是笔直地挺立着，伸展着自己，就像莲。也许，在我们眼中，《大学新闻》不应该是一张报纸，它更应该是一个人，骨子里透出的精神该足以斥退一切猥琐与懦弱，请相信，这才是我们最真的期待。为你抄下一首歌词和一首诗，告诉你，我支持你。1999 年 12 月 3 日凌晨 4 时半”

一封陌生而熟悉的来信，读得我热泪盈眶，支撑我走过那几天的灰暗和无力，很快就振作起来，更坚定了以评论为业、以新闻为理想的信念。感谢那些年让我在深夜里流过泪的信。

你以为低头是孤僻冷漠，但他们的心是明亮的

一个小小的动作，让人心中涌起一股暖流。如果不是有人无意中拍下来传到朋友圈，这份不动声色的善良和美好不会留下一点儿痕迹。成都地铁里，一个小男生一直在低头玩手机，当一位行动不便的乘客坐着轮椅进地铁后，旁边的他很自然地用手拉住随车晃动的轮椅，又把一只脚卡在轮子下，固定住轮椅避免滑行，整个动作一气呵成。几个站过去了，一直低头玩手机的他，也一直没放手。

很多网友都被这个安静的场景感动了，觉得这种不张扬、极平常、很淡然的善良来自他骨子里，安静地做完，安静地离开，事了拂衣去，深藏功与名。每天来来往往川流不息的人群中，可能有很多这样不经意中的平常之善、随手之善，打动我们的，正是这种安静和平常。最是那一低头的温柔，像一朵水莲花不胜凉风的娇羞。

赠人玫瑰，不仅自己手有余香，也会让香气在空气中飘荡，沁人心脾。不少人讲起自己遇到过的类似场景，一个网友说：有一次坐公交一个女生拖着箱子上来，箱子一直滑，一个男生默默地把脚伸到箱子下面卡住，而那个女生一直都不知道，旁边的我看着觉得很暖。一个网友讲起：我之前带着弟弟去坐地铁，小孩子闹，在地铁里跑动，坐隔壁的男生用手挡着凳子转角的位置，防止我弟弟撞到。还有的讲起：有一次，公交车上一位婆婆背着她孙子坐在我前边，车有点摇晃，我就用手放在孩子头和凳子靠板之间防止孩子磕到头，可那孩子却使劲用头砸我的手。

我们能想起生活中很多这样安静而淡然的随手之善，一双手，一个眼神，一声提醒，不动声色，不事张扬，默默无闻。越是不经意，悄无声息，越让人感受到这个剪影静默的美丽。

也许我们在生活中都受到过这种无声的帮助，或者像这样无声地帮助过别人。你看书的时候，有人在一边悄悄地把灯调亮一点。你赶时间冲向快关门的电梯时，有人悄悄地替你按着电梯。雨后你在路边散步，司机经过时降低车速，避免车轮激起水花溅到你身上。看到有行动不便的老人缓慢地过马路，你也让脚步慢下来悄悄走在她旁边，避免她被车碰到。清晨出门赶早班飞机时，如果带着行李箱，我一般都不会在地上拖，而会费力提着，以避免行李箱拖地的声音会吵醒清晨还在熟睡的人，因为我曾在清晨被这种刺耳的声音吵醒过，很是难受。熟睡着的人们，不会知道有人提着行李箱轻声走过，也不会有人说一声谢谢。

不需要让人知道，不需要一声谢谢，自己心安就好。有些美好留在自己心中，比别人的赞美更让自己满心阳光。

那个低着头玩手机的小男生，不经意的动作，可能也是考虑到别人的自尊，悄无声息地帮助别人，不想让别人觉得“自己给人添麻烦了”。有时，过于殷勤和热情的帮助，反而让别人觉得很不好意思，觉得给别人添麻烦了。我欣赏每一种善良和友爱，也对那些热情助人的好人充满敬意，但更喜欢那些不动声色的随手之善，悄悄地做了，静静地离开，不留下一点痕迹。

我知道，身边很多年轻人都是这样的，你看到的是他们整天低着头玩手机，不爱跟人交流，你以为他们是孤僻、自私和冷漠的，以自己为中心，对别人漠不关心，其实他们的心是热的，眼睛是明亮的，只不过他们有他们对爱的理解，他们有他们的表达方式。

活出让爱你的人因你而骄傲的优秀模样

真的，这应该是我上微博以来第一次看到，一条微博下数千条评论都是温情脉脉的留言，没有戾气，没有喷子，没有撕咬，都是微笑着的祝福，隔着屏幕都能感受到人们的祝福善意。

这不是多大的一条新闻，说的是桂林一家米粉店高调的“歇业通知”：送儿子上清华读书歇业5天。近日，桂林全州一家米粉店的隶书体歇业通知火了：“各位顾客，本人因送儿子上清华大学读书，8月20日至24日暂停业5天。”据报道，目前，该店老板和其一家三口正在逛故宫，23日将和孩子一起报到。——这下，全国人民都知道米粉店老板的儿子考上清华了。借着这线索，媒体很快采访到了那个已到清华报道的米粉学霸。

是啊，值得高兴，值得炫耀，值得分享。网友排着队祝福他们，多是这样的评论：隔着屏幕都替老板一家感到高兴；这个通知看着好高兴啊，我读着读着都笑了。嗯，老板的字那么俊逸，想必，自己当时读书也不会那么差。很多人都想起自己的父母为自己骄傲的样子，一个网友回忆说：当年我考上大学，我妈卖水果，最后几天把水果都低价卖了，别人问她时都笑着说卖完就要送闺女去读大学啦。一个歇业通知所以引发这么多温暖的留言，是因为唤起了一种共通的情感。让爱你的人因你而骄傲，这是一件多幸福美妙的事啊。

米粉店老板的幸福，都写在那份歇业通知和飘逸的字里面了。显然，更幸福的是他考上清华的孩子，不仅是考上名校实现了自己的梦想，更幸福的是，活出了让爱自己的人因自己而骄傲的优秀模样。

这世界最幸福的事之一，可能就是那种觉得自己努力奋斗了、没有辜负爱自己的人、看到他们为自己骄傲的样子。相对应的是，最让自己难受的事之一，是那种辜负被爱的感觉，是看到他们眼神中对自己抑制不住的失望却又沉默不语的隐忍和死一般的沉寂，面无表情，心如死灰。一个朋友跟我描述过这种感觉。当年读高中的时候，贪玩，学习不好，最后考得一塌糊涂。丢人的高考成绩并没有刺痛他，但父亲失望的眼神，让他一辈子都忘不了——正是那个眼神，让他痛下决心努力复习，那一年他瘦了十几斤，像变了个人似的。第二年他考上了一所名校。他至今仍清楚地记得，高考成绩出来后，平静地告诉父亲后，跑回房间关起门大哭一场。

记得在网上看过一个故事，一个人高中时沉迷网络游戏，时常半夜翻墙出校上网。一日他照例翻墙，翻到一半即拔足狂奔而归，面色古怪，问之不语。从此他认真读书，不再上网。学校盛传他见鬼了。后来他考上名校。昔日同学问及此事，他沉默良久说：那天父亲来送生活费，父亲舍不得住旅馆，在墙下坐了一夜。——这故事可能是编的，充满说教味和鸡汤味，但故事所表达的镜像却很现实。可怜天下父母心，现实中一定有这样的父亲，这样的孩子，这样的场景。

我们看到的也许只是米粉店老板一家的喜悦，却看不到他们的努力。这是一个再普通不过的家庭，有一种想通过高考改变命运的强烈意愿，如你我一样。透过米粉店不大的门面，能够想象出这一家人的努力拼搏，父母起早贪黑赚钱，孩子懂事听话，经常在店里伏在桌上写作业，在喧闹声中看书，帮着父母照应客人。让我们感动的是，不仅仅是那份洋溢着骄傲的歇业通知，更有没有写出来的那些努力。你我都曾经一样努力，用坚韧、辛劳、汗水、勤奋去追逐梦想。是的，人总要努力，才能活成自己喜欢的样子，也才能活出让亲人爱人骄傲的样子。

人不是为别人活着，这话不错，可努力真的不仅仅是为了自己——因为，你过得好一些，优秀一些，不只是你自己一个人的事，很多人都在为你的优秀而努力着，你的父母，还有其他爱你的人。——你不努力，真的对不起别人为你所做的努力。父母的爱，是最无私的，他们不期待什么回报，他们最想要的回报，就是像这个米粉店老板一样，有资格、有机会写这样一份跟别人分享喜悦的“歇业通知”，痛痛快快地为你骄傲一回，他们在努力争取为你而骄傲的机会。爱你的人能因你而骄傲，这是对他们的爱最好的回报。

你没有理由沉迷于王者农药中，没有理由不努力，没有理由间歇性踌躇满志持续性混吃等死。

我们不是尊老敬老，只是敬有德之人

那深深的一躬，让人充满敬意。我想，这几天媒体刷屏的转载报道和点赞，也是舆论的一种鞠躬方式吧。近日，福建莆田一老人过斑马线时，向停车礼让的车主脱帽鞠躬的视频走红网络。当事老人、88 岁离退休干部闵庆昌说，车停下等候让他很感动，说“谢谢”怕听不到，所以脱帽鞠躬，这样内心比较平衡。

网友被这个老爷爷的深深一躬触动了。有的说，虽然鞠躬的少，但心存感激的人很多。你敬我一尺，我敬你一丈。有的讲起自己的经历：有时候骑车载孩子上学碰到没有红绿灯的路口，一般司机都会给我让路。我知道说谢谢他们也听不到，而骑着车也没法做手势感谢，但我还是说了谢谢。每一次都说，起码我自己心安，孩子也在旁边看着听着。

但也有人觉得这么鞠躬没有必要，比如就有一个网友说：本该遵守的交通法规，有什么好宣扬的。按照交通法规，这种情况下遇到老人本就应该让行，理所当然的事这么高调赞美，反而让人觉得这个社会出了问题。我想，老人的鞠躬之所以让人感到很暖，就在于他摆脱了那种“理所当然感”，没有理直气壮地觉得“别人让我是理所当然的，我理所当然应该享受别人礼让”，而是身具总觉得自己给别人添了麻烦的谦恭气质和感恩心态，传递着相互的善意。

少一些理所当然感，就会少很多正义火气。这个社会的很多冲突，都源于那种站在道德高地上、以自我为中心的理所当然感。让座的冲突，广场舞对立，路权的矛盾，那些路怒网怒，那些痛斥怒怼，哪一个不觉得自己是“理所当然”？越觉得理所当然，那种怒气就越发怒火中烧、怒发冲冠，从而点燃彼此的怒火，瞬间情绪爆炸。

老人似乎有足够的理由“理所当然”地享受车主的礼让，88 岁的高龄，走得很慢，而且这是斑马线，车辆本就应该让着行人。这种情况下不礼让，应该受到批评。——即使“理应如此”，礼让也需要车主的道德自律，毕竟这时假如车主一脚油门飞驰而过，你也不知道他是谁，很多司机就是这么干的。别人做了“理所当然”的事，义务之外也有道德和善良，也付出了“等待”的成本，这种行为应该受到鼓励和尊重。这世上很多事情，虽然看起来好像是“理所当然”，但要看到“本分”中包含的“情分”，要对那种“情分”常含尊重和赞赏之心。老人的脱帽鞠躬，表达的就是这种情怀。

道德是一种相互的善意，可人们常常只把道德看成对别人的义务，而自己坐享其成。一些老人之所以被批评为“为老不尊”“坏人变老”，就在于他们把很多事情看得“理所当然”：年轻人理所当然该让着自己，这个社会理所当然应该“尊老”，小伙子公交车上看到老人理所当然应该让座，打球的年轻人看到老人来锻炼了理所当然应该把场地让给自己。

一句跟帖说得好，我们不是尊老敬老，我们只敬有德之人，这个老人就让我们充满敬意。——说的就是道德的相互性。我给老人让座，你说声谢谢；我没有来得及让座，你会理解可能是没注意到；年轻人辛苦工作一天也累，站一会儿其实也没多大问题；自己走得慢让礼让的车主多停了一会儿，向车主竖个大拇指；广场舞影响别人休息了，声音小一点儿，错开休息时间。老人要有能力让人尊敬，如果不那么倚老卖老，不那么觉得别人理所当然应该让着自己，冲突就会少很多。理解了道德的相互性，身上也会少很多戾气。你所理解的理所当然，在别人看来并非理所当然。

有网友说：致敬就算了吧，也不是多么伟大的事，能尽可能地快速通过斑马线就是对礼让司机的最大尊重。还有的说，被礼让了我也会点头表示感谢，但是不会鞠躬，因为耽误别人时间。——你看，总怕耽误时间。这是一个很有意思的隐喻，这个时代的很多问题都在于我们太追求快了，并在快得窒息的节奏中失去了慢的能力。慢下来，等一等；慢下来，说一声谢谢；慢下来，花一分钟倾听一下别人的看法，就不会觉得那么理所当然了，心灵也会平和很多。脱帽鞠躬的老人，让急着赶路的我们慢下来去思考很多问题。

第二辑

热评

评论家一思考，精神病人就发笑。这不是第一次了，已经有过多次教训，比如某次校园惨案，评论家分析了大半天深刻的体制原因，分析了各种报复社会的原因，各种深刻的归咎，很快报道称是精神病人制造的惨案。还有邵东杀师案，调查显示是一个身上有着极端反社会人格的病人疯狂杀人，并没有什么深刻的社会原因、体制根源或教育症结。评论家似乎特别不愿意面对“杀人者可能是一个精神病人”的现实——如果事实那么简单，就没评论家什么事了。

怎么看“三个女的半夜 3 点多在外吃烧烤，你不觉得有问题吗”

像极了和颐酒店女生被打事件，一条微博引爆了“丽江旅游遭暴打事件”，也引爆了公众的安全痛感。当人们义愤填膺地声援被打女孩时，网上也习惯性地涌动着一种“坐等反转”的神秘暗示，故弄玄虚地分析各种“疑点”。被打女孩在微博爆料中提到：11 月 11 日凌晨 3 点半到宁蒗烧烤，由烧烤店老板安排到包间里面，稍后到来十几个男孩子，大概是 12 个人……

有人仿佛抓住了“重大疑点”，以福尔摩斯的口吻暗示“其中必有蹊跷”：三个女的半夜 3 点多在外吃烧烤，你不觉得有问题吗？

当下更多的是被打女孩一方的说法，警方公开的信息很是有限，事实还在调查之中，所以有必要审慎地观察和判断，不能被某一方牵着鼻子走。但“审慎”不等于“无证据地胡乱猜疑”，不能以一种“这事儿肯定会反转”的心态刻意去制造“反转点”。和颐酒店女生被打事件后，网上有各种反转的猜测，我当时写过“坐等反转的你既冷漠又无耻”——不是说不能质疑，自媒体传播时代更应有审慎判断的理性，但要“疑之有据”。

像“三个女的半夜 3 点多在外吃烧烤，你不觉得有问题吗?”之类的质疑，就属于无耻的胡乱猜疑。

首先这种质疑的心理是很变态的。怎么了？三个女的半夜 3 点就不能出门了？就不能在外吃烧烤了？烧烤店营业到这个点是专门为男人开的？这样的质疑是什么意思呢？是暗示“这么晚出来吃烧烤的女的本就不是好东西”，还是说“这么晚竟然敢出门活该被打”，还是说“这个点还在外面吃烧烤不太合常识”？这种质疑洋溢着十足的变态直男癌心态。

然后，这种根本不能叫质疑，而叫诱导阴暗和龌龊的联想。抛出一个隐藏着坏逻辑坏暗示的坏问题，又不给出自己的答案，让其他人去脑补和联想。——这是洗地常用的一种战术，用攻其一点的坏质疑将水搅浑，转移对核心问题的关注而把楼弄歪。不给出答案，只是抛出一个容易引发撕裂的议题，在撕咬中悄悄地混淆是非。搅浑水常用的坏议题是：引发性别、地域、职业、仇富、仇官方面的争议，以莫须有的模糊去诱惑吃瓜群众互殴。

大众从不缺正义感，而缺脑子，所以这种坏议题往往很奏效，它迎合着很多人“坐等反转”的盲从心态，在一边倒的讨伐热情中添加了点反转元素。“坐等反转”已经成为一种大众传播病毒，吃瓜群众经历一次次反转新闻后，并不是总结教训审慎判断，不是补知识、补新闻、补脑子，不是“让新闻先飞一会儿”再评论，而是失去了新闻判断和信任的能力，不敢下判断，相信阴谋论，盲目地怀疑，被那些故弄玄虚的猜测所误导，动不动就跟着喊“马上就反转了”“立刻就打脸了”“事件惊现惊天逆转”。

世上哪有那么多大逆转，很多时候只不过是新媒体自媒体的传播环境养成了新闻易感人群轻信轻疑和一惊一乍的毛病罢了。

再就是迎合了很多人对“阴谋论”的需求。世上哪有那么多阴谋，不过是群众热爱阴谋罢了。自媒体太多记者太多事实不够用，群众太懒，不愿意多看几篇报道去辨别事实。事实不够用怎么办？不是耐心地等待详实的报道，而是去想象，用想象拼凑一个完整的事实，于是形形色色的阴谋论就填充了“事实不够用”下的脑补需求。丽江旅游被打，被打得那么重，事实有这么简单吗？这事儿肯定要反转，于是，像“三个女的半夜3点多在外吃烧烤，你不觉得有问题吗？”之类的胡乱猜疑满足着人们的阴谋想象。

还有一个问题，就是民间和网络涌动着的福尔摩斯英雄主义情结，反智、反精英、反专家、反媒体和反官方，把自己当成能从正常中看到反常的福尔摩斯，甩开专业的判断，自以为是地对着一些碎片化的信息瞎分析，抓住一点儿信息就好像发现了重大疑点。混乱的传播语境中，这种胡乱猜疑有时还挺有市场。

评论家一思考，精神病人就发笑

评论家评点时事，最怕遇到的就是精神病人——怕自己的评论被精神病人“打脸”。面对一件无法理解的事，评论家绞尽脑汁故弄玄虚在那里嘚啵嘚啵分析大半天，搞得自己像洞悉一切把握真理的上帝一样，又是深入剖析心理，又是挖掘深刻原因，结果其实很简单，是精神病人干的。一堆貌似高深的分析，不过是一本正经地胡说八道。

近来的武昌火车站惊悚血案就是如此。一碗热干面多收一元钱引发的惊天血案，自媒体评论故弄玄虚地飞了一整天，什么订立规则的破坏规则，什么底层互害、底层之恶、底层沦陷，什么“菜刀教你讲道理”，什么“一切道理都失效的时代”，各种奇特刁钻的角度，各种牛掰闪闪的分析，让本就不被理解的事变得更加无法理解。媒体最新调查显示，杀人嫌犯原来是精神二级残疾，被曝去亲戚家拜年都带着菜刀！这再次说明，一事当前，自媒体太多记者太少事实不够用，当下不缺观点，缺的是事实。一篇新闻调查就能让人明白的事，让无数玩弄深沉的自媒体评论弄得云山雾罩。

想起一个段子，用在这里好像挺合适：一舍友常年逃课蹲宿舍。一天，我和下铺的一起回来，发现他不在。我看了一眼桌子，坚定而深沉地说：“烟头还未完全灭，应该没走远。”下铺的摸了一下显示器，很有把握地说：“还有余温，应该刚走。”这时候就听那哥们躺在床上喊了一句：“躺床上连看都不看，还装福尔摩斯！”

评论家一思考，精神病人就发笑。这不是第一次了，已经有过多次教训。比如某次校园惨案，评论家分析了大半天深刻的体制原因，分析了各种报复社会的原因、各种深刻的归咎，但很快报道称是精神病人制造的惨案。还有邵东杀师案，调查显示是一个身上有着极端反社会人格的病人疯狂杀人，并没有什么深刻的社会原因、体制根源或教育症结。评论家似乎特别不愿意面对“杀人者可能是一个精神病人”的现实——如果事实那么简单，就没评论家什么事了。可很多时候事实本身就是那么简单，就是一个有着较严重精神障碍的人受到刺激后精神失控疯狂杀人，“一碗热干面”只是一个诱因。

我特别不能理解有些评论，只要某个案件跟穷人相关，立刻会往什么底层之恶、底层沦陷、底层互害的分析框架上靠，可很多恶其实跟身份没有什么关系。搜索一下，富人类似的恶并不罕见，比如这条新闻：宝马男打死收费员，几块钱停车费引发惊天血案。心理学家津巴多有著名的“路西法效应”理论，他通过监狱实验证明，人的善恶之间并非不可逾越，环境的压力会让好人做出可怕的事情。没有暴力的天性，只有暴力的环境，你觉得衣冠楚楚的人，在某种环境诱因下一样能做出令人发指的行为。

越是极端而让人用常识无法理解的案件，可能需要“越多的事实”才能理解——甚至很多事情就是正常人无法理解的，因为那是精神不正常的“病人”干的。不去耐心等待事实，不把分析建立在事实基础上，而是靠脑补去判断、靠冥想去推理、靠抖机灵式思维去解析背后的极端，只会陷入种种逻辑误区。主要有以下一些思维谬误。

其一，深刻归因。总认为一个看起来挺极端的事件背后，一定有一个“深刻的社会原因”和可以复制到其他个案分析上的“体制性因素”。很多人脑子里积累了很多这种“深刻社会原因”，看到一个事情，就把这些“深刻社会原因”往上面生拉硬扯生搬硬套。就像一个在房间里想要出去又不知道怎么办的人。他试着从窗子出去，但是窗子太高，他试着从烟囱出去，但是烟囱太窄，其实只要他一转过身来，就会看见房门一直开着。

其二，“现象归纳癖”和“规律强迫症”。总想把某一件事归纳为一种社会现象，从一件事里演绎出某种规律。其实，很多事件就是个案，非常极端的个案，并没有某一类现象与之对应，更无法上升到某种可复制、可把握的规律——但纯粹以个案来观，似乎就凸显不出分析者的高深。有些分析家热衷于将简单事情复杂化、专业化、学理化，不好好说人话，无非为的是凸显一种优越感和存在感。

其三，单一归因。也就是努力寻找到一个单一、强大、简单、清晰的原因去解释，指向一个矛头，得出一个简单粗暴、易于传播的结论——其实很多事情的发生是多原因共同作用的结果。手持单一原因，排斥其他原因，坐井观天，作茧自缚，关进了自设的逻辑牢笼，陷入了思维的盲区，越想越有道理，也离复杂的事实越来越远。

其四，迫切归因。事实并非一次性呈现，完全浮出水面会有个过程，需要完整事实才能做出靠谱的因果分析，而很多人特别急躁，事情刚发生，事实还在调查之中，就进行迫切归因。

用另外一个段子结束这篇评论吧。记者采访精神病院院长时，问其怎样精准确定病人已经治愈，并可以让其出院。院长说：“很简单，把浴缸注满水，旁边放一把汤匙和一把舀勺，要求把浴缸腾空。”记者说：“真的么？哦，天哪！正常的人应该使用舀勺。”院长说：“不，正常已治愈的会把浴缸的塞子拔掉！”

这新闻烂不了尾，吃穿山甲的主动站出来吧

一条两年前的微博引发的“穿山甲事件”继续在发酵，网友们拿穿山甲公子没办法，只能顺藤摸瓜去人肉搜索照片上“设宴招待”的官员。被怀疑卷入饭局丑闻的广西投资促进局回应称，合影照片中的用餐人员没有该局任何领导或工作人员。不过这个回应并没有平息网友质疑，媒体和网友不相信靠如此清晰的照片竟挖不出当事人，不相信一张张脸在全民围观下竟能隐形脱身。

我觉得，事已至今，这个饭局的招待者，照片上那些吃了穿山甲的人，别让全民猜来猜去了，别麻烦网友人肉搜索了，别有劳组织去调查了，还是主动站出来吧。当初笑得那么灿烂，往镜头前凑生怕照不到自己，生怕自己不够清晰不够笑容可掬——如此清晰的照片被全民围观，想蒙混过关和侥幸躲过肯定是不行了。既然“败露”已不可避免，与其被人肉出来，不如主动站出来认错。

稍微聪明一点儿应该明白，继续捂瞒下去既害人更害己，害了广西其他官员，害了自己的组织，害了政府形象，让自己的同僚和组织替自己背锅，让“广西官员”这个组织标签架在舆论火上烤，让自己的组织被人怀疑“官官相护”，让一起个案发酵成强烈的民众不满。

很多新闻都有烂尾的可能，但这条新闻看上去很难烂尾，很难被其他热点覆盖，很难不给出一个有说服力的交代就草草了结。一方面，有微博和照片为证，穿山甲公子言之凿凿，照片上的人物一个个面貌清晰，网友已扒出公子的身份，查到相关对应的新闻，照片上的人物已经呼之欲出。另一方面，因为涉及港商，港媒也一直在穷追不舍。还有，网友已有怀疑对象，官方虽否

认了网友的怀疑，但如果不查明照片上那几个人是谁，是无法洗清怀疑的。

还是主动站出来吧，不要寄望这事儿组织能“保护”你。照片被全民围观，全民在人肉搜索，怎么保护？既涉嫌违反八项规定，顶风作案，又涉嫌违反法律，吃受法律保护的国家二级保护动物，人赃俱在，谁敢保护？让组织丢脸，害组织被架在火上烤，舆论穷追不舍，真相呼之欲出，没有一个组织愿意保护这样的“罪人”，没有一个聪明的组织不急于跟这样的人迅速切割以求形象止损。

还是主动站出来吧，不要寄望穿山甲公子能救你。公子躲还来不及，自己还救不了自己，就别指望能救别人了。这时怪公子也没有用了，公子只不过是无意中暴露了吃穿山甲的事实。不要觉得冤枉，不要觉得运气太坏，如果真的违反八项规定，真的违法吃穿山甲了，就不冤，就应该主动站出来认罚。

也别不切实际地期待这事儿会被下一个热点覆盖了。说实话，最近春节刚过，属新闻淡季，也没啥其他新闻可关注，没什么能覆盖得了这个热点。公众对特权深恶痛绝，这事儿又这么有戏剧性和偶然性，又是富二代，又是特权顶风作案，又是穿山甲，叠加了公众反感纨绔子弟、反感特权、痛恨滥杀国家保护动物等痛点。正如有媒体评论所言，这事儿坐实了人们一直以来的隐忧，好不容易抓了个现行，人们怎么会轻易让已经呼之欲出的真相烂尾。

更别期待网友查不出事实揪不出当事人，能发掘出两年前的一条微博，已经证明了微博力量的强大。微博之力，能从官员的一个不合时宜的微笑发掘出手表，从一块手表发掘出十多块手表，进而查出一个腐败官员，难道就查不出明摆着的照片上是哪些人吗？千万不要低估网友的智商和他们穷追不舍的韧性。

是的，对吃穿山甲的官员来说，事情败露很糟糕，但避免最糟糕结果的办法就是，趁网友还没人肉出、组织还没调查出之前，赶紧主动站出来承担责任吧。主动说了，说不定还能混个“敢作敢当”。若继续硬着头皮去捂瞒，呵呵，那就等着吧！

因为他们不能办酒席了，你也就不准办

不怕官员不干事，就怕官员干的不是人事！贵州绥阳某些官员收缴百姓办酒席的饭菜并将饭菜堆放示众，干的就不是人事。

贵州绥阳县开展滥办酒席治理活动，将婚丧嫁娶之外的办酒席一律定义为滥办，悬赏数百元鼓励群众进行举报，一经查实，无论事主是干部还是群众，饭菜一律没收。从图片中可以看到，有人将一筐筐的饭菜抬出来放到一起，并在其后立牌书明系某村某主某某人滥办酒席被收缴的饭菜。记者从该县公号“绥阳发布”中亦看到了有将参加宴请的客人予以驱散，将饭菜集中堆放，对饭店老板予以处罚的图文。官员受访回应称：没收的饭菜送给了敬老院，这一举措是为改善社会风气和减轻群众负担。

收缴老百姓办酒席的饭菜，竟然是为了改善社会风气和减轻群众负担——这说的是人话吗？这逻辑谁能听得懂？严管和约束党政干部乱办酒席可以理解，公众也支持，这是为了防范借机敛财和败坏风气。可你管人家普通老百姓的酒席干吗呢？老百姓无权无势，没有借以寻租的权力，没机会靠办酒席敛财，没资格搞“不正之风”，你去收缴人家办酒席的饭菜，还以集中堆放示众的方式羞辱和逞威，你这干的叫人事吗？

所谓人事，就是做符合人之常情、常理、常规的事。老百姓遇到喜庆的事，花自己的钱办个酒席请些朋友热闹热闹，这就叫人事——剥夺公众这种正当权利，就叫不干人事！于法，严重违法，多重违法。禁止百姓办酒席，是乱设许可；收缴民众的酒席饭菜，是侵犯正当的财产权。于情，极悖人之常情，人家办酒席你去驱散客人收缴饭菜，这有点儿人情味吗？于理，找不到一个站得住脚的正当理由。说这样做是为了改善社会风气，可没有什么比这种粗暴的政府行为更能败坏社会风气：鼓励告密破坏民众间信任，公然违法败坏政府和法律公信，收缴饭菜示众刺激官民对立，驱散宴请的客人破坏人际关系和社会风俗。

为什么不干人事？一个网友的留言得到了很多人的力挺：因为他们不能办了，你也就不准办。——这话细细品味真挺有道理，官员生病，最终会连累老百姓一起跟着吃药；从严治官，很快就会发生异化，在制度变异中转移为从严治民。遏制不正之风，严禁滥办酒席，本是指向手中掌握权力的党政官员，指向那些“关键少数”，防止他们借办酒之名行敛财之实。可到了下面、到了一些地方，经就被念歪了，层层加码，越走越极端，越走越过头，越走越荒诞，变成了干部群众一起管，变成了折腾百姓的闹剧和运动，变成了比拼和表演谁更“严厉”。官员不能办酒席，老百姓也就不准办，让老百姓跟着一起吃药。

因为他们不能办了，你也就不准办——我总怀疑有人故意想把事情搞砸，通过“禁止老百姓办酒席”这种极端不讲法、不讲理的方式，来表达对“禁止官员办酒席”的不满，把老百姓跟自己绑在一起去反对“禁办酒席”。在很多地方，初衷很好的从严治官规定，到了下面之后都被扭曲了，这种扭曲很多时候也许是为了发泄一种不满情绪，带着一种“把事情搞砸”的心态，就是要恶心公众，从而制造自下而上的不满。八项规定，反对不正之风，党政干部禁发福利，我就连普通员工的正常福利都不发；禁止官员聚餐喝酒，我就严惩教师节前 AA 制聚餐的老师；严禁党政官员兼职经商，我就严惩路边摆摊卖菜的老师。我不爽了，别人也得跟着一起不爽！

我们没福利了，你也不能有；我们不能聚餐喝酒了，你也不能喝；我们不能办酒席了，你也就不准办。——特权、霸道、法盲和自私之外，是故意扭曲从严治官、把权力关进笼子的好理念，通过越走越过头、越走越荒诞、绑架普通老百姓的方式为改革制造阻力，将百姓与自己绑在一起去发泄特权被剥夺的不满。没有哪一条法律和规定是跟老百姓办酒席过不去的，没有哪一种“严厉”原本是指向老百姓的，可很多规定总能像在贵州绥阳这样被偷梁换柱、腾笼换鸟。

网络时代永远别相信“清者自清”

官方公布对释永信的调查结果，虽然仍有不少质疑，但释疑的做法还是赢得了不少赞赏。你永远都无法叫醒一个装睡的人，对不讲理的人，你说什么他们都不会接受；对讲理的人，只要调查客观、公正且事实确凿，总能说服的。讲理的人才是调查所要说服的对象。

对于网络举报和爆料，很多部门常有的一种态度是“清者自清，浊者自浊”，一句“不解释”听起来很霸道彪悍，似乎也充满自信，但这种盲目的、鸵鸟式自信，对消除疑云毫无帮助，只能加剧公众的疑问。就拿对释永信的质疑来说，近几年一直在网上发酵，有关部门和释本人的“清者自清”式回避和沉默，并没有让舆论遗忘，隔段时间“质疑帖”就会冒出来。尤其当有人以实名举报，却无人回应，则强化着舆论“这是默认了举报”的判断。

网络传播时代，永远不要迷信“清者自清”。尤其是公共部门和公众人物，再荒诞的质疑也要去回应，以“清者自清”的自负保持沉默，放弃澄清的努力，将话语权拱手交给传言，在网络传播的记忆和沉淀效应下，舆论只会越来越混浊。再清白的人也会被污名化和妖魔化。

普通人也许可以说“清者自清，浊者自浊”，因为普通人无须别人的相信，我的清白不需要证明给你看。你怀疑我的财富来源不明，你质疑我作风不正派，我说你完全胡扯——这不需要给出理由，你信就信，不信就不信，甚至来一句“关你屁事”也不过分。但涉及公共部门和公众人物就不一样了，因为公共部门和公众人物需要公信力——也就是需要让别人相信自己的清白，你的清白得以一种令人信服、看得见的方式表现出来。当公众怀疑你的时候，你得把清白证明给别人看，以确凿的证据论证自己的清白。公信力是公权力和公众人物的符号生命，得时时证明自己的清白，而不能“清者自清”。

就拿释永信来说，释不是普通人，少林寺作为一个宗教机构，在不少方面跟公共部门是同构的，掌握着某种宗教权力，这种权力涉及诸多利益的分配，必须像公权力那样受到公众监督。释的形象也事关宗教形象，当世俗社会充斥着各种腐败时，人们寄望作为精神引领者的宗教机构能保持着那份清白——所以少林寺的清白至关重要，当这个清白形象受到质疑时，必须给公众一个交代。任其“清者自清”的话，只会使少林寺的清白形象不断浊化。

信息不对称下，其实也根本做不到“清者自清”。公众质疑有人借少林寺敛财，在财务不透明的现实下，如果没有第三方进行审计和调查，不将财务置于阳光之下，不对信息进行充分的披露，怎么“清者自清”呢？充分的政务公开和信息披露之下，接受最苛刻的监督审视，才会有“清者自清”的效果。一边捂着信息一边却说“清者自清”，那纯粹是心虚的表现。

这一次的官方回应，其实也拯救了陷于“越传越浊”丑闻中的释永信。丑闻缠身，跳不出“清者自清”的魔咒，无论少林寺和释永信本人自己如何解释，人们肯定不会信，第三方的调查才能还他的清白。

为这一代年轻人感到难过

看着朋友圈里那些爆款文章，真为这一代年轻人感到难过。他们向往的大城市又一轮房价飞涨，高得已经跟他们没有了关系，不知道何处能安放他们的青春和理想。

打开最近的朋友圈，爆款的主要是两类文章，一类是让人心神不宁的暴富神话，什么咪蒙的助理月薪5万元，什么“95后”小编年终奖百万元，什么刚毕业就拿到了上亿元的风投，还有各种创业某项目或创意一夜暴富的故事，让那些勤勤恳恳努力打拼的年轻人觉得自己简直Low爆了。一样的年龄，一样的努力，一样的学历，为什么别人不费吹灰之力就能轻松收入百万元，而自己奋斗很多年都不及别人一次年终奖？

喝一杯咖啡，让自己平静平静，安慰自己那只是自媒体炒作的个案。可另一类文章如潮水涌来，一夜刷爆朋友圈的“北京房价飙涨卷土重来”，把本已十分沮丧的年轻人的心情又推向了谷底。自己所在城市的房价又在涨，段子手源于生活的“如果北大清华毕业都买不起房，还买学区房做啥”的追问，让人开始怀疑奋斗和学历的意义。“房东叫价728万元，砍价几小时最终以748万元成交”的故事，让人觉得本就遥不可及的房子离自己更远了一些。

一边是离自己很远、让人自卑的创富神话，一边是近在眼前、让人卑微的房价神话，两个神话狠狠地撕扯着这一代年轻人的灵魂。那些一夜暴富、让你相形见绌的刺激神话，似乎在羞辱着安守本分的勤奋和兢兢业业的努力，羞辱着知识的尊严和奋斗的价值，让努力工作的年轻人失去了耐心、定力和自信，无法保持心理的安静和平衡，掉进暴富神话所搅动起的浮躁、功利、肤浅、短视中不能自拔。

房价问题加剧着这种心理失衡和羞辱，奋斗一辈子，不及别人一套房；奋斗一辈子，还买不上一套房；奋斗很多年，不如倒手一套房。可以不受“‘95后’小编年终奖百万元”这样的故事干扰，甚至可以暂时忘掉房子，不考虑房子的事，可拼命挣扎，却无法逃脱房价的精神压力。有房没房，像一道铁幕，把人们打入两个阶层两个世界。

我是2004年毕业的，那时就业时根本没有房价意识，可以遵从自己的兴趣。方叔那篇《最近有点为北京感到难过》戳中了无数北漂的痛点。方叔在文中写道：如果讲讲平生最得意的事情，我愿意说那是十几年前，我在自己主持的BBS上认识了很多朋友，很多才华横溢的网友，网上混熟以后，我会问他们，愿意来北京发展吗？其实当时我无权无势，靠的就是一腔热情，觉得他们应该有更大的舞台。他们接受了我的邀请，陆续来到北京，网友聚起来喝一顿大酒，然后散开，消失在帝都低垂的夜幕中。我没办法帮他们更多，只有对他们绝对的信心，他们怎么可能在北京混不下去。

感谢方叔，2004年时，我也是受方叔的感召来到北京，成为方叔的同事。那时我有很多选择，因为读大学时就开始写评论，毕业时已经在评论圈内小有名气，获得了不少工作机会。可以在深圳拿很高的薪水，可以到广州进一家风头很劲的媒体，可以去上海有一个不错的职位，过一种我喜欢的生活。最后我还是选择来了北京。选择的过程并没有多少纠结，很简单，就是自己的职业理想。虽然相比其他的工作机会，中青给我的收入是最低的，但又如何呢？那时我可以从容地把自己的职业理想放在比收入高得多的位置，满怀工作热情，不必考虑房价，不用害怕在北京混不下去。

那也是传统媒体人的黄金时代，大家都在专心拼内容，拼新闻，拼独家，拼舆论监督，拼命离现场近些更近些。那时，谁的新闻内容做得最牛掰谁就是新闻人的偶像。那时没有“10 万 +”崇拜，没有阅读量崇拜，没有标题崇拜，没有软文崇拜，没有“‘95 后’小编年终奖百万元”的浮夸神话，没有把“变现”挂在嘴上。那时媒体人朋友圈也不像现在这样躁动着一夜暴富的神话、高调炫富的庸俗、急于变现的浮夸、沉迷技术的肤浅和自吹自擂的牛掰。那时人们谈论的都是新闻，而今天多在赤裸裸地谈论着金钱、LV、头条报价。

我不知道，如果我当年就业时也面临着这样的双重撕扯，一边受着“‘95 后’小编年终奖百万元”的刺激，一边受着“房东叫价 728 万元，砍价几小时最终以 748 万元成交”的冲击，会如何心神不宁？没有什么比刚走出校门时更踌躇满志意气风发，可这个年龄应有的自信，也许会被朋友圈里那些让人失衡的故事击得粉碎。

没有哪一代年轻人是容易的，这一代可能格外不容易。

马云的“放过小微向我征税”不是作秀而是清醒

近来马云和刘强东在“向谁征税”的问题上针锋相对地怼了一把！在国税总局的座谈会上，马云再次为减轻小微企业税负进行呼吁，他认为，大企业享受很多资源优势，理应是纳税主力；而小企业每天考虑的是生死存亡问题，如何让小企业活下去、活得好，是国家税收杠杆调节真正应该考虑的地方。而刘强东的发言则直指小企业以自然人名义开网店不利于企业公平竞争，要求小企业开网店应该纳税，并建议明确具体办法和技术手段规范对小微企业开设网店的征税。

马云身为大企业的掌门人，却呼吁为小微企业减税，向大企业征税；而刘强东同为大企业负责人，却把矛头指向开网店的小微企业——可想而知，舆论和公众会表现出怎样的态度，差不多是一边倒地支持马云，而批评刘强东对小微企业开网店的苛刻，认为不要总盯着小微电商赚的那些钱，总想从他们身上拔毛。有人觉得，马云的姿态比较讨巧，说了一番“迎合”小微和大众的漂亮观点，站到了道义制高点，容易赢得大众支持。我觉得不是“讨巧”，无关道德媚众，而是大格局下的清醒：小微企业就像一个国家的毛细血管，没有无数小微企业的活跃和繁荣，也就没有大企业的兴旺。涸泽而渔，闻税则喜，绞尽脑汁地从小生计和新业态身上征税，不放过一毛钱，把小微企业给弄死了，大企业也不会有好日子过。

马云这番观点，颇有“向我征税”的豪气。他呼吁减轻小微企业的税负，让享受更多资源优势的大企业成为纳税主力，而阿里又是中国最大的企业之一，这就是说“放过小微，向我征税”嘛！

这个姿态让我想起几年前美国一些富豪的态度。2011 年时，美国 138 名百万富翁联名请求国会，为国家考虑，应向他们多征税。据当时的报道称，这些企业和商界领袖向时任总统奥巴马及国会领袖致函称：“请做这件正确的事，提高对我们的征税。”信中提到，良好的经济曾让他们受益，现在也希望别人能得到好处。当时，巴菲特也在《纽约时报》上公布了自己的纳税额，提出向富人增税。这位亿万富翁表示，在大部分国人为了糊口而挣扎时，巨富却在继续享受超爽的减税政策，我和我的朋友们都被娇惯的太久了。巴菲特说：我的大部分收入上的税比我的女佣人还低。

美国富豪为何呼吁“向我征税”呢？是善心大发还是摆个姿态，缓和贫富差距带来的社会撕裂，或是为了国家削减赤字和遏制危机？最重要的原因恐怕是对公平的尊重，“富人多交税，工薪少交税，低收入者不交税”是国际通行的税负公平原则，越是强者，越有责任推动这种公平原则。富豪从公平的社会竞争中获益最多，更应该去支持“能者多劳”的税负公平原则。另一个重要原因是，这些大企业家大富豪有一种“害怕失去中产”的焦虑，比如当时一个支持向自己征重税的老板就说：中产阶级尤为重要。如果你失去了中产阶级，你就失去了顾客。所以，公平的纳税制度带来有实力的中产阶级，而他们会带来美国经济的长期健康发展。

这也许正是马云呼吁“放过小微电商，向我征税”的关键原因。中国的中产阶层还比较薄弱，“橄榄型”的健康形态仍未形成，还是“哑铃型”的两头大中间小。应该说，这几年的互联网发展对孕育中产阶层起到了不小的作用，新兴的中产中，很大一部分都是互联网从业者，开个小网店，做个小电商，迈进小中产——当然，这种中产是脆弱的，经不起折腾，就像他们的小微生意那样很容易就黄了。如果因为他们刚赚了一点儿，就盯着他们的小生意，把他们当成新的“税收增长点”，只会让他们窒息。

经济学家周其仁的一段话很有道理，他说：我在北京作为一个经济学家，多年来有一个经验，就是不要轻易去提加税的建议。因为这建议很容易被政府部门吸收，有关部门最容易听的意见就是加税的意见。

让人感到欣慰的是，这一次收税者没有“闻税则喜”，国家税务总局局长王军在马云发言环节插话说：“技术上要想对小企业征税完全可以做到。但我也坦率地说，对于小电商，对于新兴业态特别是能就业的新兴业态，在处理征税上要非常慎重，应该更多支持发展。君子爱财，取之有道。”——好一个“君子爱财，取之有道”，对小企业小电商征税在技术上能做到却非常慎重，这种对待小微企业征税的“善意疏忽”精神非常可贵。

对征税者来说，盯着“小钱”是很丢人的事。人家写篇文章收获几百块的赞赏，中秋节单位发几个月饼，开网店赚点儿奶粉钱，你立刻眼前一亮想到征税，只会让人反感。要有大格局，要会算大账，这也正是马云“放过小微，向我征税”让人尊重的原因。一个健康的社会，大企业应该以多纳税为荣，应该以让小微企业小民生计承受低税负为荣。

杀死辱母者，逼人无限
容忍恶人的判决一定是恶判

杀死辱母者，被判无期徒刑。很少看到如此汹涌的刷屏，刷屏的不仅是一种义愤和不公感，更是身份代入后的强烈不安感。黑社会放高利贷，黑社会以流氓手段讨债，极尽侮辱之能事，年轻人不堪母亲被侮辱，愤而杀死辱母者——可能没有人能克制住设身处地身份代入后的愤怒感，没有人能“理性”地面对“如果自己母亲遭遇如此侮辱时你会怎么办”的共情拷问。

我写时事评论已经 10 多年了，看到过很多类似案件。以往遇到相关“正当防卫”争议时，一般都会冷静地站在法律一边，呼吁客观和理性，呼吁舆论不要陷入那种“杀死恶徒大快人心”的报复快感中，对“正当防卫”要谨守法律边界而不是陷入文学想象中。应当理解司法者在判断时的谨慎和保守，稍有不慎，对“正当防卫”的宽松理解很可能在现实的浮冰上滑向可怕的“以暴制暴”。但当这些年看到越来越多沉重而虐心的个案后，感到这种“理性”面对具体情境时有时真的很无力，宽松理解可能滑向野蛮失控的以暴制暴，而僵化理解则可能在泯灭常识和人情中撕碎人心，伤害人们对法律、公义和良知的信任。

这些年来，隔段时间就会曝出一起“正当防卫”判决引发的争议，从邓玉娇案到张剑案，再到夏俊峰案，这一次的舆论争议和愤怒格外激烈，因为伤害和羞辱已经到了让人无法忍受的地步——当事人也已努力报警，却未能阻止羞辱和伤害的继续，人身自由被限制，母亲被羞辱，求救无门，对方人多势众，10多人围着一对母子，严重威胁着人身安全——这种情况下，应该怎么办呢？法律能不能给人们一个“遇到这种情况应该怎么办”的标准答案。

法院的判决是“不存在防卫的紧迫性”。实际上法律并没有“紧迫性”这个限定，只是明文规定：为使国家、公共利益、本人或者他人的人身、财产和其他权利免受正在进行中的不法侵害，而采取的制止不法侵害的行为，对不法侵害人造成损害的，属于正当防卫，不负刑事责任。——法律强调的是“正在进行中”，而法官却偷换为“紧迫性”，是对正当防卫权的主观剪裁。“不法侵害是不是正在进行中”是可以客观认定的标准，而“是不是有防卫的紧迫性”却是主观的，不设身处地，没有身份和情感的代入，不考虑到10多个壮汉长时间对一对母子的不堪入目的侮辱、殴打和限制人身自由，可能就体会不到“防卫的紧迫性”。

“防卫紧迫性”这个概念，似乎在暗示当事人应该继续忍下去，忍受恶人脱了裤子露出生殖器对着母亲侮辱，忍受他们按着母亲的头往充满秽物的马桶里按，忍受他们的羞辱和殴打，忍受10多个壮汉对母子人身自由的限制。——这不是普通的容忍，而是苛求人的无限容忍。这可能也正是黑社会讨债的套路，挑战人的容忍极限，以把人逼到绝路、逼得快发疯、逼到不可容忍的地步时，不得不就范，不得不满足他们提出的任何无理要求，花钱买平安，用破产避免家破人亡。黑社会流氓讨债刺激着人的忍受度，法律不能苛求人的容忍，我不知道人到底能忍受到什么程度，但逼人无限容忍恶人的法律一定是恶法，逼人无限容忍恶人的判决一定是恶判。

我们的法律赋予了公民正当防卫的权利，就是一种“不能无限容忍自身权益被恶人侵害”的正当权利。从判决书和媒体报道的描述看，当事人已经有了足够的容忍，也履行了报警的义务，可还是不能避免受到侵害。警察来了又走了，而他们因为报警行为受到升级的报复——请问，还让他们怎么忍？

此案另一方面激怒舆论的是，众多作恶者逍遥法外，而保护母亲免受羞辱的年轻人却被重判，法律滋长着人心中“总放过坏人而羞辱好人”的强烈不公感。这么长时间了，黑社会违法放高利贷没人追究，黑社会以非法方式讨债没人追问，报警后当地警方处理不力无人问责，当事人一直在反映问题却无人处理，而只有一个不堪母亲受辱愤起杀人的年轻人被判无期了。这个长长的作恶链条上，引发问题的作恶者未受惩罚，多数罪恶都没有被追究，而只有一个想保护自己母亲的年轻人被追究了，这个事实可能比判决本身更能激起公众的强烈愤慨。

如果在依法惩处杀死辱母者的同时，让当地违法放高利贷的黑社会乱象被严厉打击，让参与违法讨债的黑社会成员被依法追究，让接到报警却无所作为未到场控制事态的相关人员受到惩罚，让那些在这个过程中失职渎职的相关部门付出代价——让每一个罪恶都受到追究，我想，舆论和公众可能会心服口服很多，甚至能在某种程度上接受“防卫可能是过当”的。追究“源头罪恶”，依次不放过每一个罪恶，才符合公众对正义的理解。

正义不仅要实现，还要以符合惩恶次序和正义逻辑的方式实现，罪恶有先有后有因有果。像现在这样，导致问题的那些罪恶逍遥法外，只惩罚一个为保护母亲而杀人的年轻人，很难让人不拍案大叫“不公”！不问罪恶因果、不顾惩恶顺序、无视整体逻辑的“正义”，在公众看来，就是非正义。

有人为何那么希望辱母案反转，要反转早反转了

数亿评论，数亿关注，一波排山倒海的汹涌舆情后，山东“杀死辱母者”案进入二审阅卷前的舆论相对静默期。最高检、山东公安厅等相关官方已经强势介入，一审判决书和媒体报道所主导的案情叙述引发争议，各方都在等待着官方的调查结论。这种汹涌后的暂时平静中，有一种声音让人听来感觉很刺耳，就是用不明来源、不明不白、子虚乌有，甚至臆造出的所谓“最新消息”“最新视频”，制造一惊一乍混淆视听的“反转效果”。既有的事实未必就是完整的事实，舆论一边倒地“为血性男儿叫好”未必就正确，但没拿出什么靠谱的、颠覆性的、足以否定既有判断的确凿事实，就咋咋呼呼地传播“惊天逆转”，真是病得不轻！

很多事件中都有这种“反转狂”的存在，或为“弄个大新闻”制造反转效果，或为洗地，或为把水搅浑，或为搭车营销炒作。记得去年和颐酒店女生被打事件中，我曾经狠批过这种“反转狂”，称这些坐等反转的人既冷漠又无耻。

不是说不会出现反转，也不是说不可以呈现新的事实。事实上，很多事件都有过反转，事实的呈现也并非短瞬一次性完成，而有一个过程。但既然叫“反转”，应该具备两个条件：其一，拿到的必须是确凿可靠的一手事实，不能用不明来源的小道消息，不能用谣言假新闻，不能用“网传”“据悉”之类的莫须有；其二，也是最关键的，必须有充分的颠覆性的事实，“非”

对“是”的颠覆，“真”对“假”的颠覆，必须能推翻既有的基本事实让人重新审视基本的是非。但很多“反转狂”不知从哪里捡来一段无关核心事实的录音，一条不明来源的网帖，一个键盘前推理的判断，就奔走相告“反转了反转了”。

这怎么就反转了？怎么那么想反转呢？

针对此案，既有的反转主要是从以下几个方面把水搅浑的。

其一，用各种所谓“知情者”曝光，证明被讨债者侮辱的苏某有多么的坏，是老赖，欠了各家银行多少钱不还，找黑社会借高利贷是自作自受。总之，人品很坏，欠钱不还很恶劣。——想制造一种“活该”的舆论印象。且不说这些所谓“曝光”多是网传，并无靠谱报道，即使作为企业主的苏某有很多问题，是一个“坏人”，也不能受到这样的非法对待，也不能洗白讨债者那些恶劣龌龊违法的行为，这是基本的法律是非。

其二，用网传信息臆造杀人者于某的家庭有多牛的背景，父亲是某个局长，后台是某个局长，贴上富二代、官二代的背景，制造“这事儿没你想得那么简单，背景很复杂”的印象。首先，这些消息都是制造出来的，并无确凿信源，以讹传讹。其次，不合常识。如果于某有这样的背景，黑社会小流氓敢这么对待？如果于家有这样的后台，会忍受这样的侮辱？最后，再多的“背景”也改变不了非法讨债拘禁侮辱的恶劣性。

其三，渲染被杀者杜某的家庭困境，家里多么穷，父母是多么痛苦，家里四个孩子失去了父亲，失去了顶梁柱。我觉得，去回访杜某家庭并无不妥，报道杜某的家庭困境也体现了关怀，不能因为他在案件中表现恶劣就殃及其家人，毕竟他最终也成了受害者，他的家人是无辜的。但不能用这样的信息去洗白“黑社会讨债之恶”和“反转”案件的基本事实，杜某的违法行为是一回事，他家庭的贫困是一回事。如果最终调查杜某在讨债中确有媒体报道和一审判决中披露的恶劣行为，他真对不起自己的家庭。当然，如果于某防卫过当，杜某的家庭也应得到赔偿。

其四，对媒体报道的细节进行深究。我觉得这很正常，媒体报道毕竟只是记者的采访，也许带着一定的主观性，不像法律判决那样严谨细密，质疑这些是没问题的。但质疑应该是专业的，应该是用事实质疑事实，而不是靠想象和推理。记者毕竟采访、接触了很多当事人，掌握着比普通人更多的事实，推翻记者的报道得用事实才行。

有些人一直在叫嚷“反转反转”，实际上，如果有颠覆性的事实，这事儿早反转了，不至于像今天这样进入二审前的相对静默期。纸里包不住火，假不压真。全媒体时代，核心事实是藏不住的，真有反转的话，一般都在一两天之间，如反转早反转了。官方及时的介入很不错，法律程序很快就运转起来，有的在调查警察是否有失职行为，有的在调查当时情境是否属于正当防卫，所有确凿的事实都在调查者手上，“反转狂”们就不要寄望于制造“网传”来把水搅浑了。

打人不对，但碰到这种渣男必须打，打了然后承担责任

不知道今晚会有多少人被那段渣男打人、众人冷漠旁观的视频气得睡不着觉，反正我是睡不着了，非常难受。

不管有什么前因，那样粗暴地对待一位女士，满口不堪入耳的脏话，恶语攻击，抢人手机，把人踹下地铁，绝对是垃圾。更让人难受的，不是渣男的嚣张，不是弱者的屈辱，而是整个过程中旁观者的沉默，死一般的沉默，这是要被写进“路人冷漠史”的丢人沉默。

哪怕有一个人站出来吼一声，有一个人站出来挡一下，有一个人站到女士的身前，甚至哪怕只是用眼神狠狠地盯着他，这渣男也不至于这么猖狂。可一车厢的人们在干什么呢？有的在假装看手机；有的避之唯恐不及，躲得远远地看着；有的故意把身子转过去，假装没看到；有的坐一边面无表情地看着，像看空气；有的在踹人时探出头去看，等渣男返回时又赶紧假装低头看手机。人们在车厢里保持着事不关己的姿态，没一个人敢多言一句，好像什么事情都没发生，死一般的沉默和沉寂。在视频最后能看到这渣男抢手机踹人下地铁后旁若无人的狂妄，以及在沉默的衬托下更加嚣张的表情更肆无忌惮。

令人耻辱的一幕，还有比这更丢人的场景吗？冷漠无情的群像真的非常丑陋。

旁观者也许能给自己找到很多借口：不知道事出何因，怕惹事，本以为

只是一般冲突，没想到最后会暴力踹人下地铁；较远处的人不知道发生了什么事，以为只是一般口角，被眼前一幕惊呆了不知所措。甚至能找到心理学上的“旁观者效应”为自己开脱：当有其他人在场时，个体一般会放弃救助那些需要帮助的人。旁边的人越多，不救助的可能性就越大，因为救助的责任分散了。也许还会反问：键盘侠好当，网上表演正义感容易，可如果你在那种场景下，你会挺身而出吗?

这种假设和反问并没有什么意义，无论如何，这样的集体冷漠是令人难堪、让人无法理解、不可原谅的。

这几天有媒体在讨论“英雄主义”这个话题，感慨我们社会中的英雄主义精神日益稀薄，英雄越来越少。——这个事件表明，讨论这一话题是多么有必要，多么有现实针对性。这个让人尴尬、寒心、难受的集体冷漠场景，暴露的正是英雄主义精神的缺失。人们太精于算计了，包裹在精致利己主义的铠甲里，用“关你屁事”和“关我屁事”把自己的利益严密保护起来，身上没有了那种英雄主义血性：敢于路见不平一声吼，敢于挺身而出，敢于去冒一定的风险，敢于超越个私利益的算计去承担责任，敢于在结果不确定的时候去勇敢担当，敢于为了伸张正义而不计个人后果。

大道理都懂，重要的事说三遍：打人不对，打人不对，打人不对！但碰到这种渣男应该打，打了然后承担责任。即使后果自负，也不能忍这种渣男！即使受到惩罚，也不会感慨“做好人有风险”“好人没好报!”甚至反被打了，身上的伤痕也将是一枚勋章。教训了就教训了，虽然会承担不利后果，但不能让社会风气在犬儒主义的冷漠围观中恶化，不能让好人的沉默助长了坏人的嚣张，不能让人骂“竟无一人是男儿!”

这不是没有是非，不是失去理性的盲目冲动，而正是对是非和理性的捍卫。理性不是麻木不仁，不是冷漠无情，而是对后果的勇敢担当！当只有个人利益的精致算计，而没有正义的担当勇气，失去了英雄主义血性，道德生态就会陷入危机。什么是令人尊敬的英雄主义精神？哪怕被撞得头破血流，哪怕“做好人没好报”，哪怕后果不堪设想，也要勇敢地站出来，让人看到正义和道义没有沉默。

目前的事实只是一段让人义愤填膺的视频，尚无更多事实报道。在新闻常常反转的新媒体语境中，这样评论可能是冒着一定风险的。——但无论新闻如何反转，无论是否被打脸，这个评论我写定了，判断的风险我担定了！总不能因为担心反转就不敢评论，而冷漠地坐等新闻反转了——我在《坐等反转的你们既冷漠又无耻》一文讲过这个道理。无论事实如何，无论有怎样的前因后果，嚣张的渣男和冷漠的围观都羞辱了正义。

地铁渣男案，警方得了满分，而有些人比渣男还渣

沸腾了一天的地铁渣男案有了最终结果，北京警方进行了详细的通报，要点有以下几点：1. 已将视频中的男子张某（17 岁，本市户籍）查获。经调查，因蒲某某和胡某某请求张某扫手机二维码推销产品遭拒，引发争吵，后张某对二人实施了辱骂、抢手机、推搡等行为。2. 蒲、胡二人未受伤，手机等财物未损坏，张某对自己的违法行为深感后悔，并向二人真诚道歉且获得谅解。3. 因张某悔过态度好，系未成年在校学生，且初次违反治安管理，警方依法对张某决定行政拘留 5 日，并依法不执行行政拘留。4. 对蒲、胡二人在地铁车厢要求他人扫码推销产品等涉嫌违反地铁运行管理的行为，警方已通报相关主责单位，并对二人进行了教育。

论法，论理，论情，北京警方这个处理和通报都无懈可击，堪称经典。从第一时间介入案件回应公众追问，到高效率的调查，再到及时通报，体现了警方高超的媒介沟通和法律素养。没有迟钝，没有被对渣男汹涌的舆论审判声所绑架，没有迎合“民愤极大从严从重从快”的声音，也没有被“弱者思维”所干扰，在仔细调查后依法处理了攻击者，并依规对要求他人扫码推销者进行了处罚。

此案在微博上引发了各种撕裂和交锋，可警方的这个通报却罕见地让各方都服了，在微博上赢得了一边倒的点赞，这就是法律的力量。有网友说：依法处理有理有据，叙述逻辑严密服人。有的说，警方反应很迅速，执法以

批评教育为主，以人为本，不错。还有的说，回应热点，写的稿子我只服平安北京。

警方的表现可以得满分，以理服人的通报可以让这件事告一段落了。不过这一事件暴露出的诸多阴暗和丑陋，却很值得深思。

比如那种深入某些人骨髓的“阴谋论”病毒，再次在这一事件中发作。视频一曝光，引发舆论关注，立刻有人说这是摆拍和炒作，这几个人是演戏的，吃瓜群众不要被骗了，拍视频的不是好人。以前北京地铁确实发生过这种恶性的炒作事件，但不能因为以前发生过，就断定这件事也是炒作。混乱的网络世界里，多一份防范和警惕很好，可怀疑应该是理性的怀疑，有证据的怀疑，而不是盲目乱猜、信口开河，不是无证据地构建一个阴谋论。不给出证据就说“炒作”“摆拍”，这种逻辑纯粹是耍流氓，是把本就混乱的信息搅得更浑。可怕的是，那种毫无根据的“摆拍说”“营销说”似乎颇有市场，没有依据，却能牵着一群没脑子的吃瓜群众跟着一起裸奔。

再就是“地域黑”病毒。一出这种事件，最活跃的总是各种地域黑，各种挑起地域争端，各种对骂。有说这是北京人，有说这是外地人用北京口音黑北京人，有说这是北京黑制造出来，还有各种像煞有介事的人肉说他是哪里人哪里人。有网友在我文章后谈到这个问题时，我回应说：这跟北京人有什么关系，哪个地方都有这种渣。

我在一篇题为《二货太多，所以新闻多会发酵出地域骂战》中分析过这种现象，为什么网络事件多会发酵出地域口水之争呢？有很多原因，比如有地域符号认同形成的攻击性。在网上，最能激起网友身份认同的标签无疑是户籍身份。作为网友，我们有很多身份，以职业区分，有记者、教师、医生，等等；以性别区分，以年龄区分，等等——种种网络身份认同中，地域认同无疑是最强烈的认同，北京网友、上海网友、山东网友，等等；这些基于地域符号的认同，比基于职业、行业、体制、年龄之类的认同强烈多了，这是想象的共同体所产生的归属和亲近感，在网络上凝聚成一种较强的共同利益感。还有就是，地域之争这个话题对于网友参与不需要门槛，谁都可以参与。再就是，“水军”在借地域话题转移焦点。

再一个让人觉得丑陋的是那种“坐等反转”的思维。正如2016年的和颐酒店女生被打事件一样，很多人也是带着这种搬着小板凳坐等反转的看戏心态来看此案的。反转心态主要有以下几种：其一，反转恐惧症。新闻反转剧看多了，不敢相信新闻，觉得后面必有反转。其二，反转偏好症。反转爱好者爱看反转，期待发生反转，来个惊天大逆转，再弄个大新闻，多有戏剧效果啊！其三，反转强迫症。觉得事有蹊跷，不妨等等再看。

能理解那种经历了太多反转新闻后“不敢相信原初报道”的恐惧，这是无数报道失实带来的失信恶果。谨慎当然很好，但我特别反感那种毫无原则、没有事实根据的“逆转想象狂”，我怀疑我怀疑我就怀疑，没有依据地怀疑，一惊一乍地臆想逆转。事实上，正如和颐酒店女生被打事件一样，这起事件也没有发生反转，让那些“坐等反转”的人失望了。

有一种LOSER叫爱听对手坏消息

订餐企业间互撕互怼已经不算什么新闻了，甚至为抢地盘而打起来，都不算什么新鲜事了！可几大订餐企业巨头竟能坐下来一起喝茶，聊聊合作和自律，一起讨论行业规则，还搞个联盟，就是大新闻了。他们这是想搞什么事？别害怕，他们不是搞垄断对付消费者，而是剑指行业不良现象和害群之马。

近日，在北京市食药监局的支持、指导下，网络订餐平台行业自律联盟自发组建，以美团点评为代表的多家网络订餐平台发言表态并共同签订了《网络订餐平台自律共建联盟公约》。公约从入网经营者准入前承诺、平台准入、健全入网经营者档案管理及信息公示等14个方面对网络餐饮平台的行为进行约定。此前不久，美团外卖、百度外卖、饿了么三大外卖平台已签署《外卖行业自律公约》，对完善各平台的内部管理、文明送餐、联合淘汰失信配送员等行为进行约定。

这是好事，也是这个行业成熟起来的一个标志，不是彼此之间撕，而是一起联合起来跟不良商家撕，跟损害行业共同利益的行为撕，将失信配送员和食品不安全的违法商家驱逐出行业。一个行业充分竞争，对消费者当然是好事——但比竞争更重要的是，要有共同的行业利益意识，建立在“共同行业利益意识”基础上的竞争，才会成为给消费者带来福利的良性竞争。美团点评首席食品安全官钟永健说得非常好：在市场上，大家是竞争对手；在食品安全的问题上，大家是合作伙伴。

这种在合作中竞争的规则理性和底线意识，对于一个行业的健康发展非常重要。企业不能过度陷于精致的利己主义之中，“行业形象”这种公共产品，需要有共同的利益感和共同体意识，不能让“行业整体形象”陷入公地悲剧。

不要以为消费者会去精确地区分市场上不同的订餐企业，饿了么有了负面，百度外卖就会受益，百度外卖被曝问题，美团就能渔翁得利，这是一种错觉和幻觉，消费者很多时候其实是把“订餐企业”当成一个整体来看的。某家企业的配送员有问题，某个平台上的一个商家出丑闻了，会伤害到整个网络订餐行业的形象。中国奶业的形象不怎么好，三聚氰胺事件之后声誉受到重创。我曾与某奶企的一个高管交流，他说，以前听到某个竞争对手产品出问题的报道后，会有幸灾乐祸的感觉，对手的坏消息可能就是自己的好消息，消费者会转而购买本企业的产品。可他后来意识到，这完全是错觉，竞争对手的坏消息可能也是整个行业的坏消息——因为媒体和公众不是说“某企业的牛奶又出问题了”，而是说“你看，国产奶又出问题了”——“国产奶”已经成为一个绑在一起的标签，一家企业出了问题，其他也会在形象上连带遭殃，多去买洋奶粉了。

他说，现在一听到竞争对手产品质量出问题，被媒体曝光了，再也不会幸灾乐祸了，而是心里咯噔一下——完了，舆论和公众又要说“国产奶又出问题了”。

不仅中国奶业，很多行业都面临着这种问题，缺乏行业自律，没有共同体精神，没有规则，恶性竞争，把对手往死里挤，弄死一个算一个，忽略了作为一个行业的整体利益，于是整体行业落入公地悲剧。所以，我一直认为，有一种 LOSER 思维叫“爱听竞争对手坏消息”，闻对手的坏消息则喜，听说别人过得比自己好就难过死了，这种思维注定不会成功。做企业跟做人是一样的，现实中，那种总希望别人倒霉、爱听对手坏消息的，绝不会有什么出息，永远不会有长进，企业也是如此。相反，从竞争对手的坏消息中看到自己的问题，看到整个行业受到的挑战和冲击，产生一种连带的危机感，这种目光、视野和格局才能成大器。很多时候，我们的企业最大的敌人都不是竞争对手，而是自己的狭隘、短视和问题无感。

这一次的联盟公约，无论是严格平台准入机制，还是实施联动惩戒违法商户，或者是共同加强送餐员的食品安全培训，等等，触及的都是整个行业的痛点，也是消费者最关心的关键点。网络订餐平台经过一轮高歌猛进的野蛮生长后，可能已经意识到行业规则的重要。尤其是这个行业的领军者，像美团、饿了么、百度外卖，等等，不仅要把自己做大，也承担着引领一个行业形成自律规范的企业社会责任。毕竟，如果“网络订餐”的名声被违法商家搞臭了，人们一提起网络订餐就涌起很多负面记忆，受损最大的还是占据最大市场份额的那些大企业，所以越是行业巨头越有责任去引领行业自律，以高于法律的行业规范来要求自身，向消费者展现一个行业的自我净化和道德自治能力。

越是行业巨头，领头者，越需要担当起树立行业规范的责任。

展现辟谣自信的最好方式是向媒体开放

最近热播的年度反腐大剧《人民的名义》中一个细节很值得官员仔细琢磨，地方强拆引发群体性事件，人人手中有手机，人人有自媒体，冲突场景瞬间全媒体直播，传播全世界，地方官员甚至还没有远在千里之外的人知道得多，“死了多少人”“警察动手”的谣言甚至已传到国外。面对这起群体性事件引发的爆炸式舆情，当地应对还算不错，向媒体开放，及时发布权威信息，借主流媒体发声。这部电视剧之所以能创造收视纪录，引发热议，正在于与现实时事无缝的贴近，看得仿佛不是电视剧，而是现实的直播。官员真应该多看看这部剧，既能从反腐中受到警示，也能提升自己的媒介情商。

电视剧中的舆情，地方政府应该不陌生，很现实。面对汹涌而来的追问和批评，铺天盖地的谣言，地方官员常会陷入恐慌，发布一纸缺乏说服力的简单通报后，然后本能地去捂，去防媒体，可怎么能捂得住和防得住呢？结果就是越捂越大。有些地方官员常常很郁闷，明明就是谣言，无论怎么说，那些不明真相的网友就是不信，仍不断制造出新的谣言，而民众激愤的情绪往往就是这些谣言刺激的，总不能任由这些谣言发酵吧。

记得天津港爆炸事故之后，也是谣言满天飞，地方疲于应对，李克强总理当时说过一句话：权威发布一旦跟不上，谣言就会满天飞。——确实如此，这是被无数事件反复证明的规律，千万不可逆规律而行。不过也常有官员挺委屈地说，官方很快就作了权威发布，网民还是不信，怎么办？一要反思有些地方为何失去公信力，怎么说别人都不信；二要反思权威发布怎么发布，不能总是自说自话，而要以让公众信服的途径和方式去发布。不能通过自己的官方渠道发个声明，就自以为是地觉得“我已经权威发布了，你就得信”，还要善用主流媒体，在向媒体开放的姿态中表现自身的辟谣自信。

不要把前来报道的媒体记者当成过来“给官方添麻烦的”，媒体其实是陷入“怎么说网友都不信”困境中的地方政府摆脱公信困境应借助的第三方，自己说了别人不信，那就借助媒体发声，将事实和真相告知公众，让媒体扮演“澄清谬误、明辨是非”的角色。向媒体开放，也许媒体报道的仍是官方公布的事实，但这种开放能表现一种辟谣自信。也许害怕网友的非理性和自媒体的道听途说，但总体来看，媒体报道有着严格的把关，他们会对自己的报道负责，对事实和真相负责。

上海官方的媒介素养就比较高，知道通过媒体表达自己的辟谣自信。记得外滩踩踏事件发生之后，网上也有不少传言和质疑，甚至有一些谣言。上海市政府就表现得很开放，坦诚面对媒体。人民日报后来的一篇《人民日报五问上海调查组：外滩之殇谁之过》并没有给政府“添乱”，也没有导致传言和质问的升级，而是让人看到了上海官方处理问题的坦诚、阳光和自信。辟谣，不仅是自己信，关键是要让别人信——这时就要考虑如何通过“向媒体开放”展现自信的姿态去提升公信，取信于民。

听一位高级官员用过一个比喻，说一个事件引发汹涌舆情后，官方是踩刹车的，而媒体是踩油门的。他想用这个比喻来说明官方与媒体一定要配合，如果没有踩刹车，舆情就可能非理性发酵从而失控，可如果只踩刹车，而没有踩油门的，就会陷入死锁的困境，没法儿朝着解决问题的方向走，这时候就需要刹车和油门的精妙配合，车才能稳稳地向前走，而不至于失控。这个隐喻用到辟谣中，也很贴切，有辟谣的自信，就应该借助媒体报道的事实去辟谣，推动舆情困境的解锁。

伍继红虽是个案，
读书无用的丧文化最爱这种个案

人大毕业生伍继红的命运让人唏嘘，19 年前破碎的铁饭碗，让她从“天之骄女”滑到社会最底层，经历过一系列失败后流落到赣北山区，沦为赤贫之家的六子之母。毕业快 20 周年时，人大校友发现了这个“掉队者”，向她伸出了援助之手，学校领导、曾经的班主任以及同班同学、校友亲赴江西修水，鼓励伍继红站起来，归队，重新开始，重拾专业。

伍继红的跌宕人生让人感慨万千，考上人大，获得了改变命运的机会，却在阴差阳错中坠入人生谷底——不幸的是，命运捉弄了她，让她滑入最底层；幸运的是，她有一个不会让学生掉队的母校和一群牵挂着失意者失落者的校友同学，使她在尝尽失落痛苦之后有了第二次改变命运的机会，让人生可以重来。

有人羡慕伍继红，说她虽然是一个不幸的掉队者，却是一个“有新闻价值”的“掉队者”，名校的背景、校友的活跃、新闻的围观效应，让她可以重新开始——背后可能有一群“没有新闻价值”的掉队者。评论家们习惯对个案进行过度阐释，总有一种把某种极端个案描述为某种现象的职业习惯。其实不必放大伍继红现象的悲情，名校毕业不如意者、未如公众期待那样成才者，一定有很多，但如伍继红这样不仅未能改变命运反而滑向社会最底层者，肯定是极端个案，不是读大学导致的，而是个人性格和生活的悲剧。不能因为这种极端遭遇，而否定高考和大学教育对当下中国社会阶层流动的制度性功能。

当然，也不能因为这是个案，就可以忽略，就任由她被无情的命运和生活所碾压。人大校友拯救伍继红，不仅仅是因为情感上不愿抛弃一个曾一起风华正茂的队友，表达一所大学的担当和凝聚，更是用这种方式去提升人们对读书的自信，让每一个读过大学的人获得他们应有的知识尊严和体面生活，避免这样的个案在贫困落后的地方滋生“读书无用”的负能量和丧文化。

不要小瞧伍继红这样的个案，她的经历在她生活的乡间一定广为人知，也一定常被当成“读书没有什么用”的依据，背后被人指指戳戳。——能够想象出背后的很多议论：读大学有什么用呢，读名校又有什么用呢？还不是跟我们一起种地、吃低保，甚至还不如那些外出打工的，以后别让孩子读书了，还不如早点儿出去打工多赚点儿钱。听过太多的“读书无用论”，不得不承认，每一个抱怨着“读书无用”的人身边也许都有一个让他们大发感慨的失意个案，像伍继红这样，读了很多书，却是人生的输家。因为有这些个案，“读书无用”的负能量才更能在失意者间传染。伍继红虽是个案，可读书无用的丧文化最爱这种极端而有戏剧性的个案。

不要怪他们目光短浅缺乏判断，不要怪他们“容易被个案影响而缺乏对普遍规律的认知”，越是落后的地方，越容易被个案所影响。他们对“读书改变命运”抱有强烈的期待，但也越容易走向另一个极端，一旦身边出现“读书没有改变命运”的个案，就会互相传染“读书无用”的消极情绪。读书改变命运的人都走出去了，他们不知道那些人过得多么好，但没有改变命运、反被命运碾压的都回来了，他们能看到那些人过得多么糟。在信息封闭的偏远山区，在外人看来只是极端个案的事情，在他们看来也许就是“命”。

我们都知道，伍继红只是极端个案，多数人都通过教育改变了命运，打破了阶层固化，在一两代人间完成了阶层的流动。但总有一些人，他们像伍继红那样掉队了，在命运的跌宕中成为历史的失踪者和社会的失败者。——是的，从总体的视角来看，她们是个案，极少数，但在她们生活的小社会，她们是身边人的“坐标”，她们的失败便在身边的人群中滋生出“读书无用”，并形成一种可怕的精神辐射。

这便是人大校友拯救伍继红的意义，不只把她当成一个极端个案，不是同情和施舍，更是拯救，拯救一群人对读书的追求和信仰。让他们看到，虽然她人生的前半段失败了，但读过大学的就是不一样，她的背后有一所大学，有人记着，有人帮她，有人来让她重拾读书的自信。因为读过书，因为有积累，别人扶她一把她能站起来，自己不努力的话，别人想拉你一把，都找不到你的手在哪里。起码，当她重燃读书的自信，从苟且中走出来，从此以后，她身边的人不会再拿她当“读书无用”的案例，不会再拿她去嘲讽知识的价值。

遇事往网上捅，
永远别以为捅了马蜂窝只会蛰别人

近日，大连一位女士带着 4 岁的女儿吃饭，女儿在餐厅大喊大叫。邻座女食客突然起身隔着桌子踹了女童一脚，情绪激动的妈妈和女食客发生肢体冲突，并把前来劝阻的餐厅服务员打伤，随后警方介入。事后该女士含泪在网上发帖声讨女食客，女食客一时成众矢之的。不过随着后来完整监控视频的曝光，网络情绪出现反转，该女士因未管好自己的孩子和现场的激烈反应受到舆论指责，网友称“你不好好管教自己的孩子，别人就会替你管教”。

这种以暴制暴的“反转情绪”显然是没有道理的，我很赞成一篇文章的观点：文明的崩坏，是从同情踹人的女大学生开始的。——再不满“熊孩子”叫嚷，也不能支持踹孩子。我特别欣赏这篇文章对“换位思考”的理解，真正的换位，不是有孩子时希望别人能理解自己的孩子，没孩子时希望别人能理解自己被吵嚷时的烦躁，没孩子时嫌人家孩子烦，有孩子了自己的宝宝最可爱，而是没孩子的时候能理解别人带孩子的艰辛，包容孩子偶尔不可控的吵闹，有孩子的时候能尊重没孩子的人，别轻易打扰到别人。

这件事本身不算多大事，回到具体情境中看，双方都有错，没必要上升到某个很高的层次，什么教育缺失啊，国民素养啊，熊孩子熊家长啊——就是情绪失控，孩子失控大嚷，家长未管住，女食客情绪失控踹人，母亲情绪失控打人，于是场面失控。这种情绪失控导致的琐碎冲突，日常的街头会发生无数起，不必上升到宏大场面。之所以引发广泛的冲突，引发舆论场的撕咬，很大一个原因在于这事被那个母亲捅到了网上，使冲突脱离了当时的现实情绪语境，形成“向来讨厌熊孩子的成人”与“容不得孩子被欺负的成人”这两种人的激烈冲突。

这个母亲选择把这件事往网上捅，其实很不明智，本想站在受害一方“引导”舆论去严惩那个踹人者，制造舆论压力，最后自己也深受其害，成为网络暴力的受害者。她不懂网络，高估了自己引领舆论的能力，低估了网络冲突的复杂，以为把自己描述成一个“不堪女儿被踹护女心切”的母亲，把对方描述得多么蛮横无理而母女多么弱小无辜，就可以掀起一场万众声讨踹人者的网络正义风暴。她不知道，遇事往网上捅，很多时候只会让事情更加糟糕；她不知道，捅上了网络捅动了网络马蜂窝，飞出的马蜂不只会蛰别人，迅速的情绪反转中也会狠狠地蛰了自己。

她单纯地以为，自己声泪俱下愤怒声讨踹人者的网络爆料，会激起天下父母们强烈的身份代入感，从而站在自己这一边去讨伐那个女食客。一开始的网络“剧情”确实如她所愿，女食客成为众矢之的。可她不知道，她网络爆料中的情绪表达是多么激烈，网民是多么愤怒，随后情绪反转时，网友变脸后反向打脸的愤怒，就会多么激烈。她在向网民诉说中把女食客描述成了一个恶魔，网友们疯狂了，可后来网友迅速发现“并没有踹到人”，而且这位母亲后来也极其失控，本来引导指向女食客的矛头很快反转向发帖声讨的母亲。

她单纯地以为，没有人能忍受自己的孩子受到这样的对待，人们都会同情她的遭遇——可她没有想到，人们忍受不了孩子被踹，同样也忍受不了在公共场合被“熊孩子”干扰。很多人都在网上抱怨过被熊孩子干扰，却只能选择忍耐的不满，这些在平常选择了“忍”的人，这时报复性地选择了到网上给选择了“残忍”的人点赞，认为踹人者替自己出了胸中压抑的一口恶气。她更不会想到，网上积蓄着一种对“熊孩子”的不满情绪，这种情绪借助这一事件全发泄出来了。现实中人们会“忍让”孩子，而网上则没有这种道德顾忌，形成一种吊打家长的网络暴力。

我向来认为，一遇到事情就往网上捅，非常不明智，想借助网络讨回自己想要的正义，不太可能。其一，后真相时代，网民很多时候并不关心事实，只关心立场和情绪；其二，公众代入的身份很多时候不是你想要的那个身份，很容易歪楼；其三，这个非理性的舆论场中，你任何一点儿过错都会导致情绪的报复性反弹；其四，脱离了现实的情境，失控的孩子、失控的女食客、失控的母亲、失控的场面，闹到网上，加上失控的网络情境和失控的网友，冲突会更加失控。

其实这事儿完全可以不必往网上捅，双方是平等的，没有谁有背景，没有谁更强势，警方已经介入，当时也有完整监控，这事儿是说得清的，会有一个公正的解决，能讨回一个公道，相关当事人会依法受到惩罚，没有任何会偏袒哪一方的表现和可能，为什么非要捅到网上？法律面前人人平等，可人们总有一种想借助舆论施压让自己站在道德高地的“施压心理”，总有一种操纵舆论站在自己一边造成舆论审判效果的企图。但他们太不了解网络了，常常被自己捅出的马蜂蜇得满身伤痕。

翻墙逃票看虎的游客，这次真找不到同情你的理由了

2017 年初宁波动物园老虎咬死人事件后，曾有人感慨，带血的警示下，以后不会有人敢到野生动物园翻墙逃票找死了——现在看来，这个判断太乐观了，低估了作死者的非理性。近日长沙生态动物园发生了惊险一幕，三名游客从动物园后山翻越围栏进入园区，结果闯入了虎园放养区域附近，三人所处位置离放养的孟加拉虎只有 50 米远。园方称游客走到这个地方来，完全是因为逃票。回忆起事发的一幕，动物园工作人员都捏了一把汗。

很多网友也都捏了一把汗，但不是为这三名不要命的游客，而是为那些老虎。宁波动物园那只咬死逃票游客的老虎，最后被击毙了——如果这一次老虎窜出来咬人的话，园方为救人也只能击毙老虎，保持自然兽性的老虎将再次为人的不守规则买单。网友们跟帖调侃说：又去碰老虎的瓷了，老虎想，这次我不上当；有人说，不是老虎不给力，老虎之前肯定上过举一反三的安全课，怕给园里增添麻烦，同时也是一种自我保护；还有人说，这次老虎和动物园都逃过一劫！

网友的跟帖不是冷血无情，不是缺乏生命关怀，而是对那种作死的丑陋行为充满厌恶和不解，到底是怎样一种力量驱使着这些人在那么多血的教训下仍把自己往虎口去送？自己都不要命，别人凭什么要替你惜命，所以人们都替园方和老虎捏了一把汗。

宁波动物园事件之后，面对网上铺天盖地的“咬死活该”，我还觉得挺

不人道，即使违规逃票，但罪不致被咬死，逃票者可能也预期不到会有这样的后果，违反规则也应在规则框架内受到惩罚。但惨痛教训后，不到半年时间，很快就有人干同样愚蠢的事。宁波动物园被咬死的也许还不清楚后果，抱歉，这一次真找不到同情你们的理由了。我想，即使那种无原则底线地包容原谅他人，对任何人事物都抱有博爱之心，无视规则和事实而一切都只围绕“爱善”为中心的“圣母”，都找不到为这种蠢行辩护的理由了。

不过还真“佩服”一个网友，这种情况下竟然还能找到一个理由，把矛头指向了“门票太贵”：说明门票真太贵！要不然犯不着这么逃票！——这个理由遭到了众网友的抨击，这种劣根性真的跟票价没什么关系，公厕的手纸都有人不拿白不拿，一块钱的公交车票都有人逃，用游戏币假冒。动物园票价就是低到 10 元钱，还是有人会逃，而且到动物园看老虎又不是生活必需，逃票跟票价没有关系。

这些人真觉得自己的命都没有一张票贵吗？真是买不起一张票吗？肯定不是，就是骨子里有一种根深蒂固的贪便宜心理和不守规则的意识，生活中已经养成了“翻墙逃票”的习惯。插队时没人奈何他，随地吐痰时没人管他，马路上随便变道没人收拾他，随意开远光灯没人修理他，久而久之，会觉得这个社会这个世界的规矩是没什么用的。于是，便随意翻墙逃票翻入动物园猛兽区。我敢说，这一次逃票翻入长沙动物园的这几个人，罚他们一点儿款，根本不会让他们长记性，连宁波动物园血的教训都不能让其长记性，罚款怎么会呢？

我不知道怎样才能让这些人长记性。人们常常陷入一种理性的幻觉，觉得一次血淋淋的生命教训，足以让人们长记性。宁波动物园事件，产生那么轰动的影响，有那么多的讨论，这种效应足够能延续一段时间吧？可这种“反思效应”不过是一种幻觉罢了，谁在反思谁在吸取教训呢？有脑子的人才会警醒，那些从不会这样作死的人才会反思，而那些没脑子的人，缺乏基本的理性能力，是没有能力反省和吸取教训的。一个事实是，你能指望一个不要命到翻墙逃票看老虎的非理性之徒，会理性地从别人翻墙看老虎被咬死的教训中受到警醒吗？兽保持了兽该有的野性，有些人却没有保持人该有的智商，在野生动物园翻墙逃票的，多是没脑子的，而“从别人的教训中反思”这种复杂的事，是需要脑子的。不是每个人都有反思的理性能力。

所以，一条人命、一条虎命、一场大讨论所形成的“警醒周期”，很难保持多久，对于不爱惜自己生命的作死之人，没有任何警醒作用。春节期间的宁波动物园事件那几天没有其他新闻，铺天盖地网上网下全是关于这件事的讨论，电视播报、报纸评论、手机弹窗，让这三位翻墙的游客不可能不知道这事儿。理性的人们当成血的教训，他们也许只是当成解闷的社会新闻。

这也就能理解，为什么很多悲剧总在不同的地方重复上演，迅速地重复，迅速地健忘。下车时把孩子忘在校车上，致孩子被闷死，每年夏季的时候都在不同地方重复发生；带孩子游泳，大人低头看手机忽略孩子安全而导致的悲剧，此起彼伏；高速上倒车引发的惨剧，一条新闻接着一条——有什么办法呢？教蠢货做人不是我们的义务，我们管不了这种蠢货，能做的只能是：做好自己，远离身边的这种蠢货。

路人何苦为难路人，比拼优越感却放过罪魁祸首

一次被撞后无人救援，二次碾压后惨死车轮下，驻马店人马瑞霞以这种方式进入了新闻，事后曝光的视频刺痛了很多人。有人说：感觉被撞的人只是一个全息影像，来往的行人、车辆都没看见她，没有她的存在，她完全就是一个“透明人”。也有人说，她是一个倒在马路上的“隐形人”。跟当年的小悦悦悲剧一样，“冷漠的路人”成为网友集体抨击的对象。

但这种于事无补的外围抨击，很快被一段话消解了：冷漠无情的都是路人，义愤填膺的都是网友，到底是网友不上路，还是路人不上网？——网友面对路人膨胀的道德优越感，瞬间被这句话戳破。这也是每次类似事件必有的冲突套路：网友骂路人，路人骂网友，一波网友再骂另一波网友，骂来骂去，热点很快就过去了，迅速健忘，下一次悲剧重演时再来一遍。我理解网友的愤慨，对这种场景无动于衷是没良心，可只骂路人却是没脑子。

我特别不能理解，每次发生类似悲剧后，网友们对路人的愤慨似乎远远超过撞人逃逸的缺德司机，所有的愤怒好像都指向了路人，抽象的路人成为千夫所指，具体的罪魁祸首却被忽略。路人的木然、犹豫和躲闪值得反省，可这个视频中，最可恶的明明是那个撞人逃逸的无良司机，他本应该是及时救人的第一责任人，却在一片“对冷漠路人的道德审判”中被忽略了。此外，还有太多比“路人道德”值得反思的地方，比如马路生态的混乱。从视频看，悲剧的发生跟路口没有红绿灯有很大关系，对向车乱开远光灯则干扰

了视线，过斑马线的很多车也都没有减速让人。

归咎于公德缺失、路人冷漠、世风日下，不用脑子张口就来，是最偷懒的一种思维，表演了正义感，却毫无用处。

从视频中可以看到，路人其实是这个路口的弱者，最大的问题应该是这个路口混乱无序的交通生态：缺乏基本的规则和秩序，没有信号灯，开车的横冲直撞，斑马线上的行人战战兢兢。“弱肉强食”的野蛮马路生态中，看到有人被撞飞，有前车之鉴，哪个路人敢不要命地去拦车救人？没有红绿灯，车又不减速，刺眼的远光灯干扰着视线，马路上充满危险，很容易出现二次事故。——后来可怕的二次碾压证明了当时救人的极端危险，那时假如有人去救，很可能会跟马瑞霞一起被飞速而来的车碾压。

这种野蛮、可怕、混乱的路口，路人明明是不折不扣的弱者，他们应该像马瑞霞那样被理解和同情，而不是被抨击、被嘲讽、被道义审判。我能够理解网友看视频时的义愤填膺，因为他们置身事外。事发后在网上看视频的，跟事发时置身于其中的感觉是完全不一样的。坐电脑前看视频，能在监控中俯看到当时完整的场景，清楚地看到前因后果，恨不得自己能在现场，一个动作、一声呼救、一个援手也许就能让她免于二次碾压。可当时身在现场的路人，他们的视角跟事后视频所呈现的视角完全不一样：监控俯拍呈现的是全景，而他们只能看到眼前。他们可能被眼前发生的事情惊呆了，天黑，远光灯乱照，视野所限，很多情况看不清楚。将心比心，你我都可能曾经置身于这种野蛮路口。

如此语境下，把矛头指向路人，苛求路人去救人，是站着说话不腰疼，缺乏起码“同情的理解”。冷漠无情的路人，义愤填膺的网友，这种割裂和隔膜，关键就在代入视角的差异。看上去义愤填膺的网友，其实比路人冷漠多了，其冷漠的一种表现，就是喜欢骂路人冷漠，以圣人标准要求路人，以贱人标准要求自己。键盘前的网友如果能超越居高临下全知全能的“监控视频”视角，克制那种充当道德警察和正义巡视员的冲击，设身处地进入当时的场景，考虑自己在这种场景下的“路人”身份，意识到那些危险和局限，就不会那么自以为是地充满道德优越感了。事发太突然，路人的犹豫和躲闪可以理解，62 秒后很快又发生了二次碾压，路人很快就打电话报警了。

你我都可能成为这样的路人，路人何苦为难路人？这种场景下，路人都是弱者，混乱无序、弱肉强食的交通秩序下，每一个路人都可能像马瑞霞那样被撞飞——以前不少交通事故，都是在救援过程中发生二次碾压的。这个事件中，首恶是那个撞人逃逸的恶司机，撞人后他如能及时施救，马瑞霞不致被二次碾压致死；然后需要追问的是这个路口的信号灯设置导致的交通混乱，再就是斑马线不减速、乱开远光灯等问题，这些都是罪魁祸首。所以，首要问题是加大对撞人逃逸者的严惩力度，在源头上避免这类悲剧；追问交通管理者的责任，加大执法力度，解决这个路口的恶劣交通生态，提升交通文明，避免行人过马路时战战兢兢。

忽略这些具体而直接的恶，不去解决可解决、应解决的实际问题，而在道德上拷问抽象而无辜的“路人”，在伪问题上表演优越感，是类似悲剧不断重演的关键原因。每一次类似悲剧，应该去致力于解决每一个暴露出的具体问题，严惩肇事者，安上红绿灯，规范斑马线，治理远光灯，亡羊补牢，解决可解决的具体问题。抽象空谈路人道德，其实是最大的冷漠。

篮球少年被大妈围殴，网络别陷入二次围殴

又一起因为广场舞运动冲突引发的群体对立。据报道，河南洛阳王城公园篮球场上发生一场暴力冲突，起因是篮球场上打球的年轻人和跳广场舞的大爷大妈因为场地问题发生冲突，进而大打出手。事后警方已介入，目前篮球场已处于封闭状态。场地上的围殴虽结束了，但网上的“围殴”却刚刚开始，积蓄已久的因运动权利而产生的代际矛盾，借助这一事件发泄出来。

之所以说“又”，是因为这样的冲突常常发生，以前好几个地方都有过激烈冲突：某地，大爷大妈跳广场舞，业主觉得扰民，就用自制高音炮对付广场舞，你“小苹果”让我没法休息，我用分贝更高的“月亮之上”干扰，让你没法跳广场舞。某地还有更极端的事，被广场舞噪音吵得忍无可忍的业主，以泼粪的方式进行抗议。因为广场舞，大爷大妈们已被妖魔化和漫画化，常在网上受到年轻网民的批判和攻击。

网络报道这一事件的标题，决定了这一次大爷大妈们又会成为众矢之的——篮球场被广场舞霸占！篮球少年竟被大爷大妈围殴——这还得了，篮球场本来是人家打球的地方，竟然霸占别人的球场跳舞，还集体围殴人家想打球的年轻人，也太不要脸了吧？可想而知，这样的标题之下，代入的身份必然是年轻网民集体“恨老”情绪。再加上这场冲突的描述者主要是打球的年轻人一方。有个段子说得非常好，两个无赖发生冲突，请问是谁的错？答案是：永远是不会发微博的那一方错。不会发微博的大爷大妈，只能成为被网民围殴的靶子了。

我这样说，并非是想替大爷大妈说话，从现场冲突的视频看，“理”确实是在打球的年轻人那一边。发生言语冲突后，年轻人也一直尝试跟大爷大妈们讲理，大妈们也在尝试讲理，后来两个大爷动手后让矛盾激化了，小伙儿被一群大爷大妈围打到墙角后才还手。——我想说的是，这样的冲突可能在哪里都会发生，跟某个年龄没有太多的关系，不必标签化地攻击一个群体，说什么“老人变坏，坏人变老”，这样的群体围殴只会让矛盾进一步激化。“大爷大妈”没有道德和身份原罪，哪个年龄段的人都有渣，就事论事地分析，不必比拼身份和道德优势。现实中发生围殴之后，网络不要在围殴思维下陷入二次围殴。

冷静地看，这是一场资源约束下由于运动权利冲突而引发的暴力冲突。打架当然是错误的，围殴更不对，应该依法惩罚。可背后的权利和场地冲突如果没有找到一个有效的解决之道，这样的冲突会不断发生，上上次是高音炮对广场舞，上一次是泼粪，这一次是围殴，下一次不知道又会演化出何种冲突。指向身份的围殴思维，只会加剧这种冲突，逞口舌情绪之快，今天在网上群殴大爷大妈的年轻网民，等老了之后，可能变成新一代年轻网民口中激烈讨伐的大爷大妈。

问题的核心在于健身场地有限之下运动权利的冲突。中国早已未富先老，跨步进入老龄化社会，我们身边的老人越来越多，可社会在各方面似乎还没有做好迎接老龄化社会的准备——比如，之所以当下舆论中常发生“让不让座”的冲突，就在于老人越来越多了，“座”都可能不够让了。更尖锐冲突的是健身和运动。这一代老人的养生意识随着社会文明的发展而越来越强，可社会却没有留给他们足够的健身场所。广场舞对他们来说，不仅仅是一种健身需要，也是一种社交方式。年轻人的社交途径随着社交平台的普及而越来越多，而老人总不能也捧着个智能手机戴着个老花镜去年轻人常去的陌陌什么的吧？老人想要广场舞的权利，可处处需要“地”的现代社会却无法提供充分的空间。

年轻人会理直气壮地说，篮球场本来就是打篮球的地方，怎么能跳广场舞，怎么能抢年轻人的运动场地？可老人也会觉得委屈啊，有篮球场，却没有专门用来供老年活动的广场舞空间啊，老人总得运动健身和社交啊？

矛盾的症结在于运动空间越来越少。几年前，北京曾经宣布，拥有59年历史的广播体操在北京中断多年之后，将于当年9月9日起在北京恢复。北京市总工会人士表示，届时机关、企事业400万职工将随“大喇叭”集体做操，职工集体做操的盛况将重现京城。——我当时就泼了一盆凉水，想法虽好，但很难实现，起码寻找那种集体做操的场地就不是很简单。当我们想寻找一起做操的场所时，会猛然发现，地都被圈得差不多了，本来留给人活动的场所，都已经被开发商挤走了，寸土寸金，到处是高楼大厦，到处是钢筋混凝土堆起来的丛林，到处都在拆迁和建设，哪里能找到一块可供全民做广播体操的净土？

怎么办呢？把矛头指向政府，也解决不了冲突，因为资源有约束，每个群体都需要空间，那么多年轻人往城市挤，建房需要空间，绿化需要空间，大学需要空间，运动需要空间。很多冲突下，似乎没有一种价值比其他价值更有优先性，老人需要运动健身，业主需要休息安静，年轻人需要打球健身，孩子需要学习空间，白领需要住房，外来务工人员需要廉租房。每个体育爱好人群也都能找到为自己争空间的理由，比如爱打篮球的会抱怨篮球场地太少；爱踢足球的会抱怨“足球场10年间仅增加7100个，只有篮球场的1/67”；爱打网球的、爱打羽毛球的都有理由去抱怨。广场舞虽然不是体育运动，但老人也需要有运动空间啊，难道说“篮球”就比“广场舞”更有优先性？

这种冲突之下，互怼和围殴只会加剧矛盾，指向政府，骂老人和大妈，解决不了任何问题。资源约束之下，只能在互相尊重、互相妥协下寻求共生。人们习惯给自己生产权利，其实权利很多时候不是天然的，而是冲突中互相协商出来的。比如广场舞与业主休息形成冲突，业主的休息权并不比大妈的健身权更优先——这时就需要协商，比如哈尔滨某区业主与大妈们就订立了一个公约，约定了广场舞的时间和音乐的分贝，形成了各自的权界。这场冲突其实也不是无解，虽然是篮球场，但如果平常没人打球，空置也是浪费，在公共资源有限的情况下，不能排他性占有，找地方跳舞的大爷大妈和喜欢打篮球的小伙儿完全可以协商各自的时间。权利是协商出来的，而不是围殴出来的。通过协商形成各自的权界，在权界中各美其美，而比拳头的“社会达尔文主义”解决不了问题，只会制造问题。

不是“本科降专科”太残酷，是农药宝宝太玻璃心

近日，华中科技大学通过了《华中科技大学普通本科生转专科管理办法（试行）》。其中第四条，未达到培养计划总学分的3/4（二年级为2/3）者，给予黄牌警示；未达到培养计划总学分的2/3（二年级为1/2）者，给予红牌警示。一次红牌警示，或者两次黄牌警示就得转入专科，而且不能再转回本科。很多网友惊叹，以前只见“专升本”，第一次见“本降专”——而且还不能升回本科，吓死农药宝宝了，赶紧去自习去。

作为已从华中大毕业10多年的huster（华中科技大学的学子们——编者注），为母校这一新政感到很自豪。——在学历不断贬值的时代，这是给那些努力者多大一个红利啊，这意味着印着这所学校名字的学历更有含金量了。在武汉高教界，华中大一直以学风严谨严格闻名。1997年刚进校门时，就听过朱九思老校长严厉治校的很多故事，学生畏称“华中神学院，九思大主教”。读书时，时常听说“谁谁谁毕业时没拿到学位证”“谁谁谁被退学了”，这氛围让学生哪敢荒废学业。前几年媒体曾报道，华中大清退了一批“超学时”的研究生，这份被退学名单中就包括某奥运冠军，想混个学历，在这里真不行。

看来人们对混出来的水货学历真是忍够了，“本降专”新政赢得一片赞誉，努力的人可以专升本，混日子的当然应该本降专，有奖有罚，才能起到激励效果。——不过，在这个喷子当道的时代，再正能量的新闻下都能看到喷子的身影，竟然有人认为，“本降专”是对专科的歧视，认为这一政策存

在对专科生的羞辱。

不明白有些人为什么那么玻璃心，这规定怎么就歧视专科了？当下舆论场中存在一种过度敏感的泛鄙视化倾向，用“鄙视”或“歧视”的冲突视角看待一切区分，选这个不选这个，就嚷嚷说什么鄙视链啦，歧视啦。歧视指向的是肤色、地域、国家、民族、性别等靠后天努力改变不了的先天因素，这些之外，你不得不承认很多东西有优劣、高低、好坏之分。用不着歧视，从学位管理来看，本科就是比专科强。我很欣赏一个专科生很有尊严的留言，他说：作为专科生我觉得很正常，毕竟高中三年没有他们努力，当然，我也不会妄自菲薄。降到专科，就把专科学子给打击了？没说专科生就不行，但是论学历专科就是不如本科。评论里跳脚的人，说明你本身就觉得自己低人一等。

每个系统在管理中都有天然的层级，比如行政体系中，厅级比处级高——厅官犯错误了，从厅级降到处级，这是对处级的歧视吗？当然不是，是对厅官的惩罚。学术层级中，教授层级就是比讲师高，教授有学术不端行为，取消教授职称降为讲师，这也无关歧视讲师。在这里，“处级”“讲师”“专科”只是系统管理中一个抽象的符号，无关人格尊严。正是因为有层级和差别的存在，社会才产生了激励和竞争机制，人努力向上一个层级奋斗，不努力就会滑向下一层级，跟歧视和鄙视有什么关系呢？

说到底就是现在玻璃心太多了，那些扭曲的“政治正确”、“圣母式”宽容观、扭曲的民粹主义惯出的毛病，没有原则的宽容，不守规则的平等，滋生了一种倾向：有些词提都不能提，一提仿佛就成了歧视，用泛歧视的思维看待一切，把正常的选择、偏好、区分都当成了歧视。如果你觉得“本降专”是对专科生的歧视，那么，那些努力追求“专升本”的人，是不是对专科生的歧视呢？

另一种玻璃心在于，觉得这样的规定太严厉太残忍了，甚至搬出来教育部的规定，称“本降专”与教育部门学位规定有冲突。这也是胡闹，恰恰相反，规定不仅不残忍，反而是一种福利。按有关部门规定，没完成规定的学分，应该直接退学，啥学位也拿不到，而“本降专”起码还给你再读专科的机会。在国外那些“严进严出”的大学，根本没这机会。比如，荷兰大学实行严格淘汰制，毕业压力很大。教师出卷子，预计及格率仅30%，一年内不及格的科目不得超过3门，否则要被开除。英国大学的最终成绩是大二和大三总分相加，大二占总分40%，大三占60%，如果大一有课程不及格可补考，但大二如果不及格，就会直接被开除。

当下我们的学历在贬值，不是大学生越来越多，而是学历越来越水，混个学历太容易了。光有专升本，没有本降专，有升没有降，觉得上了本科就可稳拿学位证了，那还学习干吗。演员上床就可上镜，干吗要演技？医生卖药就有收入，干吗要疗效？学生上学就能毕业，干吗要读书？中国当下教育的一大问题在于，奖励太多，惩罚太少，惯出了太多水货。对小学生稍有惩罚，就说是体罚和歧视，舆论一片谴责，搞得老师无所适从不知道怎么教育了。——对小学生宽容一点儿能够理解，但到了大学，仍然当宝宝一样惯着。老师上课一点名，就成了“用点名留住学生的老师就好像用怀孕留住男人的小三”，老师作业稍微多一点儿，要求严格一点儿，分数低一点儿，就会被评为“虐课”，搞得大学老师也无所适从。分数膨胀，你好我好大家好，惯出了很多荒废学业的农药宝宝。

有段子说：你们今天的所有努力，大部分并没有什么卵用！改变你们命运的不是知识文化，主要是酒量、关系、胆量、爹妈、颜值，还有你们村是不是要拆迁，高考只是决定你在哪个城市打王者荣耀，不过还是要好好考，毕竟大城市网速还是快些。——这种“丧段子”讽刺的其实不是高考，也不是大学，而是那些自暴自弃的农药宝宝们。那话问得好：你们不失业，谁失业啊？别说失业，连毕业证都不给你。

求求你离飞机发动机远一点，有多远滚多远

看到《基于中医诊治理论的航空发动机故障诊断新技术初探》这样的论文题目，比看到“老太太朝飞机发动机扔硬币”之类的新闻还惊恐万分，充满“药丸”之感，甚至开始怀疑人生。——老太太朝飞机发动机扔硬币，那纯粹是源于愚昧无知，人人皆知，人人喊“打”。可这种论文，弄一些学术名词，装扮成交叉科学的模样，涂上知识的油彩，在事关无数人命的科学问题上一本正经地胡说八道，就让人觉得恐惧了。那些嫁接学术名词装神弄鬼的玩法，玩养生可以，玩算命也行，甚至可以宣称治癌症什么的，但求求你离飞机发动机远一点，有多远滚多远。

有人要说了，一个文科生，凭什么对自己不懂的科学问题作这种自负的判断，你懂中医吗，你懂航空发动机吗，你懂故障诊断吗，你懂新技术初探吗？这些我都不太懂，但我懂常识。不要把科学神秘化，科学不是不可知的，应该符合基本常识。仔细看了这篇内容，当看到“天人合一”“阴阳五行”“穴位”应用于发动机故障诊断，中医思维式的发动机健康管理更符合国情，航空发动机各“作用场”对应人体经络“穴位”——就能判断出这种所谓的理念背离着常识。

在这里，我不对中医西医谁好谁差作判断，也没有觉得中医不科学，但一个事实是，中医在科学性上存在着不小的争议，很多方面都依赖经验判断，无法用科学去检验。人体跟航空发动机是完全不同的，一个是复杂的生命体，至今科学对人体的了解还有很多黑箱，另一个是高度复杂精密的热力

机械，技术门槛非常高。——一种理论，如果在分析和解决某个问题上特别成功，科学性得到实证支撑，在科学界获得普遍共识，很容易成为一种基础理论被运用到其他问题的分析，比如耗散结构理论，原是热力学和统计物理学的方法，后来被广泛应用于社会学分析；灰色系统理论，原属系统工程和数学理论，但因其理论有广泛的解释力，后被管理学传播学作为分析框架。一种理论框架的扩散应用和传播，向来是从高阶科学向低阶科学传播，从自然科学向人文社会科学传播。比如，相比物理学，管理学的科学精度要求弱很多，用物理学理论去研究某个管理问题，就没问题；可如果反过来，用管理学理论去研究物理学问题，用施拉姆模式分析生命科学材料工程，就让人觉得不靠谱了。

并非说中医理论不科学，而是想说，中医在应用于人体分析上很多方面还未获得科学共识，尚缺乏科学实证力，就拿来分析技术门槛非常高、逻辑完全不同、需要很高科技含量的航空发动机故障诊断，让人觉得很荒谬。拿“阴阳五行”去诊断发动机故障，这得有多大的脑洞啊。尤其说到“中医思维式的发动机健康管理更符合国情”，飞机发动机是外国人造的，世界上的飞机发动机都是用同样的原理造的，谈起“发动机健康管理”却要用“中国国情论”，你的飞机发动机制造技术是中医老师教的吗？

这位作者受访辩解时称：现在微信、微博上的人直接看标题而不看里面的内容就评论，霍金还说过有外星文明的存在，有些人坐井观天肯定不理解。——也真是不谦虚，还自比霍金呢。其一，即使霍金说了有外星文明存在，霍金这种说法也是广受质疑的；其二，霍金是霍金，你是你，霍金起码在很多方面都证明了自己的牛掰，用科学证明了自己的很多猜想，证明了自己是一个严肃的科学家，而你论文里说的那些东西又是什么鬼呢？没有论证，没有科学，把两个范畴的东西生硬地捏合在一起，牵强地用中医穴位附会发动机机体，没有实验，没有实证，没有数据。

中国学者每年生产的论文数量非常庞大，排世界第一第二，但许跃生院士曾批评，中国在著名文献系统上的论文 85% 都是垃圾，他说：我们发表在 SCI 上有用的论文寥寥无几，15% 都不够，另外 85% 都是垃圾论文——就是发表一篇论文，有点创新，讲了自己的观点，然后有了个试验数据，那就说是创新了。——你看，许院士说的那些垃圾，起码还有个试验数据，还有创新，但像《基于中医诊治理论的航空发动机故障诊断新技术初探》这种连试验数据都没有。算上这类没有发表在核心期刊上的“会议论文”“职称论文”，垃圾可能就更多了。

现在很多论文，都是胡乱拼凑出来的，美其名曰“学科交叉”，无非就是“两张皮”，看谁的脑洞更大，用这个学科的理论解释另一个学科，比拼谁更能胡说八道，别谈什么应用了，越看不懂好像就越高深。想起了学术界著名的苏卡尔事件，学者刘擎在《后现代的晦涩与高深》中介绍过。1996 年春季，美国杜克大学出版的著名后现代学术季刊《社会文本》发表了纽约大学物理学教授苏卡尔的一篇论文，题为《逾越边界：关于量子重力学的转化性阐释》。这篇论文引用了从爱因斯坦、波尔、海森伯格到德里达、拉康、德勒兹、李欧塔等的 219 篇文献，有 109 个注释，以雄辩的文风“论证”：量子重力学摆脱了“绝对真理”与“客观现实”之类的传统观念束缚，是一门“后现代科学”。它应和了后现代文化理论的重要主张：独立于文化之外的所谓“客观世界”并不存在，“物理现实”正像社会现实一样，本质上也是一种“社会和语言的建构”，所谓“科学知识”绝无它所自称的“客观品格”，而是产生这种知识的文化中权力关系的产物。

令人大跌眼镜的是，苏卡尔的这篇檄文发表后不到三个星期，一家专事学术界趣闻轶事的杂志 *Lingua Franca* 登出了苏卡尔自己的一篇“坦白书”，声明那篇论文完全是他蓄意编造的荒谬之作，投寄给《社会文本》是想以恶作剧的方式进行一次“物理学家对于文化研究的实验”：测试一份在北美具有权威地位的、由著名学者等参加编辑的文化研究刊物究竟有怎样的学术标准，看看它是否会采纳一篇漏洞百出、荒诞之极，但编造得貌似有理且投编辑所好的文章。不幸的是，事实证明了他的猜测——“在人文研究的某些领域，严格的学术标准正在下跌”。

苏卡尔这个恶作剧使文风晦涩的后现代主义者遭到了一次重创，很多人都以此事件来嘲弄后现代研究甚至整个人文科学的学术标准。《基于中医诊治理论的航空发动机故障诊断新技术初探》这种论文，让人看到了同样的浮躁与荒诞。

这种浮躁与荒诞用在其他方面，养生啊，治病啊，算命啊，大保健小保健啊，忽悠就忽悠了，但飞机发动机故障事关人命，而且关系到那么多人命，一飞机人的性命啊，还是要有起码的敬畏的，求求你放过飞机发动机吧，离它远一点。

怕的是“撞死活该”都吓不住一些践踏规则的心

临沂“暴走团”占据主路暴走，遭车冲撞致1死2伤——这两天微博上最热的新闻，不用看就能想象出这条新闻后的网友评论倾向，肯定是一边倒地批评暴走者和同情司机。随便选几条评论，就能看到公众对这种占道暴走团的痛恨：

1. 这些人，不出点事，终是觉得天老大，他们老二，出了事哭天抢地成弱势群体了。2. 社会的进步需要一代又一代人的死亡，建议上铁轨暴走可以练平衡能力。3. 我就在临沂工作，晚上特别痛恨这群人，马路就是他家的。4. 有这么一波人，专门跑快车道和中间道，没出事的时候，不管怎么劝阻都无用。5. 这暴走队终于出事了。

这些评论，有人听起来觉得很过瘾很解气，有人觉得很暴力很冷血。我以前也觉得这种“咬死活该”“撞死活该”的评论充满暴力崇拜的戾气，不近人情也不合法理，但后来这种事情看多了之后，只能叹息这一次次老虎咬人事件仍挡不住作死的冲动，一次次交通事故仍挡不住占道暴走的步伐，一次次血淋淋的教训仍挡不住践踏规则的心。这些看似冷血而混账的评论，是哀其不幸，而怒其不长记性。

道理都懂，可好好讲道理却没人听，有人总把这些道理当成耳边风，看成陈词滥调。道理失效的时代，人们只能寄望于这些血的教训让这些漠视规则者长记性，只能等这些人出事之后用这种方式讲道理。

咬死活该，撞死活该，当然是不近人情、不合法理的混账话，这道理其实大家都懂。关于这种情况下发生交通事故后机动车和行人的责任，法律有明确的规定，肇事司机和暴走者都会承担相应责任，不会因为舆论对占道暴走的痛恨而真的判“撞死活该”。前面一群人在跑步，即使他们占道了，也不能就这样撞上去。占道跑步违反规则了，但罪不至死，罪刑相适应，对违反规则的人应以符合规则的方式去惩罚他。这次暴走被撞死跟野生动物园老虎咬人还不一样，老虎只有兽性，不会有规则意识，闯入它的领地就会激发它的攻击兽性，而司机应有人性和规则意识，面对占道暴走的人应有判断。无论如何，被撞死者应得到救济和同情。

我相信，这么简单的道理人们都懂，网友之所以不愿意讲这样的道理，而去批评被撞的占道暴走者，是因为他们知道，这起个案中，法官会依法做出公正的判断，肇事司机会受到法律的惩罚，被撞死者会受到法律救济。——但法律拿这些破坏规则、影响交通的占道暴走者却没有太多的办法，法律只能就“司机肇事撞死人”的个案做出判决，个案的公正判决影响不了人们所深恶痛绝的占道暴走——可占道暴走又是这场交通事故的起因。人们只能诉诸道德和舆论的力量去捍卫规则。

不怕网上铺天盖地“撞死活该”的言论——毕竟，这只是一种情绪宣泄，左右不了法律判决，法律也不支持“撞死活该”。怕的是，这种“撞死活该”也挡不住那些漠视规则的心，吓不住那些践踏规则的冲动，规则在这些人眼里就是儿戏。不是喊“撞死活该”的网友太冷血，而是有些凌驾于规则之上、把自己和他人的命当儿戏的人太冷血。命掌握在自己手上，不是网友“撞死活该”的言论要命，而是一些人自己不要命的行为，将自己置于夺命的险境。

众多网友评论中，比“撞死活该”更沉重的是这一句“这暴走队终于出事了”——一句“终于出事了”暴露了人们的无奈。近来很多城市都兴起了这种暴走队，暴走没什么错，强身健身嘛，可邪门的是，这些人不走正道，不好好地走自己的路，而抢别人的路让别人无路可走。交通规则对他们来说没任何约束，天大地大没我健身的事儿大，什么路都敢抢都敢走。媒体报道各城市这种暴走团后，一片谴责之声批评这种无视规则不讲路德的行为。可法不责众，你讲再多的道理也拿这些人没办法，他们就占道暴走了，他们威武雄壮，他们趾高气扬，他们谁也不放在眼里。

我记得当时众多的批评声中就有人说，这样在机动车道中间暴走，总有一天会出事的。——你不能指望开车的都惯着你、躲着你、护着你、绕着你走啊，这道儿毕竟属于机动车啊。是的，即使你占道了，开车的也不能直接撞上去，但保不齐就有眼睛不好、车技不好或一身路怒的呢？可这“总有一天会出事”的警告声，也对这些中了邪的占道暴走团毫无影响，好像那说的不是自己，关我屁事啊，我暴走，关你屁事啊。于是，终于出事了。

这次临沂暴走团出事，差不多是在舆论“总有一天会出事”的警告中出的事，所以更让人生气，好好地讲道理你不听，非得出事了才长记性吗？真的不怪出事后那些铺天盖地的批评声中没有同情声，此前道理讲了那么多，给了那么多忠告，有人听了吗？到底是谁不讲道理？

令人悲哀的是，很多人的规则意识需要一次次这样血的教训去警醒。于是舆论形成了这样的“悲剧周期律”，隔段时间就会出点这样的事，不出事麻木不仁，出点事才长点记性，可记性维持不了几天，很快就健忘了，又会通过新的悲剧去刺激。不想看到这种“作死的周期律”，不想看到规则意识需要靠这种血的教训来维持。

善待和尊重每一个好好说话理性维权的人

杭州保姆纵火案，让人痛心到窒息，愤怒到失语。我一直都没有敢点开被烧死一家人生前的照片看，母亲和三个孩子生前的笑容越是灿烂幸福，越让人痛惜。也一直不敢尝试去共情，无法想象侥幸逃过惨剧的幸存者林先生瞬间失去四个最爱的人，那撕心裂肺痛不欲生的疼——这世上应该没有比这更虐心的疼了，这世上也应该没有比这位林先生更可怜的人了。一直有人留言让我评评这起纵火案，声援一下林先生，可每次写几个字欲言又止，不知道能说些什么，说什么都觉得无力。

人间惨剧，旁观者可以回避不去体味那种痛，对很多人来说只是一条新闻，一个热点，一个悲剧，再大的震惊和悲伤，也会在热点的此起彼伏中很快遗忘。但林先生无法回避，本来他也许是最幸福的人，但瞬间一切都毁灭了，沦为最可怜的人。他家破人亡，他失去了一切，每天都会活在无尽悲痛、思念、自责、仇恨的折磨中。从他“老婆孩子在天堂”的微博中能感受到他的锥心之痛。他现在有两颗心，一颗心在滴血，一颗心强打精神，忍着巨大悲痛挺着一口气为死去的亲人讨一个说法。

让我忍无可忍写这篇文章的，是网上关于林先生维权的一些争议，质疑他对小区物业消防问题的追问，质疑他维权的动机，质疑他对物业在救火中失职问题的批评。那种用最大的恶意去揣测和攻击一个最应该被同情的受害者的文字，真的很脏，恶心之极。并不是说受害者就是正义的，就占据了道德高地享受批评和质疑的豁免权，但对他遭遇如此大的不幸，不能失去起码的悲悯心和同情之理解。可以不同情，可以不关注，不苛求必须站在林先生一边替他维权，为他可怜的妻儿讨一个说法，但起码不要用莫须有的罪名伤害他，让他在家破人亡后再承受舆论的恶意。

林先生是一个应受到关怀和同情的受害者，也是一个应得到善待和尊重的理性维权者。遭遇如此惨剧，失去相濡以沫的爱妻和冰雪聪明的三个孩子，即使他歇斯底里，即使他的维权行为有一点极端，大吵大闹一番，也没有什么不可以理解的，怎能过度苛求一个家破人亡失去一切的受害者呢？——何况，令人尊敬的是，他并没有“闹”，而一直保持着克制和理性，在法律框架中表达自己的诉求，聘请律师为亡妻亡子讨说法，还原纵火案的事实和真相，联合其他业主调查大厦的消防问题和火灾中物业和保安的失职问题，开微博寻求媒体和公众的支持。

没有暴力和极端行为，没有歇斯底里以暴制暴，没有去仇恨和反社会，林先生强忍悲痛，以一个业主的名义，一个公民的名义，一个失去妻儿的丈夫和父亲的名义，穷尽合法的手段去争取自己的应得权利，克制、平和、守法。难道不应该尊重和珍惜每一个这样好好说话理性维权的人？

家庭遭遇如此惨祸，保持着理性维权的姿态，不用“闹”的方式去解决，说明他相信法律、相信公道、相信有未泯灭的良知。一个法治社会，应该不辜负这种“相信”，珍惜这种对法律的信仰和依赖，善待这些无论何种境界下都把法律当成自身权利保护神的公民。永远不要让一个对法律和公道充满信赖的人绝望，他已经一无所有，家破人亡，无依无靠，只剩下法律与公道。

你难道真以为“北大是全国人民的北大”

每到暑期，北大清华门口排着长队等入校参观的人群都会成为新闻，比如这两天就有媒体报道称，清华门口，早上4点就有人排队，到6点时排队人数已达上午可参观人数的极限。暑期进北大不限人数，但限时间，并且要登记。每有这样新闻出现的时候，舆论就会有这样的批评声：北大是全国人民的北大，清华是全国人民的清华，为什么要限制外人，凭什么限制？

为什么不能限呢？大学又不是旅游景点，不是菜市场，不是广场大街，是学生学习、教师科研的地方，以教学为中心，一切服务于师生，当然可以有自己的管理安排。记得几年前武大樱花盛开的时候，涌入武大的游客把整个校园弄得乌烟瘴气，处处是垃圾，食堂里也挤满外人，严重干扰到师生教学。媒体当时记录下这一耐人寻味的场景：喧嚣混乱的校园中，一个游客一边拍照一边吐槽，这哪是学习的地方。——就是这些游客把校园弄得乱七八糟，最后还留一句“这哪是学习的地方”，还能说什么呢？

我一直挺疑惑，难道有人会真以为“北大是全国人民的北大”“清华是全国人民的清华”，然后觉得自己作为“全国人民一分子”可以理直气壮地“占领”北大清华校园？一直以来，每当这些名校出台某个改革或管理措施，比如“限外”之类，就有人以主人心态拿这种话来宣示主权，北大是全国人民的北大，我凭什么不能进？

实际上，“北大是全国人民的北大”并不是共识或者常识，只是占据多数优势的舆论在精神上的某种一厢情愿，是一种自以为是的舆论想象，这种一厢情愿很蛮不讲理。北大就是北大，首先是北大师生的北大，不是别人的北大，所有资源首先要服务于北大师生。外人可以分享名校的教育资源，可以感受大学的风貌，但必须是在首先满足学校师生的前提下，不影响校园秩序，不破坏校园清净，不对教学带来干扰。那些排队的多是父母带着孩子，可有哪个父母希望自己孩子在那种连一张安静课桌都放不下的嘈杂校园中读书呢？

北大是全国人民的北大，这种判断源于这样一种认知：北大这样的公立大学用的是政府投资，而政府投资来自全民纳税，所以属于全国人民。——作为“投资人”的一部分，难道连进去参观一下的权利都没有吗？这逻辑大错特错。确实，北大清华用的是政府投资，可“公共投资”在逻辑上推出的结论只是：大学经费的使用应该接受公众监督，每一分钱都应置于阳光之下受到苛刻的审视——而不是：我可以随便进出大学，随便干预大学管理，随便享用它的教学资源。

公立大学的公共性体现在：大学向社会输送人才，大学成为每个人向上流动的通道，大学为每个人通过知识改变命运提供了平等的机会，大学通过科研和创新改变人们的生活，大学作为一个社会的知识高地向社会输送知识和价值观——这是作为公立大学之“公”的核心内涵。作为“投资人”，公众是从这些“不朽的大学价值”中获得精神和价值回报，而不是“我可以随便进出参观校园”这种可以变现的物质占有和经济学算计。

如果非要说“北大是全国人民的北大”，它表达的也应该是这种公共性，而不是物质和管理上对外无条件的开放，不是大锅饭那种闹哄哄、没有产权界限的占有。——这里面，“全国人民”只是一个集合和抽象概念，不能偷换“个体概念”变成“每个人都是有权占有大学的一分子”。毕竟，这是一所大学，大学应该有自主和自治空间，虽然产权上是公立国有，但管理上应该尊重大学自主。投资教育和大学是每个国家的义务，作为投资者的纳税人自然会从大学中获益。作为投资人，面对大学时应该是谦卑的，权力只应限于“监督经费使用”，而不是事无巨细地介入大学管理的每一个环节，以“大学是全国人民的大学”的投资者自负去干扰大学。

谈到大学的限外，很多人都会谈到国外大学校园的开放，让中国大学多多学习那些世界一流大学的开放精神。不错，国外很多大学都是开放的，但也有名校是限外的，我去过德国和法国一些名校访问，外人也不能随便进入。无论开放或限外，一个基本精神是，舆论和公众都尊重大学自治，认为决定权属于大学。只让学国外大学校园的开放，却不学对大学自治的尊重，这种思维太片面了。

对不起，科学家不需要你说的那种垃圾热度

常有人将科学家的热度与明星的热度去比较，然后得出一个结论，舆论和公众整天围着明星转，冷落了科学家。明星屁大的事儿，都能刷出几亿的关注度，而科学家再大的事儿，都很少能成为大众话题。前段时间为国家做出过很大贡献的著名院士柯俊教授去世后，网络几乎没有热度，那几天最热的话题是某网红作家的性骚扰丑闻。有人感慨：英雄枯骨无人问，戏子家事天下知。

能理解这种感慨背后的问题意识，人们有一种强烈的期待，希望舆论不要冷落了科学，分点儿注意力去关注关系到公共利益和自身命运的事业，给那些为社会做出巨大贡献的科学家一点儿热度，不要沉浸于无聊的口水狂欢中娱乐至死。不过我想说的是，对不起，科学家不需要你说的那种垃圾热度。

有没有注意到这样一个现象，从来没有一个真正的科学家抱怨过媒体和舆论，批评舆论太关注明星，而不关注科学家，埋怨对科学家的关注热度远远不够。类似的话题讨论中，科学家都是缺席的，他们只不过是在“被表达”。真的，我没有见过哪个科学家批评过明星，忌妒明星的热度比自己高，看到明星受追捧自己受冷落而心理失衡。他们整天待在实验室里，一心扑在科研上，心里想的全是专业问题，哪有时间关心“热度问题”？热度问题，对真正的科学家是个伪问题，这问题都是那些热爱消费热度的人臆想出来的。

科学家需要这种像关注明星那样的网络热度吗？我跟好几个科学家聊过，他们不需要，不仅不需要，甚至很多时候刻意躲着媒体，逃避舆论聚焦。因为过多的报道和关注，会对他们的工作形成干扰。记得前段时间，一个老院士高铁二等座的工作照曝光，让院士成了网红，享受到了明星那样的关注热度。可又怎样呢？老院士后来被媒体报道狂轰滥炸，无数媒体想采访他，对他的工作形成很大干扰，他最后不得不闭门谢客一律拒绝。“共和国的脊梁”“二等座最高贵的乘客”之类滥俗的称号，让人哭笑不得。

这是科学家需要的热度吗？不，这是媒体、舆论、营销号需要的热度。这不是对科学和科学家的致敬，而是一种身份消费，一种搭便车蹭热度。这种所谓热度，对科学传播并无助益。当很多人在谈“为什么科学家没有明星那样的热度”时，表面上是想抬升科学，骨子里也许只是想把科学家当明星那样去娱乐化消费，成为话题，给舆论带来“热度”。一些媒体、一些人平时不关心科学家的现实困难，平时没见他们报道科学家，等科学家去世了，才说什么“英雄枯骨无人问”，好像自己平时多么关心科学家。这其实只是蹭热点而已。

怎么关心和关注科学家？恰恰应该祛除那种“以媒体为中心”造星式的热度思维，让他们远离明星那样的热度包围。最好的关爱，就是给他们创造一个安静的科研氛围，别去打扰和消费他们。如果我们的科学家有明星那样的热度，整天被粉丝包围，一出门一上路就能被粉丝认出，说实在的，那样中国的科学和科学家就被毁了。你能指望一个生活在舆论包围中的科学明星能做出什么惊世成果？科学研究需要坐冷板凳，需要在远离舆论曝光的安静象牙塔中心无旁骛地做学问。

舆论和媒体看成宝贝的热度，在真正的科学家看来，也许就是垃圾。科学天然带来一种反热度的高冷气质，天然是小众的、孤独的，不需要不懂的人装得很懂的样子，不需要不三不四的人去凑热闹，不需要上头条成热点。

他们追求的是自己的研究得到圈内认同，获得行内业内热度，而不是脑残粉式的大众热度。

媒体和公众应该怎么关心他们？应该致力于为他们创造一个纯粹的学术环境。前段时间本报报道了北大一群数学家的故事，题目叫《特区》，报道了北大是怎样给一群年轻的数学家创造了一个去行政化、免于学术之外事务干扰的特区。他们在这个特区中自由地研究，不必填各种表，不必忧心于房价，不必臣服潜规则，想干点啥就干点啥，在这个理想的小环境中专注研究，当世界疯狂时，一个数学家可以在数学中发现一种无与伦比的镇静剂。他们不需要热度，不需要像明星那样被追捧的感觉。

不要把自己热衷的东西强加给科学家，不要用科学家去践踏明星，网络热度这东西，对名利场中的人是宝贝，对科学家却是干扰科研的垃圾。

扮弱者赚同情很容易，但反转打脸也很疼

新媒体后真相时代，永远不要轻易被某个或让你泪流满面，或让你义愤填膺，或让你热血沸腾的单方叙述所牵引，故事之所以那么有煽情性，很可能因为讲故事的人刻意隐藏了某个关键事实。“张北骡子讹人”事件的反转，再一次教训了那些新闻易感人群，吃瓜须谨慎，愤怒要克制，结论得轻下。当然，更教训了那些动辄想操纵网络情绪去维权，却又不诚实的人，网上扮弱者赚同情很容易，但如果缺乏诚实品质，反转打脸也非常疼。

相信那个发帖求助却隐瞒了部分事实的博主，已经感受到了反转打脸的疼。

事情的经过是这样，有网友微博发文称在张北草原旅游时被老农碰瓷，没碰着骡子却被索赔4500元。引发网络关注后，张家口市公安局在其官博回应，用详细的图文视频证据证明，游客骑沙滩摩托车追赶骡子并拍照，导致骡子来回奔跑并受伤，游客和骡主自行达成调解，赔偿骡子主人4500元。也就是说，那个游客一开始的维权帖文没有说实话，隐瞒了关键细节。人家骡子没惹你，你追人家干吗？骡子因你追赶而受伤，当然得要你赔。当场达成协议了，然后利用话语权的不对称，跑网上发帖把自己描述成受害者，如果不是警方介入公布完整真相，张北、老农和骡子又得背锅了。

老农不会上网，骡子不会说话，存在着天然的话语权不对称，会发帖的城市白领占据着话语优势——一句话是这样说的：两个无赖发生冲突，请问是谁的错？答案是：永远都是不会发微博的那个人错。精彩不精彩？现实不

现实？其实这话只说对了一半，一开始吃瓜群众确实容易被“会发微博”的那一方牵着鼻子走，但真相有一个逐渐呈现的过程，新媒体具有某种自我纠错功能，随着事实越来越多，碎片化的事实逐渐拼凑出一个完整的真相，人们最终做出理性、客观、三观很正的判断。确实，网友很容易被标签操纵，警察与平民发生冲突，似乎永远是警察的错；城管与小贩发生冲突，永远是城管的错；公务员，跟谁冲突都错；普通冲突，有钱的一方错。——所以，在网上给自己贴上弱者的标签，很容易“煽动”起热烈的同情和激烈的仇恨，但网络的开放给了各方表达的机会，当真相大白，人们会报复性地抨击说谎者，痛击消费公众情绪的那一方。

那个博主看起来很聪明，维权的博文营造了一种情绪对立：普通游客遭遇景区恶霸。看了那篇博文，人们会立刻脑补出一个爱宰客的景点中一个无赖村民狠宰小白兔游客的故事，激起无数游客挨宰的痛感。可警方的通报让我们看到了故事的另一个版本：不会上网发帖的老农和无辜被追受伤最终当成肉骡低价处理的骡子。老农和骡子应该感谢新媒体，消弭了话语权的鸿沟，开放多元的空间使话语垄断和情绪操纵变得越来越难。

这么多年的网络观察，我渐渐了解了网民的脾气。很多人都觉得，网民仇富、仇官、仇视强者，同情弱者，情绪化，易怒易感动，简单粗暴——其实这不是网民最鲜明的气质，最能体现网民气质的应该是这几个字：极端讨厌说谎者。哪怕你无意中隐瞒了某个事实，回避了某个细节，都会引发网民最激烈的情绪，激起他们的反感。网民最不能容忍的是被人欺骗，一旦意识到被人骗了，那种一开始被调动起来的感动、温暖、同情、愤慨立刻翻脸反转成一种粗暴的攻击。从成都女司机被打，到罗尔事件，再到女大学生踹熊孩子，无数案例证明了网民对欺骗的不可饶恕感。他们可以容忍真小人，接受一个有明显缺点的犯错者，但不能容忍自己的正义感被说谎者玩弄操纵。

很多人至今仍未明白这个道理，所以常常被打脸。这些人很“鸡贼”，知道吃瓜群众的软肋，善于挑动网络情绪，知道网友们很容易被一个动情的故事所感动，很容易被一个受迫害的经历所激怒，很容易在身份代入中入戏太深。但他们不知道网友对说谎和欺诈的深恶痛绝，一旦说谎了，煽乎起来的情绪越是热烈，节奏带得越猛烈，当被揭穿后，那种反噬打脸的情绪也越狂热。记得“女大学生踹熊孩子”事件中我写过这样的题目：遇事往网上捅，永远别以为捅了马蜂窝只会蛰别人。不坦诚厚道，想通过隐瞒细节把自己塑造成受害者，常被自己捅出的马蜂蜇得满身伤痕。

如果没有充分的事实和道理自信，如果不准备实话实说，如果想通过操纵网民情绪的鸡贼方式到网上去维权，我劝你还是算了吧。反转打脸，真的很疼。

民警暴力执法的讨论竟然也能撕裂朋友圈

松江民警暴力执法成为近日最刺痛人心的事件，据警方通报，松江警察在执法时遭到违停女车主的无理纠缠和推搡阻挠，不顾女子怀抱儿童的安全，将女子摔倒在地，导致孩子摔到地上。视频刺痛和震惊了公众，舆论对暴力执法的警察一片批评——原以为这种事情不应该有多少争议，事实很明了，是非很清楚，警察错了就是错了，松江警方已经停了当事警察的职并进行调查，上海警方的回应也说得很清楚：民警粗暴执法是错误的，要依法从严治警。

没想到这起是非很明显的事件，竟引发了朋友圈的撕裂。有人痛斥警察肆无忌惮，有人痛斥无理纠缠的当事女车主“置孩子于险境”，有人说“这种情况在美国早就被击毙了”，有人批评当事女车主是用孩子博同情碰瓷警察和绑架舆论。一起法律是非本来很清楚的事件，站在不同立场竟能做出对立的判断，撕得面红耳赤不可开交，让本来很清楚的事情显得很浑浊了。

坏逻辑就像一根搅屎棍，混淆视听模糊是非。梳理舆论场上一些有代表性的观点，看看水是怎么被那些坏逻辑搅混的。

第一，容不得批评妇女。这起事件中涉及几个主体。警察当然是错的，大错特错，警方也已经承认，并且警察已经受到惩罚。但无法回避的是，那个女车主确实也有错。其一，错在不应该无理纠缠和推搡警察。无论如何，都应该尊重警察执法，若觉得警察有问题，可以依法经由正当程序去申诉。其二，错在抱着孩子还去与警察发生冲突，置孩子于险境之中。女车主的问题可不可以批评？当然可以，不能因为后来成为“受害者”就有批评的豁免权。警察暴力执法应受批评，女车主的问题也不能回避。

我不理解为什么有些人就容不得别人提半句当事女车主的问题，好像一提就是在替警察洗地。警察问题归警察，女车主问题归女车主，不能因为警察问题更严重就回避其他当事人的问题。问题意识不一样，反思问题的角度就不一样，不能苛求所有人都是一样的角度。有些人形成一种固化封闭的批判立场后，就容不得别人半句其他角度的批评。尊重事实，很多时候就是你要尊重那些不符合你立场却客观存在的事实。客观事实就是，那个女车主在警察开始执法时确实也有自己的问题。

第二，伪客观诱导错误的因果链。我反对的另一个逻辑是，用女车主的错，洗警察的错，用“先错”去为“后错”开脱，用因果链论证警察处置的正当性。批评女车主的问题，是可以的，但应该只是止于批评。这个逻辑不能再往前进一步了，因为再进一步可能就会滑向谬误，就会得出错误的结论：活该受到那样的对待。

是真客观，还是伪客观，关键区别就在这里。真正的理性、中立、客观应该是，尊重事实，一码归一码，就事论事。说女车主的问题就说女车主，不用某种暧昧的诱导和暗示去把受众带到错误的结论中，不用似是而非的逻辑把节奏带歪。女车主再有错，但在那种语境下，警察那样暴力执法都是大错特错的。她抱着孩子，手中并无凶器，可以判断，她的推搡阻挠并没有对警察执法构成严重而即时的危险，警察的反应明显超过必要的限度。

第三，动机和阴谋论。有一种让人反感的论调，是在道德上竭尽所能地抹黑那个女车主，贴上“泼妇”标签，说她是拿怀中的孩子碰瓷警察，拿孩子博同情绑架舆论，构建一个让事件反转的阴谋论。这种阴谋论是很恶毒的，耍流氓，没法证实没法证伪，完全是一种莫须有的罪名，你有证据证明她是碰瓷吗？你会拿自己的孩子这么跟警察碰瓷吗？不尊重客观事实，通过臆测动机、想象阴谋的方式妖魔化别人，把楼带歪、把水搅混，小人所为。

第四，动辄声称“在美国这种人早就被警察开枪击毙了”。在当下舆论场上，一旦发生类似警民冲突，警察因暴力执法受到批评时，总有一种声音说：我们的警察这样做已经很文明了，放在美国这样纠缠推搡的话，警察早开枪了。这种观念是错误的，其一，美国警察的暴力执法在美国舆论中也常受批评，不是什么好事；其二，美国的背景跟中国有差异，美国枪支泛滥，犯罪分子很容易获得攻击性很强的枪支，甚至火力比警察还猛，警察很多时候无法判断对方是不是一个穷凶极恶的罪犯，所以会随时保持开枪的警惕；其三，即使如此，美国警察也不是随便就开枪的，像这样面对一个抱着孩子的妇女无理纠缠一下，也不至于就随意开枪，别拿美国警察吓人。

这些问题上，不尊重客观事实，没有起码的是非观和逻辑常识，用固化的立场封闭自己的思维，很容易沿着坏逻辑一路狂奔。

第三辑

慢评

正义在哪里呢？正义正存在于对正义感的克制中，没有克制，就没有判断力，不与那些看似正义的事物保持距离，就很容易被那种不明来源的信息所操纵。“杀死猥亵女童的禽兽”这个充满正义感的口号，会把人们刺激得热血沸腾，可你得守脑如玉，你得保持着判断，谁是真正的猥亵者？别砸错了人。谁才能对猥亵者进行执法，别以为替天行道就可以无法无天。

哑巴说话盲人订报吃辣寻亲

——2017 年十大“假的真新闻”剖析反思

每年岁末年初，杂志都会评出去年的十大假新闻，近来评出的2017 年十大假新闻包括：河南大学生娶同学妈妈、乐天董事长说中国人没骨气、留守女童被老师强奸警方不予立案、农妇怒撕毒蛇为儿加菜、终身创业老人褚时健去世等。假新闻值得媒体人和公众反思，社交媒体时代更需要多份审慎，但除了这种“真的假新闻”之外，还要警惕另外一种新闻——“假的真新闻”，即看起来像假的，其实是真的新闻，表象上违背常识，却有一定真实性。这种“假的真新闻”在传播时也引发了很多误解，制造出负面舆情，值得新闻生产者、宣传者和传播者反思。

我梳理出2017 年引发争议的十大“假的真新闻”。出于批评的善意，梳理和点评时都隐去相关媒体身份和具体地点。

一　哑巴说话

报道：1 月 10 日，某地《某某晚报》刊载了一则题为《箭道街社区——盖新被穿新衣 31 户困难居民温暖过冬》的新闻稿，导语写道：“这新被子好暖和，晚上盖着一定很舒服！”日前，市中区三八街 46 号居民赵全贵从社区网格员手中接过被子后满意地说。而紧接着的正文第一段介绍，“据了解，今年 62 岁的赵全贵是一名哑巴”。——哑巴怎么可能说话呢？于是，“哑巴说话”成为公众嘲讽和批评的新闻，网民习惯性觉得这一定是假新闻。

事实：1 月 18 日下午，记者联系到当地社区居委会，一名值班人员称，在接受记者采访时，“赵全贵平时都是用纸和笔来跟人交流的，记者写他‘说’了那些话其实并不矛盾”。

点评：哑巴确实说了，但不是用嘴说，而是用纸和笔表达“温暖过冬”的感谢。如果考虑到常识，预判到公众可能的误解，报道时多解释一句，就不会引发误解了。

二　盲人订报

报道：某媒体大标题并且配图——盲人牛志远喜订《某某报》。在标题党泛滥的时代，这个违背常识、极富戏剧冲突的标题立刻成为众议的焦点：盲人订报，盲人怎么可能看报呢？

事实：其实文章里说得很清楚，是订报，不是看报。报道这样描述：对于牛志远长期征订《某某报》，很多人却不理解。“一个盲人，订什么报？他能看清吗？”过去记者也对此不解，但牛志远却有他的道理。当事人说：我订《某某报》，主要靠家人读给我听。每天，我让妻子、侄子先读标题，如果有喜欢的好文章，我会让妻子下载到我的手机上，开通音频，让手机读给我听。

点评：显然，这是媒体在征订季发行季自我宣传的一条新闻，媒体是预期到这种与常识相悖的标题会引发争议的，想借助争议提升影响。有评论说，一些纸媒不该用这种让人反感的炒作突围“寒冬”。

三　失明点灯

报道：有媒体出现了这样一条新闻：88 岁的失明老人终于用上了电灯。

将此当成精准扶贫的典型。失明为什么需要电灯？这种矛盾让这个典型宣传受到了舆论批评，被嘲讽为假典型。

事实：仔细看新闻内容，其实并不矛盾，并非假新闻。新闻中有这样一句："88 岁的老人，从来没有用过电，我们要想办法帮他。"村支部书记等人一起告诉老人，准备给他免费装表接电。原本以为老人会拒绝，没想到老人一口答应了。"虽然我看不见，不需要点电灯，但是，你们既然要帮我通电，那就在我的房檐下安一盏灯泡吧，夜里亮起来给乡亲照路。"——不是自己需要，是要为乡亲照路，事实是挺让人感动的。

点评：典型宣传时千万不要陷入"自拍美颜"的傻白甜幻觉，而要考虑到常识和公众理解力，考虑到传播效果，不要自己感动得热泪盈眶，公众却觉得是假新闻。

四　死人申报

报道：某地几大媒体的头版都出现了这样一条新闻：领导干部操办婚丧喜庆需提前 10 日网络申报。——网络立刻炸开了：婚事喜事提前申报没问题，这丧事怎么申报啊？万一申报了，人却没死，怎么办？这规定明显违背常识。

事实：其实，这是当地纪委出台的一条从严治官新规，通知中"婚"和"丧"区分得很清楚，没毛病：党员领导干部操办婚嫁喜庆事宜，至少在事前 10 个工作日登录监管系统填报《党员领导干部操办婚丧喜庆事宜报告表》。为直系亲属举办丧葬事宜的，可当时口头或电话报告，并在事后 15 个工作日内登录监管系统补充报告。也许是在给媒体发宣传通稿的时候粗心将"婚丧喜庆"放在一起说了，引发误解。

点评：宣传一定要跳出内部人盲区，多从网友和媒体的角度审视一下，有时，换个角度，立刻能看出荒唐，停留于自己人视角，会对明显的谬误视而不见。

五　吃辣寻亲

报道：4 月，很多媒体官微都转了这样一个奇闻：一男子全家吃饭向来都很清淡，有天他第一次吃四川烤鱼，瞬间被那麻椒、辣椒的味道所征服，觉得自己的人生都被改变了！于是他开始怀疑自己的父母为什么从不吃这么好吃的东西？自己是不是从四川被拐卖来的啊？他竟然上走失儿童网站发了自己照片，开始寻找自己的亲生父母。最后，竟然找到了，他就是被拐卖的。——吃辣寻亲，这也太不可思议了！

事实：确实有寻亲这件事，但跟吃辣没有什么关系，是靠人工智能寻找到自己亲人的。27 年前，6 岁的付贵被人拐卖，27 年的寻找让家人肝肠寸断，付贵 80 多岁高龄的奶奶已被确诊出肺癌，奶奶希望有生之年还能再见到孙儿一面。27 年的无望寻找中，像很多被拐家庭经历过的那样，他们基本已经绝望了，没想到人工智能创造了奇迹。当事人在受访时确实提到过吃辣的细节，但被媒体以段子手的方式放大了，错置了因果关系。

点评：传播如果刻意借助这种反常识的噱头，把新闻当段子写，消费公众好奇心的同时，只会消蚀媒体的公信力。

六　丢 5100 元返 5600 元

报道：12 月，不少媒体都转发了一条暖新闻：“天津老人去银行取 5100 元后钱散落路边　好心人沿路捡回 5600 元”。好人让人感动，可 5100 元是怎么变成 5600 元的？

事实：天津老人李振和于 12 月 27 日去银行取钱，骑自行车到家才发现钱已散落一路，几位阿姨拿着沿路捡到的 5600 元一直留守路边等待民警的到来。老大爷至今有些迷糊称自己只丢失了 5100 元。

点评：从媒体的描述来看，新闻应该是事实，有警察，有路人，有当事人证实。可新闻一直没有说清楚，5100 元到底是怎么变成 5600 元的，这事实不说清楚，新闻就会让人怀疑，毕竟，过去看到过太多这种所谓的正能量鸡汤。媒体的责任是还原真相，可真相在这条新闻里并没有得到还原，读者跟那个老人一样陷入了迷糊，明明我只丢了 5100 元。其实，如果记者多做点儿工作，去银行做一下核实，到底取了多少钱，一下就能把事实说清楚了。用事实给一个清楚的解释，这才叫完整的还原，而不能稀里糊涂地感动，莫名其妙地热泪盈眶。

七 摘草获刑

报道：这条“农妇顺手摘野草获刑”的新闻，因为与常情常理相悖，注定会引发巨大争议。摘个野草就获刑，这样的判决也太奇葩了吧？有人说，李时珍尝百草，估计得判无期，神农尝百草，估计放在现在就是死刑了吧！有人说，你们说好重点保护，倒是好好保护啊！一个农民怎么会知道地头的野草是国家重点保护植物？

事实：经河南林业司法鉴定中心鉴定，秦某非法采伐的兰草系兰属中的蕙兰，属于国家重点保护植物。卢氏县人民法院以秦某犯非法采伐国家重点保护植物罪判处其有期徒刑 3 年，缓刑 3 年，并处罚金 3000 元。“顺手”可能只是媒体的说法，并不是法律事实。

点评：“农妇顺手摘野草”获刑肯定很荒唐，但不知道是法律制造的奇葩还是新闻制造的荒唐。完整的事实才能让人理解判决的逻辑，可很多报道为了吸引眼球，有意无意地隐藏关键新闻事实，制造戏剧冲突。

八　无错赔钱

报道：一条题为《大爷摔骨折“赖”上推车经过的路人　法院：路人赔2 万》的新闻称：59 岁的李阿姨推着自行车从赵大伯身边经过时，70 岁的赵大伯与自行车后轮一接触，失去平衡摔倒了，小腿骨折构成十级伤残。他要求李阿姨赔 12 万余元，而阿姨则称他夸张的转身动作才是他摔跤的原因。法院审理认为，根据交通警察大队出具的交通意外证明，大伯和阿姨在主观上均不存在故意或过失，应根据实际情况，由两人分担损失。

事实：无错赔钱，看起来违背常理，可据《民法通则》第一百三十二条规定：当事人对造成损害都没有过错的，可以根据实际情况，由当事人分担民事责任。即损害双方对损害后果都没有过错，但是如果在受害人的损失得不到补偿又显失公平的情况下，由人民法院根据具体情况和公平观念，要求当事人分担损害后果。判决没毛病。

点评：其实，如果媒体在报道的时候，把法官判决的法理说清楚，相信很多人都能理解这种法理，而不会想当然地觉得“无过错就无责任从而无须赔偿”。很多冲突，都源于报道的语焉不详：只报道一个结论，而不援引判决的全文，不报道法官判决的法律依据，自然会引发法理与常理的争议。

九　舍父救人

报道：10 月，一则“老爸在抢救，儿子却在隔壁救别人！”的新闻引发争论，报道称：在父亲心肌梗死复发、生命岌岌可危时，“狠心”儿子让父亲自己去看医生；巨大的痛苦让老人以为自己濒死，最后一个愿望是再看一眼儿子，但做儿子的就在一墙之隔的手术间为病人做手术，始终没有出现在父亲的病床前，这其中滋味几人能懂……

事实：报道引发争议，网友评论两边倒，后来当事医生接受采访时谈到了细节：在第一台手术的间隙，他去看了父亲。父亲没有说什么。于是，他又回到了手术室。“你做你的手术，其他不要多想，你爸的手术我会做好，有特殊情况再来和你说。”一会，主任走进手术室时，这样轻声告诉他。这天，他做完6台手术后，已经是晚上10点30分了。而做完每台手术的间隙，他都会去看一下父亲。

点评：如果报道把细节交代得清楚一些，写作时不是急于按套路制造戏剧冲突，不渲染父亲与病人的两难选择，就不会产生那么大的争议。典型报道和人物宣传切忌简单化和模式化，粗暴地用“非此即彼”的方式塑造光辉形象，选择这个放弃那个，让人觉得违背人情人性人伦。

十　政策取暖

报道：“气荒”和一些地方一刀切举措，让部分百姓冬天挨冻，没有及时供暖。有评论称：虽然暖气暂时无法供应，但国家政策是温暖的。这种“暖气房里写评论不怕冷”的调调引发舆论批评。

事实：政策确实是好的，政府也在竭力解决问题，尽早让百姓供上暖，但站在云端用心灵鸡汤套路面对百姓挨冻问题的轻浮态度，让人很不舒服。对待百姓冷暖，需要将心比心，需要设身处地，需要解决实际问题。

点评：传播忌讳用力过猛，要把握时效度。

总结：这些“假的真新闻”，其传播负效应有的甚至高于“真的假新闻”，有的传着传着就被公众当成了假新闻。有的是宣传时用力过猛变成高级黑，有的是刻意制造争议效果消费眼球，有的是稀里糊涂感动忽视真相，有的是“傻白甜”宣传者制造的自我感动，有的是缺乏法律素养忽略关键新闻事实——总之，结果都是尴尬，或者是“尬暖”，或者是误解，或者是公众抵触。无论如何，新闻和评论都不能失去真实和真诚，不要投机取巧和自以为是，不要透支自己的公信力。

我知道你们也希望我跟着一起怒撕刘鑫

这几天公号后好多粉丝留言让我评论一下刘鑫江歌案，让我谈谈想法。我知道，这里面很多读者有这样一种急切的期待，希望我也能跟着怒撕一下那个“无耻到极点”的刘鑫及其家人。非常想撕，但对不起，我无法迎合这种期待——想看那种浇自己胸中块垒的评论，到相关新闻后铺天盖地的跟帖中就能看到。撕，并不能带来正义，只会生产使事情走向反面的仇恨。

网上对这个事件的描述是这样的：一年前，中国留学生江歌在日本被杀害，新闻曾引发关注。事发后，凶手（江歌室友刘鑫的前男友）已被日本警方抓捕，刘鑫迟迟没有面对媒体以及江歌的母亲，甚至在网上双方发生隔空冲突——江歌母亲则在网上公开刘鑫的全部个人信息，引发了大规模人肉与骚扰。舆论和公众一边倒地站在江歌母亲一边，谴责刘鑫及其家人，追问“人心可以无耻到何种地步”。

网上充斥着类似的网文：泣血的呐喊：刘鑫，江歌的冤魂喊你出来作证！江歌，你替刘鑫去死的100天，她买了新包包染了新头发。江歌为刘鑫挡10刀致死，被闺蜜妈妈说活该短命！

这样的标题，在网络上有着极强的情感代入感和情绪煽动力，很容易就让“新闻易感人群”拍案而起了。——我在好几篇评论中都讲过，越是面对这些充满强烈煽动力的网帖，越需要警惕。江歌母亲在网上那些义愤填膺的控诉，我充分地理解，很难苛求一个痛失爱女的母亲能够保持冷静和克制，但当旁观者使用这些欲置人于死地的煽动话语时，就应该警惕了。我想提供几个观察问题的角度。

其一，对义愤填膺的单方叙述保持警惕。我不是说哪一方会故意说谎，而是说单方叙述难免主观化和情绪化。

其二，对“天使与恶魔”的二元对立叙述逻辑保持警惕。当一种叙述将某一方描述成无恶不作、不可理喻、用常识无法理解的魔鬼时，更有必要听听“魔鬼”的声音，听听她为自己的辩护。

其三，对让人拍案而起的道德议题充满警惕。法律问题也许有明晰的是非，道德问题则充满模糊和多元空间，站在不同角度和立场会有不同的判断。

其四，对涌动在自己内心的正义感充满警惕。我告诉你，那不是正义感，而是被搅动起来的网络荷尔蒙。正义存在于对正义感（网络荷尔蒙）的克制中，少看那些煽动情绪的帖子，多看媒体的深度调查，会冷静和客观很多。

其五，对可能产生的舆论审判和暴力充满警惕。我一向不赞成舆论过度介入这类案件，如果两方是不平等的主体，存在着权力、身份、阶层、话语的失衡，身处优越地位掌握着权力的一方会对另一方形成“可能的迫害”——那需要舆论介入的救济，形成平衡，捍卫正义。如果双方是平等的主体，没有权力干预的可能，能够在法律框架中解决问题，舆论的过度介入反而打破了平衡，形成可能破坏正义的压力。

其六，对“死亡”这类天然容易带动愤怒节奏的话题保持警惕。面对那些非正常死亡，人们会跟死者家属一样，产生一种立刻要将恶人绳之以法的快意恩怨——人们迫切需要一个可供审判的“恶人”“敌人”，可是，最应该被谴责被诅咒被审判的杀人者在日本、在警察手中，骂不着、打不着、审判不着，于是所有的恨意都转嫁移情到了刘某身上。有必要反思，在人们迫切需要审判一个“恶人”来宣泄恨意之中，是不是对“并非最该承担责任的人”过度审判了？

其七，对“仇恨”充满警惕。江歌的不幸遭遇让人同情，江歌母亲失女之痛让人难受，四处奔波呼号为惨死的女儿要一个说法，令人动容——她心里一定涌动着仇恨，让凶手受到严惩是平息这种仇恨最好的方式，其他，也许只能交给时间慢慢去疗治。在道义上对不起江歌的人，尚存一点良心的话，良心会痛一辈子的。带着立刻“复仇”的心态去进行道德清算和审判，只会生产和加剧仇恨，在几代人之间制造无法弥合的恨意，让悲剧继续。

其八，对“围观产生正义”充满警惕。这时候，围观并不能带来正义，汹涌的围观只会把两家人推向不可饶恕的仇恨深渊中，远离和解和正义。理性的做法，应该是推动刘鑫和江歌母亲去沟通，通过对话消除敌意形成理解，一起努力让凶手得到严惩。而如今的舆论审判，只会让两家人越走越远，让刘家人越来越不敢面对江歌母亲，让江歌母亲越来越充满仇恨。跟着江歌母亲一起愤怒地声讨和“人肉”，真不一定是为她好。爱和温度，不是跟着一起去渲染仇恨，而是让本不该反目的人和解，本该被严惩的人受惩。

我也十分厌恶刘鑫及其家人所为，但我更希望江歌母亲从这种仇恨中走出来，更希望看到两个本不应该反目的家庭的和解，一起努力去追惩那个罪不可恕的凶手。不是两个悲剧家庭的仇恨循环，而是让作恶者罪有应得，用法律去复仇。

马航终结篇将成不死的谣言，过不去的是心理坎

这几天朋友圈被《马航 MH370 调查终结篇》这篇文章刷屏了，像煞有介事推理称马航是被电子劫持。这作者不去好莱坞发展真是浪费了，如此一本正经地胡说八道、不要脸地胡编滥造、把幻想出的阴谋论说得跟真的似的，创造了爆款传播的新纪录。其实，稍微有点儿判断力，都能看出所谓“终结篇”纯粹是瞎编，一堆无根据的推理加一丁点儿真消息，就把大众给忽悠了。——大众传播就是这么荒诞，生生地把人们的智商拉低，想起20世纪30年代美国那场闹剧，编造的“火星人入侵地球”广播剧竟引发一场群体性恐慌和骚乱。

专业人士开始批驳这篇爆款，有的从军事角度解读“终结篇”有多不靠谱，有资深机长怼“终结篇”称这结论一派胡言，造谣者漏洞百出，有网友一针见血地批评：文章除了飞机航班号没弄错，其他的都是胡扯。——新媒体传播就是这样，谣言和荒诞传得很快，几何级数般扩散，但纠错和澄清也很快。不过我觉得，这种科学澄清并没有什么用，“马航终结篇”会成为一则不死的谣言，只要真正的调查结论没公布，这种荒诞不经的“野鸡调查结论”隔段时间还会出来诈一次尸，消费一下公众对马航调查结论的期待。

为什么呢？不是公众不够理性，不是谣言太过强大，不是辟谣不够有力，而是公众对“调查结论”的心理需求。多数人在朋友圈转发这篇文章，其实不是相信这种硬伤百出的终结推理，而是心理上过不去马航这个坎儿，人们转的不是文章，而是心里的一个交代。马航的去向，已经成为世人心中

的一块心病，“终结篇”这类阴谋论爆款文就是为人们这块心病量身定做的。

马航的失联，不仅给很多家庭带来了无尽的痛苦，也是对人类引以为豪的理性和科学的一次羞辱。一架这么大的飞机，载着那么多人，在密布着卫星和各种雷达、被人类监控着的天空，在人们自以为掌握着所有飞行密码的自负下，在人们眼皮底下离奇消失了，消失得那么彻底，让自负的人类找不到半点儿线索，发现不了半点儿痕迹。从飞机制造专家、军事专家到专业搜救人员，那么多人、那么大的动静、花了那么长的时间，连个纸片都没有找到，更不要说初步原因了。人们心理上过不去这个坎儿。

活要见人，死要见尸，这是人们起码的期待。——可这事儿，好几年了，什么都没找到。人是一种厌恶“模糊”和“不确定”、寻求“清晰确定性”的高级动物，不确定会带来焦虑和恐惧。所以一事当前人们总要找一个原因，找到原因，有一个因果解释，才会有理解力和掌控力。所以人们会有一种“因果和规律强迫症”——凡事要追问因果，求真相，就是求一个用常识和理性能解释的因果解释。人们之所以害怕遭遇精神病人，是因为精神病人是不跟你讲理的，你完全无法预期他的行为。实际上，人们对那些用既有经验、理性和科学无法解释的事物，总是充满恐惧——非要“找一个解释”的话，于是就有了宗教和信仰，当然，也有了蒙昧和迷信。

马航失联冲击了人们对“因果确定性”的理解模式，成为一个萦绕在人们心中的无解之谜，这种“无解”“无因果”“无结论”像梦魇一样纠结和困扰着人们，让人们感到不安和恐惧。人们不愿意承认科学的局限，不愿意承认理性的有限，不愿意承认有些事件可能永远都是一个谜，永远找不到用既有常识解释的因果链，永远没有真相，于是迷信就填补了这种认知真空。那个所谓的“终结篇”，其实就是一篇披着科学推理外衣、用科幻方式编出来的朋友圈迷信。

朋友圈其实充斥着这种现代迷信，填补人们的某种精神空虚，或者是信仰的空虚，或者像马航这样，是“事件缺乏结论”的事实空虚。营销号、段子手和鸡汤生产者深谙现代人的心理需求，总能准确地捕捉到人们的心理痛点，生产出无数直抵痛点的“迷信”供“现代性病人”消费。常识性谣言，简单粗暴的精神大保健，反科学的猜想，离奇的阴谋论，震惊的视频，都属于这种“现代迷信”。

所以，在那些不死的谣言中又将添一条“马航MH370调查终结篇”，没有最终真相的话，这个坎儿是过不了的。就好像世界上其他那些永远成谜的事件一样，百慕大三角，尼斯湖水怪，外星人与地球，UFO，各种版本的阴谋论在人们心中挥之不去，隔段时间就会以“科学揭秘”的方式在社交媒体上诈一回尸。

无限追惩女教师，把人往死里整的现代“身份连坐”

两年前，因为打医生没能落户上海的女教师缪某，最近又遭网友热议——这次，是因为她通过了上海的高级教师职称评审。有网友翻出了该教师的医闹史向官方施压，称一个女教师竟然“把医生打到尿失禁”，毫无师德可言，根本不配评高级职称。闵行区教育局表示，缪某“高级教师专业技术职务任职资格”申报与评审工作符合程序，当事人不涉及违反师德问题。

因为“打医生”，缪某两年前申请落户上海时遭到网友狙击，最终只能放弃。这次通过高级职称评审，网友又不依不饶，大有让犯了一次错的女教师寸步难行处处碰壁之势。这种无休无止的追惩，显然超过了该教师犯错应受到的惩罚限度，越来越无理取闹了。当初医院发生的冲突，警方已进行了处罚，罚也罚了，歉也道了，声誉也受到了影响，本来不相干的“落户上海”也被搅黄了。两年过去了，女教师已经付出了沉重代价，还这么追打，把人往绝路上逼，这跟正义有什么关系呢？犯的真是不可饶恕的罪吗？如此把人往死里整的现代“身份连坐”，已完全悖背了正义初衷，而走向邪恶。

我觉得官方的回应还是充满原则和善良的，当事人没有违反师德问题，高级职称符合程序，自然不能被那种无休无止纠缠的“网闹”所绑架。

那些想让女教师寸步难行处处碰壁的人扪心自问一下，自己是圣母，没犯过一点点错吗？自己犯的每一点错都要被无休无止的追惩吗？想起罗尔斯在《正义论》中谈到过的“无知之幕”，真正的正义感要有“无知之幕”下的“己所不欲勿施于人”的反省。什么是“无知之幕”？人们商量给一个组织里不同角色的成员的正当对待时，最理想的方式是把大家聚集到一个幕布下，约定好每一个人都不知道自己走出这个幕布后将在社会里处于什么样的角色，然后大家讨论针对某一个角色大家应该如何对待他，无论是好人还是坏人。这样的好处是大家不会因为自己的既得利益而给出不公正的意见，从而避免“屁股决定脑袋”的偏私。

如果我们都置于“无知之幕”下，讨论怎么去惩罚犯错的人，如果想一想，自己在现实中也可能会犯错，也可能触犯法律和违背道德律令，也可能变成“坏人”，而不是自负地认为“自己永远是一个好人”，那么，订立契约时必然不会无休止地惩罚“坏人”，而会作出公正的判断，让“罚”与所犯之错相当。可如果缺乏这种反躬意识，永远站在上帝视角，觉得自己永远不会犯错，惩罚只针对别人，而不会落在自己身上，必然毫无宽容和克制之心。

这就是当下网络键盘的道德戾气所在。高举道德大旗的人，站在道德高地毫无反省意识，不会站到“无知之幕”的视角去进行反求诸己的省思，沉浸于“天使对魔鬼”的二元审判中不能自拔。根本不会去想，如果我受到这样的对待，公平吗？如果我犯一点儿错就被这样追惩，正当吗？自诩上帝的时候，面目变得无比狰狞。

承担着教书育人的责任，教师身份确实比其他职业身份更重要，对道德有更高的要求，但也不能课以无限的连带责任，变成一种压得人喘不过气来的身份枷锁。她是一个教师，但在生活中也有其他身份，作为一个病人与医生发生冲突，这种冲突所暴露出的情绪失控是否能连带到其他身份上，她是否就不配当一个上海市民，是否就不配成为一个高级教师？显然不能进行这种泛责任化的连坐。就像在刑罚上，死刑作为最有威慑力的刑罚，应该谨慎使用，如果一般犯罪就在道德审判中被咬牙切齿地判“该死”，这种糊涂的正义感只会导致大恶的泛滥。

最近，性骚扰学生的北航教师陈小武付出了应付的代价，差不多失去一切，被撤销行政职务，被取消导师资格、教师职务，取消教师资格。随后又被教育部撤销“长江学者”称号，停发并追回已发资金，解除特聘教授聘任合同。——舆论拍手称快，没有人觉得这么做对陈小武太严苛，因为无论论法、论德还是论理，性骚扰学生已使他失去当老师的资格，这些惩罚都是围绕“教师资格”发生的。可如果惩罚进一步滑向他的其他身份，比如让银行冻结他的正当收入，剥夺其退休金，不让其乘飞机，人肉他的隐私，就属于过度惩罚。前段时间高铁扒门事件中，学校停了那个扒门老师“教导处副主任”的职务，是正当的，但并没有取消其教师资格。因为扒门造成恶劣影响，说明其不配“教导”的公职身份，但不能连带其教师身份。银行的征信系统，连带的也只是与信用相关的事务，而不是所有。

老师也是人，也是“复数之人”，如你我一样身上叠加着无数身份，也会犯错。正像我们要求老师在教育中要宽容学生一样，老师也需要这样善意的宽容，不要用这个身份把他们架在道德祭坛上。

房奴就是房奴，熬成中产了心理上还是奴

网络之大，微信圈之多，差不多已找不到一个不谈论房子和房价的地方了，无法挣脱房价这个话题。有评论人近日谈到这样一个观点，大致是：当年的房奴如今已经翻身成中产，成为一个骄傲的阶级。房奴这个词 10 年前出现时，充满悲情，对应的是为了还房贷而不惜牺牲生活质量的悲惨生存状态。而房价一路飙升，靠房产的升值，当年的房奴已经成为一个骄傲的有房阶级。他认为，在大城市有房还是没房已经是区分阶层的标志，“有房阶级”比中产阶级更有区分度。

这位评论人说的是现实，高歌猛进的房市让昔日房奴扬眉吐气，人们普遍认为，买房就会升值，能买到房就意味着搭上了财富增值的列车，哪管什么奴，限购之下，无数人处于“跪求成为房奴而不得”的沮丧状态。房奴已经成为一个骄傲的阶级，但我觉得，房奴就是房奴，靠飙升的房价成为中产了，心理上还是房子的奴隶。

不只是买了房子扛着巨额贷款的人，实际上全民都处于那种房奴状态，成为不折不扣的心理房奴。这一次雄安新区规划公布后，全民都处于一种癫狂的亢奋状态，很少有人关心什么京津冀一体化、首都功能疏解、千年大计这些发展理念，而都心系房价。嗅觉灵敏者第一时间奔向雄安，媒体炒作着抢房盛况，当地人以“天上掉馅饼”的狂喜计算着自己的房子能翻多少倍，网友们玩着那款“雄安新区房产证”的虚拟游戏满足着成为雄安房奴的想象。30 多年前开发深圳特区时，人们想到的是奋斗、创造、冒险、机会和梦

想，而今天想到的都是房子。这不是心理房奴是什么？

这是一个巨大的隐喻，全民在心理上被房子所套牢。没有房子的，想着拥有一套房；有房子的，想换一套大一点的房；有大房子的，想搞一套学区房；有学区房的，想多买几套房去投资升值；在这座城市有了房的，寻找着新的机会在其他城市买房投资。悠悠万事，买房为大，一切坚固的东西都烟消云散，千言万语化为一句话：你买房了吗？你有几套房？这不是心理房奴又是什么？

所有的价值，都要拿到房子前去与房价作等价的衡量，以“够不够在北京买一套房”来判断其价值。莫言获得诺奖后谈到750万元奖金的用处，说准备在北京买套大房子——不过他说：后来有人提醒我说也买不了多大的房子，5万多元1平方米，750万元也就是120多平方米。很多人调侃他，写的作品魔幻，买房还是要回归现实。屠呦呦获奖后接受媒体采访时，被问及奖金怎么用时，也笑称：这点奖金还不够买北京的半个客厅吧?！太少了啊！只要有获奖的新闻，谈到奖金时，深谙社会痛点的媒体都会习惯性跟房价去比。

那个著名的段子，显然是在羞辱北大清华的学历——如果北大清华毕业都买不起房，还买学区房做啥？也在羞辱着奋斗，你奋斗一辈子，不如别人早早买套房。科学、艺术、文学、诗歌，这些都经不起房价的拷问：折腾这些有什么用，买得起一套房吗？将其他一切价值都置于房价的比较之中接受房价的嘲笑，这不是心理房奴又是什么？

我特别讨厌那种“什么都拿一套房子去比较”的思维，把房子作为度量其他价值的标准，这就是心理房奴。科学家奋斗一辈子买不起一套房，是科学家出了问题吗？奋斗出了问题吗？当然没有，可那种将一切用“买不买得起一套房子”去衡量的心理房奴思维消解着科学和奋斗的意义。心理房奴思维消解着很多意义，是反智的——知识有什么用，学历有什么用，读书有什么用，还买不起一套房；是反奋斗的——奋斗有什么用，还不如早早买一套房；是反艺术、反文学、反诗和远方的，因为无法兑换成房子，在房子面前缺乏价值兑换力。

前段时间跟我的学生们在课堂上讨论房子问题，很多学生都说，他们身在大学，并不理解社会中人在房子面前那么疯狂，他们认真读书做学问，并没有觉得房子有那么重要，如果不是课堂讨论这个话题，他们根本不会被媒体的这个议题所设置。我听了感到很欣慰，原来还是有一块免于被房子话题干扰的净土，让他们可以安心读诗，平静做学问，研究科学与艺术。但我知道，当他们毕业走向社会的时候，也许立刻会成为“心理房奴”，失去这份淡定和自信，只关心房市的涨跌，每月每天把自己的收入在心理上兑换成多少平方米房子，为房喜、为房悲、为房忧、为房焦虑。

是的，再多的财产不如一套房产坚挺，“中产阶级”确实不如“有房阶级”让人有底气。可是，靠房产的疯狂升值而不是一步步地奋斗而中产的这个阶层，虽然在财产意义上成为中产了，但房奴毕竟是房奴，成中产了心理上还是房子的奴隶。一个社会的中产阶层，如果主要是一群房奴们依靠“房产暴涨”成长起来的，那么这样的中产阶层是很脆弱的。中产作为一个阶层，不仅是财产意义上的，更是心理和社会学意义上的，一步步地靠自己的奋斗成为中产，这个奋斗过程中，与财富增长同步的是素养、文明、优雅、拥有了闲暇之后丰富的精神生活、财务自由后的精神追求，等等。而房奴们靠房子升值一夜暴富，速成为财产意义上的中产。房奴虽然成为骄傲的阶层，却是脆弱的，心理上仍是房奴：只关心房价的涨跌，不关心其他社会发展，缺乏精神追求，粗鄙、自私、功利、冷漠、短视、患得患失。最大的脆弱在于，哪天房子一旦贬值，这些中产就会被打回原形。

全民成为心理房奴，全民被房子绑架，我知道我说的这些很容易就被一句话消解了：说这些有什么用呢，你买房没？你有几套房了？

陌生的范雨素与这个时代的阶层盲区

范雨素红了，就像她当年的同乡余秀华那样蹿红网络，红得让她不知所措，余秀华靠的是诗，她靠的是一篇迅速成为公号爆款文的自述。我的生命是一本不忍卒读的书，命运把我装订得极为拙劣——她成功地将人们带入她命运的这本书中，击中这个社会的痛点，让人们看到了一个倔强而柔韧的生命对底层“苟且”的记录。现实很沉重，她却以轻松而不造作、幽默而深刻、温和而有立场的方式写出来了。

范雨素走红的一个标志是，成为现象级的热点，被评论家们从各种角度争相阐释。为什么会突然走红？我想，绝不是因为她的文字或所代表的文学，也不是因为她的故事，而是她的视角。她在文中对自己生活的表达，对底层群体生存状态的观察，对城市社会的描述，正是这个时代的一个盲区。她的自我表达，打破了主流社会对底层视角的垄断，打破了固化的阶层叙述所形成的盲区，让人们看到了一个自以为熟悉却很陌生的生存世界。

你的朋友圈里有一个育儿嫂或其他进城打工者吗？你知道打工者的朋友圈是什么样的状态吗？你知道走在你身边的那个打工者心里在想着什么吗？你知道他们是怎么看待城市中的白领和富豪的吗？你知道当他们的孩子被公立学校拒之门外后的真实想法吗？这就是我们的盲区。

前段时间媒体讨论阶层固化这个话题，其实都忽略了一个视角，最看得见的固化，就是人们看待社会各阶层已经固化的角度。这个固化的角度，是由处于这个社会中上层的白领精英们所塑造，他们在话语和立场上建构并主导着对社会各阶层的认知，穷人是怎样的，富人是怎样的，贫富差距是怎样的，农村是怎样的，他们通过文学、电影、艺术、新闻、娱乐、学术和大众传播，塑造着公众对阶层的固化想象。在这种固化的视角中，缺乏自我表达能力和话语权的底层人，只是任人阐释的沉默大多数，成为被想象出的“他者”。

他们虽然从来没有缺席于舆论场，却多是被表达、被建构、被想象和被消费。他们近十多年来的形象，主要是通过春晚小品、快手直播、博士返乡日记、都市报社会新闻、恶性案件、讨薪热点、扶贫报道、支教者说、三农专家分析、乡村爱情故事、离开乡土的打工文学、农家乐、段子手等所塑造。他者的专断视角，集体的沉默，形成了对一个阶层固化的认知。

范雨素的自我表达，打破了人们阶层认知的盲区，让人们看到了“范姐”“阿姨”之外这个叫“范雨素”的女人跟自己一样的日常爱恨。

一　底层人怎么看待中产和富人

同情是一种权力，在我们的语境中，底层人向来是被同情的对象，是没有“资格”同情其他人的，上层社会的人们似乎有充分的理由去同情生活在底层的人。我们生活在大都市，早已脱离温饱，追求着远高于温饱的需求，享受着有保障的教育和医疗，对仍在为基本生存而挣扎的人们充满同情。大众传播语境中充斥着这种贩卖同情的文字。

很少有人去问一下，底层人是怎么看待中产和富人的？或者说，人们根本不在意那些挣扎在温饱边缘的人是怎么看待中产和富人们的生存状态的。在他们看来，贫富的巨大差距下，还能怎么看待呢？要么是仇富，要么是羡富，对中产生活和有钱人充满向往，这是他们努力的目标。这种带着优势感的简单想象支配着人们对底层人的情感认知。而范雨素的表达则击碎了他们的这种心理优越感。

作为生活在底层、经历过不幸、为生存挣扎的人，范雨素并没有用悲情的文字展示自己的苦难从而博取中产们的同情，她流水账式的叙事并没有渲染苦难，而是谈苦难之外对生活趣味的追求。她不仅没有去博同情，相反，她表达了对中产和富人的同情。谈到怎么看待阶层固化这个话题时，她说：我不觉得阶层怎么固化，大家都是焦虑的。一场大病，一场金融风暴，大家可能都会一贫如洗，只有少数几个人掌握财务。所谓中产看不起农民，我觉得他在自己哄自己。我觉得大家的财富之间并没有多大区别。

一句话就击碎了中产的心理优越感和精神傲娇。我想，范雨素这样说绝非寻求一种“你们也跟我们一样”的心理平衡，而是看到了小中产光鲜背后不堪一击的脆弱。大家都是脆弱的，我们应该抱团取暖，而不是看不起别人。谈起被歧视，文字中透着她的心酸：和雇主在一个饭桌上吃饭，他们在你面前摆一盘便宜的素菜，他们吃好吃的。虽然你不会在意这种吃喝，但你心里会难受。有时候跟雇主去亲戚家里吃饭，等到你吃饭的时候，雇主的亲戚给你拿出一双一次性筷子。唉，这种时候我就会有被刺痛的感觉。

范雨素还写到了她在富人家做保姆所看到的，那些在外人看来又有貌又有钱的“二奶”，实际上过着怎样一种生活：女雇主比男雇主小 25 岁。有时我半夜起来哄小婴儿，会碰到女雇主画好了精致的妆容，坐在沙发上等她的老公回来。女雇主的身材比模特曼妙，脸比那个叫范冰冰的影星漂亮。可她仍像宫斗剧里的娘娘一样，刻意地奉承男雇主，不要尊严，伏地求食。可能是她的前生已受够了苦，不作无用的奋斗。——从这段描述中，能看到她对女雇主深深的同情。

这种同情，不是阿 Q 式的精神报复，而是对自尊的捍卫。物质的贫困，不需要被可怜被同情，这种失去尊严和精神的贫困，才最需要同情。

二　底层人怎么看待底层人

谈到底层人，舆论常用的一个词是“底层沦陷”或“底层互害”。在一些人看来，底层意味着一种失范的状态，贫穷扭曲了人心，物质的匮乏让人变得更加自私，为了求生不择手段，为一点儿鸡毛蒜皮大打出手，甚至闹出人命。当底层人遭遇不公时，他们无力向强者寻求报复，只会把拳头挥向更弱的人，互相伤害，弱弱相残。

范雨素的自述触动人心之处，很大程度上正在于打破了所谓“底层互害”“底层沦陷”的认知，看到了底层互爱的美好。谁说物质富有了精神就一定会富有呢，谁说贫穷会扭曲人心呢？范雨素这样写道：

我能为母亲做些什么？母亲是一个善良的人。童年，我们村里的一大半人都找茬欺负我家房后那些因修丹江口水库搬到我们村的钧州移民。钧州最出名的人叫陈世美，被包青天铡了。钧州城现在也沉到了水底。我的母亲，作为这个村子里的强者，金字塔尖上的人，经常出面阻止别人对移民的欺侮。在我成年后，我来到大城市求生，成为社会底层的弱者。作为农村强者的女儿，我经常受到城里人的白眼和欺侮。这时，我想：是不是人遇到比自己弱的人就欺负，能取得生理上的快感？或者是基因复制？从那时起，我有了一个念头，我碰到每一个和我一样的弱者，就向他们传递爱和尊严。

活着总要做点什么吧？我是无能的人，我是如此的穷苦，我又能做点什么呢！我在北京的街头，拥抱每一个身体有残疾的流浪者；拥抱每一个精神有问题的病患者。我用拥抱传递母亲的爱，回报母亲的爱。

我的大女儿告诉我，她上班的文化公司每天发一瓶汇源果汁。大女儿没有喝饮料的习惯，每天下班后，她双手捧着饮料，送给公司门口、在垃圾桶里拾废品的流浪奶奶。

从文学角度看，范雨素的文字并没有多少超越以往打工文学的地方，但她的文字里有一种超越用悲情贿赂自己的道德力量。生存的重量并没有扭曲人的灵魂和尊严，世界吻我以痛，我却报之以歌，经历过苦难和贫穷的弱者更知道弱者的无助，更能体贴无力者对爱和尊严的渴求。她继承了母亲的善良，用力所能及的方式去给身边那些比她更贫弱的人一点儿关怀，她的女儿也继承了她对身边人的善意。虽然她说：我什么都不能改变，我只能给弱者一个笑容，一个拥抱，这是我能做的全部。

那些生活境况不知比范雨素要好多少倍的人，又有几个能做到这样？

三 底层人怎么看待自己

从范雨素对自己生活的理解中，我看到了四个字：不卑不亢。没有自卑，也没有用苦难烘托出一种“你们都欠着我”的悲情。平淡地叙述着自己和家人的经历，没有带着那种底层叙述常有的悲愤和怨艾。

人们觉得底层人只是在为艰难的生计而挣扎，看不到他们的精神追求。可范雨素说：人活着总要有点事做吧，我挣钱是为了让自己吃饭让孩子吃饭，这是生理欲望。写小说是出于一种精神欲望，是一种希望，就像罗素说的，有事做、有希望、能爱人。写小说就是有事做了，做了一件和吃饭无关的事。如果活着就是为了赚钱才动弹，好像觉得特别累似的。

有事做、有希望、能爱人——苟且之外的诗和远方，这难道不是中产白领的宣言吗？你一定想不到，一个挣扎在温饱边缘的人，她的精神世界里也有着跟你一样的追求。物质的贫困并没有让她觉得可以理所当然地放逐和泯灭自己的精神，没有让自己失去“希望”和“爱人”的能力，不卑不亢地去做一个有着立体思想的人，而不是单向度的人。

很多打工作家的表达里，都带着一种“迎合”，迎合都市读者对“农民”

和“打工”的想象，以他者的目光来写自己的生活，而没有完满和真实的自我。就像旭日阳刚登上春晚舞台后，就失去了自我表达而去迎合大众的审美，磨掉自我身上真实的粗砺而按大众认知的脸谱来塑造打工者形象，急于煲一锅热气腾腾的“鸡汤”。看得出来，范雨素没有去迎合和塑造，而是用流水账的叙述表达粗砺而真实的自我。

另一种不卑不亢表现在她的平权意识。她用了很大一部分笔墨写孩子上学，写女儿的同学：

李京妮的妈妈发现受骗后，气走了，也不要李京妮了。爸爸是个善良的人，没有抛弃李京妮。可爸爸说，李京妮是个户口也没有的黑孩子，城里的打工学校，都是没办学资格的黑学校，娃子们在里面上，没有教育部的学籍，回老家也不能上高中考大学。李京妮是黑人，没必要再上这黑学籍的学校，来个双料黑。我心想，这倒霉催的教育部，谁定的这摧残农民工娃子的政策呢？报纸上说，教育部这样做，是为了不让下面的学校虚报人数，冒领孩子的义务教学拨款。可教育部为什么不弹劾吏治，非要折磨农民工的娃子？

她谈起自己的苦难时，是那么平淡，可谈起孩子受到的不公平对待时，却充满憎恨。她觉得自己的女儿还算幸运，已成了年薪九万元的白领。她写道：相比较，同龄的丁建平、李京妮，因为没有亲人为他们求告老天爷，他们都变成了世界工厂的螺丝钉，流水线上的兵马俑，过着提线木偶一样的生活。

范雨素的自述触及很多这样的社会问题，打工子弟受教育、农民土地问题、农民维权和基层维稳问题，等等，这也正是她的深刻之处。很多人都在思考这些社会问题，而置身其中的底层亲历者打破阶层的沉默，主动去思考，发出自己的声音，争取自己的权利，这尤其可贵。

并非这剧拍得有多好，受热捧是现实反腐打下的人心基础

很少有一部电视剧像《人民的名义》这样让人觉得，不追下剧，就跟不上朋友圈谈资，跟不上主流节奏而被边缘化了。有人谈论这部反腐剧的“大尺度”，有人热议老戏骨出神入化的表演，有人研究剧情与现实反腐的对应，有人分析台词中的官场常识和纪检知识，有人在追剧中成为这个书记那个厅长的铁粉。当然，也有争议，比如公安觉得这部由检察院主导的戏矮化甚至丑化了警察，而纪委工作者不满于剧中检察的办案权力竟然压过纪检，还有吐槽各种不合情理情节的。我挺喜欢看的，让我感到满满的正能量，它贩卖的不是传统反腐剧那种迎合你人治期待的青天式鸡汤，而是以力透纸背的现实批判给人以酣畅淋漓的代入快感。

人们很久没有像这样一起追剧，一起指点江山、针砭时弊了，一起在一部剧中完成一次共识凝聚和精神共鸣。我不知道其他观众的感觉，作为一个时事评论员，在追剧中看到那些与现实时事贴得那么近的情节时，常常会心一笑。无疑，这部剧带着强烈的现实批判色彩，把中国官场很多问题暴露得淋漓尽致毫不留情：一把手的专断，人际的钩心斗角，简单拆迁背后复杂的利益勾兑，官话套话背后的官僚玄机，做一套说一套的双面人格，满嘴马列一肚丑陋的虚伪，将手中一丁点儿小权力变现到极致的癫狂。

常有人对正负能量进行这样的二元划分，批评政府是负能量，赞美才是正能量，并用这样的标准来要求文艺作品和新闻报道——可从《人民的名

义》带来的传播效果看，这样剔肉见骨又入木三分的官场批判给人心带来的，难道不是正气凛然的能量？对明摆的问题刻意回避，一味歌功颂德，把丑的说成美的，讳疾忌医，那种给人挖坑的高级黑才是最大的负能量。

我并不觉得这部反腐剧拍得有热评说得那么好，它之所以赢得公众一边倒的好评，甚至连向来对主流剧很苛刻的豆瓣都打出了高分，关键在于现实中反腐败取得的成绩所打下的民心基础。现实中反腐有了大的突破，打了一堆大老虎，腐败得到一定遏制，赢得了民心，反腐剧才会有突破，反腐剧也才能触动公众的情感，将“名义的人民”代入剧中并激发出强烈的正义情感。否则的话，现实并无改变，腐败丛生，虎蝇横行，公众对腐败敢怒不敢言，光靠反腐剧去批判、去打虎、去制造一个个包青天式廉政形象，编出的剧情严重脱离现实，这样的反腐剧越精彩，越容易用力过猛，让人心产生强烈的逆反，并产生“这是在粉饰现实”的排斥感。

很多人都说这部剧“尺度很大”，如此大的尺度，连编剧都认为很难通过，通过的话也会改很多、剪很多，但没想到很快就审过了！我想，这种“开明”，很大程度上源于现实反腐所凝聚的民心带来的底气吧——现实反腐的“尺度”比反腐剧大多了，有什么好担心的。如果说这部剧真有什么“后台”，那这个后台就是现实反腐打下的人心基础。宣传永远不能超越实力，现实中事情没做好，靠一张嘴皮去把事情“说”好，靠文学艺术去“塑造”好，靠新闻报道去“写”好，是不可能的，“说”得越好越是在传播负能量。

现实反腐中有太多精彩的故事，编剧根本不用怎么“编”，将精彩起伏的反腐现实搬到剧本中就行了。这也是《人民的名义》最大的特色，不是编出来的，而是用我们熟悉的时事、热点和反腐故事串起来的，简直就是现实的直播。比如那个巨腐的小贪，不就是发改委那个司长？连烧坏点钞机的细节都一样；比如贪官落马后忏悔自称“农民的儿子”，这不就是取自无数庭审现场的贪官自白？还有强拆引发的群体性事件那段，现场有人用手机直播，瞬间传遍全网，像极了当年的宜黄强拆。地方官维稳，删帖，谣言纷纷，焦点中心的官员还不知情，图片却已传到境外。还有那个带着员工一起反强拆、坐在推土机前的老干部，不就是现实中某个新闻人物的缩影——想起曾从一条报道中看到过的一个细节，像极了那个老干部：

云南九旬老干部反腐30年，多次开公车带访民上访。每晚7点，杨维骏都会准时收看《新闻联播》。虽然年过九旬，杨维骏的听力还很正常，只是视力有所下降，这位91岁的副省级退休老干部告诉记者："我知道一些数据有水分，但还得了解国家大事，这对反腐有帮助。"当年有人给杨维骏打电话，反映问题，杨维骏随即到现场了解情况，然后用自己的专车开道，带着12名村民代表去省政协、省国土资源厅等部门上访。次日，省政协老干处处长责怪杨维骏，杨维骏理直气壮地回应："谁规定公车只能用来吃喝玩乐，不能为民请命?"——差不多剧中每个细节和人物都能在现实反腐中找到对应。

还有很多台词，都源于现实，不是编出来的。汉东省委书记沙瑞金说："现在老百姓，对干部的感觉就是无官不贪。"汉东省委副书记兼政法委书记高育良说："中国目前的政治生态，就是一把手几乎拥有绝对的权力。"汉东省高检原常务副检察长陈岩石感叹："我看现在严重的问题在于教育干部，咱们这些干部，该好好地管管了，你再不管咱们党就完了，国家就毁了。"根本不用编，如果你关心时事，熟悉网络，了解民情，对这些话语一定很熟悉。

让人们追捧的，可能就是这种针砭时弊而又坦诚的真实吧，将你我的身份深深地代入其中。

讨论“23岁救95岁值不值”很猥琐，总得有一些价值免于功利计算

为救95岁老太，23岁消防员火海牺牲——这条新闻再次让人们深切地意识到：奥特曼都是骗人的，消防员才是真英雄。5月2日凌晨，福建宁德一民房起火，火势猛烈，95岁老太被困。搜救过程中，墙体突然倒塌，消防战士姚为君被埋压，救出后抢救无效，不幸牺牲，年仅23岁。

年轻生命的牺牲让人无比痛惜，我比较反感媒体的这个标题：为救95岁老太，23岁消防员火海牺牲——这个议题预设着“23岁换95岁”的生命冲突，诱导出一个坏逻辑，让人们用年龄去衡量生命的价值，以功利主义的思维去评判这样做到底值不值。评论中一片争议，有人说，别怪我自私，我觉得英雄亏了。有人说，23岁大好的年华，也许他活着以后可以救更多人，对，我狭隘！有人说，也许是我太浅薄，不值，你的父母该是怎样地撕心裂肺。

想起30多年前“大学生张华救掏粪老农而牺牲”引发的那场关于人生价值的大讨论，今天人们仍在讨论这样做值不值。这个时代的一大进步就表现在对生命的平等尊重上，虽然仍有人觉得不值，甚至痛骂支持救人者为“圣母”，但这种声音已经很边缘，主流观点是在批评这种“值不值”的坏议题，痛斥这个“用年龄衡量生命价值”的坏思维。

一个网友的留言赢得了很多人的点赞：如果非要从客观上分析救一个人是否值得，这是人类文明的倒退，生命不分老幼贵贱，或许这个年轻的生命

本可以有几十年的大好时光，老人只有几年甚至几个月，如果因为这个放弃对生命的拯救，这是对生命的不尊重，也是人性倒退的开始。

这就是现代文明，在对生命的平等尊重上而给予弱者更多的倾斜关怀。在一个文明的社会中，人们不仅不会用高低、贵贱、长幼来衡量生命的价值，甚至会在面临抉择时向弱者倾斜，保护老弱病残者。比如，身处困境，面临灾难时，会让老人孩子或妇女儿童先走，把生存机会让给他们。——从功利主义角度看，这好像毫无理性，是违反人类生存本能和进化论要求的，但人类文明的一大进步正表现在这种超越生存本能、超越丛林原则的精神进化上，不仅不会因为“老人不像年轻人那样能创造更多价值”而抛弃老人，在生命的价值次序上把他们排到最末端，而且会因为他们是弱者而给予他们更多的、格外的关怀。

普通人都有这样的文明自觉，更不用说一个以救人为职业天命的消防员。当一个消防员面对这样的场景，民房起火，火势猛烈，95 岁老太被困——他首先考虑的肯定不是“里面是什么人”，而是“里面有没有人”，无论如何，一定要救人，没有什么财物比生命更宝贵。当他听说“里面是一个 95 岁的老人”时，我想，他是不会犹豫“救人值不值”的，不会把两个生命放在价值的天平上去衡量一下。他们的职业使命就是救人，这种职业本能早超过了人的生存本能和功利本能。知道里面是一个 95 岁的老人，他不仅不会考虑“万一牺牲了值不值”，而会考虑到这样的老人更缺乏自救能力，更需要争分夺秒的救援。

在一个文明的社会，在一个消防员面前，这个生命的不等式不是一个问题，似乎无坚不摧的功利主义价值观一败涂地。我理解当人们说“别怪我自私，我觉得英雄亏了”时的痛心和惋惜，这可能也正是英雄让我们肃然起敬的原因——我们会用“亏不亏”来计算，但他们不会；我们也许会纠结和冲突，但他们永远不会给自己陷入这种纠结的机会，他们的思维中没有这样的等价交换，永远不会想到“23 岁换 95 岁值不值”这样的问题，他们没有选择，只有逆火而行，只有挺身而出，只有负重前行。不要再讨论“23 岁换 95 岁值不值”这个猥琐的话题了吧，一切都置于功利算计下、都换算成等价交换物的社会太可怕了，总得有一些价值是免于这种算计的。英雄用自己的生命诠释了这种可贵的价值，对那些无法理解的高尚事物保持敬意，不要去拉低他，他只会把这种讨论当成耻辱。

你心不丧，便百毒不侵丧颓不入

写的几篇有关“丧文化”的评论，阅读量都比较高，比如《毒鸡汤丧文化泛滥的时代，感谢那些为读书亮灯的人》一文，在UC阅读量接近百万，说明了网友对这个话题的关心。不过对这个话题，有位学生发文挑战我的观点。她说：丧文化和毒鸡汤不仅不可怕，还是反抗滥情的良药。她把丧文化理解为是人们对贩卖廉价梦想这一行为的反抗，与其说是“丧”，不如说这是更为清醒的一种自我认识，调整目标，免于绝望。嘴上大喊“丧”的人，往往也是同样愿意为梦想付出的人。“丧”不过是一种不断提醒自己“你还不够好”的警示。

她与我的分歧在于，我觉得有些丧是暮气沉沉、垂头丧气的“真丧”，而她觉得是自我解嘲、自黑自省的“假丧”。很多时候，这种争议都说服不了彼此，因为站位不同，角度不同，问题意识不一样，判断自然不一样。不过我后来还是接受了学生的观点，觉得她说得更有道理，因为UC的报告《“小确丧”是年轻人对困境的温和反击》用客观的大数据表明，我学生的观点更有道理，“小确丧”不是真丧。

从这份报告可以看到，甚至一直被人们认为安逸至极的成都，从网络表达看上去也挺“丧”的。尽管天天抱怨着“身体被掏空”“不想加班”，但他们仍旧愿意用自己的工作为社会创造价值，并不断提升自我。一边刷着“丧”段子一边喝“鸡汤”的矛盾体遍布一线城市，广州、深圳、北京、上海继续领跑，在说完“反正明天也不会好过”之后，仍旧用饱满的精神面对明天的朝阳。

丧文化和毒鸡汤某种程度上也许只是独特的网络话术，互联网带着天然的反抗性，互联网语境生产的必然是这种去中心化、非主流、带着消解意味的语言。当他在朋友圈说“失败并不可怕，可怕的是你还信这句话”“别灰心，人生就是这样起起落落落落落落落落落的”“有时你不努力一下，不知道什么叫绝望”的时候，也许并非表达绝望、沮丧和双手一摊的放弃，而是用丧的方式去消解绝望和现实，负负得正，丧丧更快乐，丧完后继续为自己的奥迪、老婆的迪奥、儿子的奥利奥努力学习——当然，丧文化会继续消解和调侃：还是为了你的奥拓、你老婆的奥妙、你儿子的奥数继续努力吧。

深入网络社群文化之中会发现，丧确实是互联网和社交平台特有的表达方式，人们在网上把自己的姿态摆得非常低，甚至低到泥里，卑微地自贬的地步，自称“屌丝”。UC 这个数据翔实的报告发现，越是发达的大城市，网民似乎越“丧”—— 一方面确实是生活压力比较大；另一方面，其实不是过得不好，而是在生活压力下更善于借助网络表达释放压力。“丧”是网络社交活跃度的一种表现，越多地使用社交媒介，网上活跃度越高，可能会越多地用这种自黑、自贬、自我调侃的方式在社交中排泄生活压力：谁也过得不容易，有什么不快乐，说出来让不快乐的大家一起快乐快乐。

你心不丧，便百毒不侵丧颓不入。一般能在网上发这个丧段子，生产这些丧文化的，内心一定不会丧到哪里去。表达出来，与别人分享，一起去面对，便不会压抑成为负能量，这正是网络表达对社会健康的重要之处，这种看起来丧的表达，是社会压力的一种减压阀。在网上丧一丧，颓一颓，自称一下“屌丝”，自嘲一下葛优躺，完成一次集体放松仪式，回到现实中继续像打了鸡血一样去打拼。心中有梦想，便会把丧文化当成激励；心中绝望，便会被丧所传染。

可怕的不是这种网络上显性的丧，而是得不到表达的真丧，内心隐秘而内卷的丧，只有自己知道，不愿说给人听，自闭自怨自艾。这种看不见的丧会积压成一种可怕的、病态的阴暗人格，最终变成仇视社会、反社会的垃圾人。前段时间某地发生的那起爆炸案中，凶手最后自己也被炸死。有关部门发布的调查称，在凶手住所墙上多处留有“死”“亡”“灭”“绝”等字——真让人触目惊心。这种刻在自家墙上的丧，最终变成了残害无辜的丧心病狂。

感谢这份用数据还原心态的报告，其实是为丧文化正了名，让我们看到这一代很不容易的年轻人“丧”背后的温和坚定。在网上喊着丧的人，不知道在现实中怎么默默地拼命呢。一句话说得很好，有钱人喜欢说“钱不是万能的”，长得好看的人喜欢说“其实长相并不是最重要的”，瘦子喜欢说“其实胖一点好，健康”，而努力的人呢，他们喜欢说“其实努力并不是决定性因素”——千万不要误解这种丧。重视那些真丧，倾听这种假丧，也许才能真正理解年轻人的丧文化。

多数人屁股决定脑袋，
这高考状元用脑袋质疑了屁股

“高考是阶层性的考试，农村地区越来越难考出来，一个生在北京的中产家庭孩子，在北京这种大城市能享受到的教育资源，决定他在学习时能走很多捷径，能看到现在很多状元都是家里厉害，又有能力的人，所以有知识不一定改变命运，但是没有知识一定改变不了命运。”——这段话，如果从一个教育专家口中说出来，你会觉得拾人牙慧毫无新意，很多专家都谈过这样的观点，清华教授还有调查数据支撑；如果是一个农村孩子说的，你会哀叹这是底层人多么痛的领悟；如果是一个评论员说的，就更不会成为新闻了，这观点人们耳朵都听出老茧了，麻木到习以为常。

但我告诉你，这是今年北京的高考文科状元熊轩昂说的，出身于外交官家庭，接受媒体采访被问到“是否相信知识可以改变命运”时，他说了这番话。寒门难出贵子，阶层有固化倾向，这样的观点第一次被专家提出时，振聋发聩让人警醒，第二次、第三次被重复时，影响力在弱化——被无数次谈起后，舆论已然麻木，失去对这个现实问题的敏感与痛感。感谢这个高考状元，用自己有新闻价值的身份拯救了这个沉没的话题，让这个庸常、沉重且不可回避的议题再一次成为热点。

想起一个能证明这位高考状元判断的新闻故事。几年前，有网友微博爆料湖北来凤县一高中为考上清华的学生立塑像，雕像下有长长的碑文，介绍出生年份，高考时的分数，还称“他开创了来凤教育的新篇章，书写了平民教育的神话”——这个夸张的塑像成为网友嘲弄的对象，觉得学校很愚昧，简直成了一场滑稽的闹剧。后来我到网上查了这个县的简介，了解到这个地方的贫困后，觉得根本笑不出来。作为国家重点贫困县，2010 年，来凤县的农民人均纯收入 3240 元，仅相当于全国平均水平的 54%，来凤县农村贫困发生率达到 42%，比全国平均高出 25 个百分点，来凤县的大部分乡镇处在山大沟深的边远山区。

那些正在星巴克里喝着咖啡浏览着网页时而发出笑声的城市人，读懂了这些数字，才能读懂他们寄望于孩子考上名校改变命运的急切，理解他们“为状元立塑像”的迷狂。对城市人来说，考上北大清华不算什么，可对这个极端贫困的乡村来说，太不容易了。

让人很欣慰，“农村地区越来越难考出来”的观点是从一个高考状元嘴里说出来的，更有了现身说法的说服力。他刚从高考中走出来，却没有去背关于这个问题的标准答案；他是高考的受益者，却在反思着高考的公平性；他处于优越位置，却没有觉得自己享受优势资源是天经地义的事，而考虑到身处劣势者的境地；他生在中产家庭，却没有染上一些中产的势利和功利，陷入中产鄙视链向上攀爬而歧视不如自己的阶层。有一句话叫“屁股决定脑袋”，说的是所处的身份、阶层和利益决定立场，而从这个高考状元身上，人们看到了令人尊敬的“用脑袋质疑屁股”——身处优越位置，作为最大受益者，却去正视和反思让他受益的高考制度所隐含的问题，去理解那些身处不利境地的人。

这种状元，真是多多益善，再来几个吧。

被记者问到“是否相信知识可以改变命运”这个问题时，作为刚从应试教育中走出来的人，他完全可以背标准答案。标准答案在哪里？就在今年“我看高考”的高考作文题中，题目就是可以直接拿来应答的标准答案：40 年来，高考为国选材，推动了教育改革与社会进步，取得了举世瞩目的成就，40 年来，高考激扬梦想，凝聚着几代青年的集体记忆与个人情感，饱含无数家庭的泪珠汗水与笑语欢声——这些话他完全可以照搬过来，再说几句“高考是底层人向上活动的通道”“没有高考穷人拿什么跟富二代拼”，永远不会错，也符合人们对状元的认知。

可他没有背这样充满正能量的标准答案，而是选择去关注现实的问题，现身说法以自己的经历去针砭现实。我不知道如果在高考中他这样写作文的话，会不会成为“滚粗”的零分作文——但我知道，在面对媒体采访的这道“考题”中，他的耿直和坦诚得了满分。这也改变了人们对高考状元的刻板认知，即应试教育的胜利者，可能是精致的利己主义者，可能是只会学习的书呆子，也可能具备独立判断的能力。

人们对阶层固化忧心忡忡，最可怕的阶层固化其实并非“缺乏上升渠道”，而在于阶层间缺乏理解，尤其是身处上层和优越位置的人对底层人缺乏同情的理解。一个故事很形象地表现了这种阶层隔膜。记者在贫困山区采访一个贫困家庭，母亲正在给孩子泡面，记者对孩子母亲说：尽量让孩子少吃这些油炸的速食垃圾食品。孩子的母亲说：没关系，不经常吃。但是每年都会给孩子煮一次，因为今天是孩子的生日，其实我们根本舍不得吃。——在生活在城市的记者眼中，方便面是“油炸的速食垃圾食品”，而在贫困山区穷人眼中，那是孩子生日时才煮才能吃到的奢侈品。

而从这个高考状元的视野中我们看到了可贵的“同情之理解”，生在外交官家庭，生活优裕，享受最好的教育资源，却没有活在封闭的阶层温床和圈子舒服区中，而能换位思考体贴底层人的处境，用“脑袋”而不是“屁股”去思考社会。这种跨越阶层的同情理解，尤其是强者对弱者的理解，对于打破阶层固化和弥合社会撕裂非常重要。前段时间媒体曾热议的“中产教育鄙视链”：当女儿明确地拒绝一个没有英文名字的男孩加入游戏时，一旁的家长虽尴尬却窃喜满足，自己的英语培养费没白花。——从这个高考状元身上，却看到了“中产鄙视链”的反例，中产的孩子看到了底层的不公和不幸，有“向下兼容”的思维。

但愿这个高考状元不是状元中的另类，不是大众中的异端，他像“皇帝的新装”中那个小孩那样耿直地说出了常识，我们不能假装没看到没听见。

纠结于“要不要考研”的人多数可以不考

常有快毕业的学生给我私信，纠结于“要不要考研”，让我这个过来人给个建议，我一般都会这样耿直地回复：

像你这样纠结于“要不要考研”的，多数都可以不考。如果考研是刚性需求，比如：三本校考往一本名校，小城考往大城，考往兴趣专业和名师，对研究感兴趣真的想深造，想从事的专业和好单位多需硕士以上学历。刚需是不会怎么纠结的，一往无前，直接就考了。那些纠结的，多不是刚需，比如：毕业选择焦虑症，没有深造学习的欲望，怕找工作怕竞争想延缓就业压力，大学四年稀里糊涂没学好想靠研究生重来一遍，离不开校园的宝宝心态。

纠结，多说明没有刚需压力，可考可不考。这种纠结之下，就别考了，考也考不好。即使考上了，大学四年没学好，研究生两三年仍旧是浪费青春浪费金钱，不如断了后路逼着自己赶紧找工作。

纠结考研的往往内心希望有人可以逼他们一把，替他们论证一番。不好意思让你失望了，我就是这样耿直，不会迎合你的惰性和迷茫去作保护你玻璃心的论证。

我见过不少学生，都属于这种情况，大学混了四年，什么都没学到，临到毕业才慌了，靠现在这简历，肯定是找不到养活自己的工作的，于是好像突然领悟发愤考研。碰运气考上了又如何呢？没有学习和深造的欲望，到了研究生阶段继续混，两三年很快就过去了，就业压力只会变得越来越大。除非真的大彻大悟沉下心来好好读书，否则，读研两三年后和现在完全一样，甚至更加不堪。不要以为靠一个硕士学历就可以成为敲门砖，就可以提高就业议价能力，这个学历膨胀的时代，硕士多如狗，博士遍地走，不能用能力说服招聘官，谁在乎你手中的那纸学历证书。对不起，收到的简历真的堆砌如山。

考研，有主动考研，有被动考研。主动考研者，早有了自己的职业规划和教育安排，进大学不久就想得很清楚了，大学所有的努力目标非常明确，换一个城市，换一个专业，换一所名校。当然，考研也只是自己职业规划中的一部分，努力做好每个阶段应该做的事，到时候自然会收获上一阶段努力的成果。而纠结于“要不要考研”的，多是被动考研者，浑浑噩噩稀里糊涂，不知道自己要什么，走一步算一步，被外人和环境逼着走，逼着交作业，逼着交读书笔记，逼着选课，逼着上课，没有人生和职业规划。大三靠近毕业临近选择时，才开始考虑未来，陷入纠结和迷茫之中。

一句话说得很好，你现在所有的迷茫，大部分源于你之前的懒惰。之前有多懒，现在就有多迷茫。之前干吗去了？打王者荣耀、逃课游山玩水、热衷于社团活动、网上熬夜追剧、男欢女爱醉生梦死去了，今天的“纠结”是过去的懒惰打在你脸上的响亮耳光。是啊，努力的最大好处，就在于你可以主动选择，而不是被迫接受随遇而安。

很多人纠结于“要不要考研”，多数都是“伪纠结”——这种纠结所表现出的，不是说自己有多少很好的选择，那些选择让自己眼花缭乱很纠结，一手好牌随便打，在一堆好选项中选一个更好的选择：可以选择工作，可以出国，可以考研，可以缓就业——呵呵，哪有这么美的纠结？纠结者面临的多是一堆坏选择：要么是找不到好工作，要么是将就一个很差的工作，要么还是延缓一下就业压力先考研吧？

现在很多单位招人都设了“硕士学历”的要求，很多人把读研当成一个需要跨越的门槛。在一些行业确实是一种硬约束，让考研变成一种刚需，但我很欣赏这样一句话：所谓门槛，能力够了就是门，能力不够就是槛。人生的沟坎迷茫，多半是能力不足所致。不让自己变得优秀起来，依赖学历去镀金，把学历当成工作敲门砖，槛仍旧是槛，不会成为门。能力够了，能找到一份好工作，但想让自己更优秀、能力更强一些，于是去读研深造，这便是主动的人生选择，未来很多扇门都会为你打开。

从我的观察看，“要不要考研”的纠结，还有很大一部分来自学生害怕走出温暖区和舒服圈，害怕面对社会竞争。习惯了学校慢节奏、低竞争、无压力的温床，不敢走向社会接受挑战，沉浸于舒服区中没有能力走出来，总觉得自己还没有做好工作的准备。他们其实本可以找一份工作，但因为有考研这个退路，而且身边很多人都在考，于是就顺从了自己的心理惰性去考研。虽然考研也是竞争，但这种竞争是自己所熟悉的，而社会竞争则充满不确定性，得让自己跳出舒服区。总不能永远逃避社会竞争而活在校园温床之上吧，越往后推，其实越残酷。

写了这么多，我的核心观点主要有两个：其一，大学努力读书，提升专业能力，让自己更强大更优秀，不要让自己临毕业时陷入“要不要考研”的无奈纠结之中。无论如何，产生这样的纠结，起码说明你在某些方面是失败的。其二，要有自己的职业规划，对自己有一个清醒的定位，努力朝着一个目标前行，不要临毕业了才纠结于“要不要考研”。纠结多说明你没有刚需，那还是别考了，逼着自己去努力找工作。没有退路的行动是治愈纠结的良药，给自己留退路的犹豫只会不断生产无意义的纠结。只要一往无前，总是能够变得简单。

高贵啊，脊梁啊，简朴的老院士
不会喜欢那些浮华的赞美

刘先林院士一定无法理解，觉得读不懂这个时代：研究了一辈子测绘，得过两次国家科技进步一等奖，没上过媒体头条，没受到舆论关注，可一张坐高铁二等座工作的照片，却让自己成了网红。很多网友都被那张照片感动了：满头白发衣着朴素的老先生在高铁二等座上为一场讲座认真地备着课。78岁高龄的刘先林是中国工程院首批院士，测绘仪器国产化的积极倡导者。照片走红后，很多媒体都想采访他，但刘院士都谢绝了。

能理解网友为什么那么感动。其实，本来这些都属很平凡的事。院士为什么不能坐高铁二等座呢，院士为什么就不能在高铁上工作备课呢，院士为什么就不能穿旧皮鞋呢？刘院士自己会觉得这很平常。可在一个官本位和行政化色彩极为浓厚的语境中，什么都讲级别、排场、待遇和论资排辈，以炫耀性的排场待遇形成阶层和权力的区隔。在人们的想象中，院士这样的人物，应该如何如何，可竟然跟我们一起坐着二等座认真备课，就成了大新闻。院士坐个高铁二等座，竟把网民感动成那样，让人深思。

院士是一种很高的学术荣誉，并没有行政级别，是学术序列中最高的荣耀。我知道，很多高校为了凸显对院士的重视，吸引更多的院士，在行政级别上将院士纳入“副校级”，也就是说，出差、住宿、用车、办公条件、住房等方面，能享受到副校级的待遇。——如果一所大学是正部级，那院士就能享受副部级待遇；大学是副部级，就能享受正局待遇。一个院士，竟然没有坐商务座，竟然没有秘书陪同，竟然为讲座亲自做课件，竟然穿着那么朴素，天啦，人们便被感动并震惊了。

我在一篇文章中谈到过：这个时代的很多感动，都源于陌生和隔膜。其实，刘院士这样做，才是正常的，干吗非要讲排场，一般人能坐高铁二等座，院士为什么就不能？高铁上写作、备课、办公也是当下很多人的常态，院士为什么就不能？因为这个社会有很多不正常，人们的眼光和思维被扭曲，很多本来正常的事情便显得很不寻常了。实际上并没有那么夸张，一个跑教育系统经常跟院士打交道的记者朋友说，一个院士坐高铁二等座备课，舆论便惊叹和感动成这样子，说明人们对院士太不了解了。记得上大学时，经常在校园看到老院士挎着包推着自行车走过，在食堂跟学生一起排队打饭，大家都觉得很正常。

我并不赞成一些声音，对“坐高铁二等座”过度阐释，将这种行为赋予多少道德含义和典型意义，好像坐一等座、商务座就是讲排场，坐二等座就更了不起，越简朴越高尚——甚至有人拔高到了“共和国脊梁”“中国人的骄傲”的程度，这肯定不是刘院士所愿，简朴的老院士不会喜欢这种浮华的赞美。特别是“二等座最高贵的乘客”这种用力过猛的赞美，让人很不舒服。一等座、二等座、商务座，都是人坐的，买什么座位是市场行为，而不是按身份和贡献进行排序。院士坐商务座或二等座都没有问题，坐商务座可以更舒服更安静地工作，坐二等座也有二等座的好处，比如便于跟团队其他人一起交流。评价一个科学家，永远不是看他坐几等座，而是看他的专业贡献。刘院士让我们记住的，应该是他的这些成果：勇敢扛起自主创新的旗帜，累累硕果让中国测绘科技蜚声世界。

科学家研究一辈子测绘，没引发过多少媒体关注，坐个二等座却引发如此大的热议，科学家真会哭笑不得，这是科学的幸事吗？

我也不赞成拿明星的生活来反衬科学家，这种对比没什么意义。有人说：宣传综艺节目的记者，看到这样的科学家，你们不觉得羞耻吗？那些学什么都不容易及格的娱乐圈人士，你们为什么要去捧他们的臭脚？看看现在的娱乐新闻，整天小鲜肉小臭肉的绯闻，和一张张纵欲过度的毫无朝气的脸，恶心。——理解这种批评对过度娱乐化的愤慨，但真的没必要将科学与娱乐对立起来，用简朴的老院士去吊打娱乐圈小鲜肉，这应该是一个各美其美的多元社会，没必要用二元对立思维人为制造其间的价值冲突。

每每有关于科学家俭朴生活的新闻曝出时，明星总会躺枪受审——总会有人愤愤不平地说：科学家太了不起了，可惜关注度和收入远不如那些“戏子”！——“戏子”的贬低，暴露着一些人价值观的扭曲。记得屠奶奶获诺奖时，正逢黄晓明婚礼，也有人进行对比。这两者有什么好比的呢？科学是小众的，娱乐是大众的，作为小众的科学明星在关注度上永远比不上大众娱乐明星，这是规律。不能用对比收入来衡量科学与娱乐的价值。袁隆平如果垄断水稻专利而用于市场化变现，他的收入必然也会超过任何一个娱乐明星。科学的伟大之处，就在于这种超越个体功利而惠及人类的命运共同体意识。——跟明星比收入和关注度，反而是矮化了科学家。

坐高铁二等座认真备课，不是简朴的老院士有多不寻常，而是这个社会有很多不正常，不正常的现象，不正常的眼光，不正常的心理。

“鄙视”这个极具情绪煽动性的词还是少用

鄙视链成为近来的媒体热词，“中产鄙视链”火了一段时间，近来又热炒“动画鄙视链”“相亲鄙视链”。一篇爆款网文引发一场讨论，可能是新媒体时代特有的话题生产方式。传统媒体时代，主导舆论场话题生产的是调查记者的深度报道，记者采访扎实、材料翔实、调查深入的调查报道触及某个社会问题，揭示某种社会现象，在戳中社会痛点中成为热点话题。而新媒体时代调查报道已趋消亡，主导舆论议题的是爆款网文。这些网文有一个共同的特点，少有调查采访，少有数据支撑，少有事实基础，多只有一个哗众的新奇概念——而支撑这个新奇概念的有不明来源的个案、文学的想象、段子化的故事和漫画化的脑补。

关于相亲鄙视链的很多文章中，你找不到多少专业的采访支撑，更像是文学创作，带着贪婪地追逐“10 万 +”的咪蒙化故事味儿。那张关于相亲鄙视链的表，并非客观记录，而多是媒体的文学想象，对大爷大妈主导的公园相亲的漫画式素描。中产鄙视链也罢，相亲鄙视链也好，还有什么动画鄙视链，多带着概念先行的渲染色彩。这正是新媒体传播的堕落之处，传统媒体的调查报道和专家学者的专业研究退场，让位于段子、故事和概念。

这种口水横飞的话题狂欢中，事实已经变得不再重要，符合某种社会镜像和大众情绪就够了。争相蹭热点，争相消费话题，“鄙视链”这个形象而直观的概念会产生强大的传播惯性，被嫁接到各种话题。信不信，接下来就会出现一系列鄙视链，用泛鄙视化的视角解释一切：媒体鄙视链，学历鄙视链，大学鄙视链，城市鄙视链，乡村鄙视链，年龄鄙视链，职业鄙视链，地域鄙视链，专业鄙视链，留学鄙视链，书架鄙视链，饭局鄙视链，香水鄙视链，网购鄙视链。实际上，“相亲鄙视链”就是从“中产鄙视链”所衍生递延出来的。

实际上，相亲鄙视链只是一个臆想出的伪问题，用“鄙视”这种带着强烈挑衅性的词，制造阶层冲突性。鄙视是舆论场撕逼之源，可能没有哪个词比“鄙视”更能挑起人的斗争和攻击欲。仔细地看，其实很多都无关鄙视，而是多元社会下可以各美其美的正常个人偏好，或者是一种符合常情的自利选择。我发现，在社交媒介上，很多人都没有认真去分辨过这几个常用词的区别：选择、偏好、偏见和歧视。——把这几个语义差别很大的词混在一起用，是很多网络冲突之源。

有一次我专门发了一条微博，让网友们讨论这四个词的差异，讨论很有意思，有人说：我进菜场，琳琅满目的都可以买叫选择，我买了香菜回去那叫偏好，我觉得喜欢臭豆腐的都是脑子进水了那叫偏见，我觉得只有乡下人因为穷才会吃蒸双臭那叫歧视。——我想干吗就干吗叫选择，我只想干这个叫偏好，我觉得这个好那个不好叫偏见，觉得干这个的都 low 叫歧视。有人说：选择是中性词，偏好是根据自己主观判断选择，偏见是不了解真实情况或别人认为你不了解真实情况下的偏好，歧视是把偏见表达出来。还有人说，偏好是一种可能性，是在个体选择存在时的优选项；偏见是个体内心的一种无须理性验证的信念，而歧视则是这种信念在外在言行的表现。简言之：偏好是选项，选择是动作；偏见在内，歧视在外。

这些答案都很精彩，关键是意识到这几个词有很大的差别，理解了选择、偏好、偏见和歧视的差别，就不会随便用“鄙视链”这样的挑衅性概念了。那些给自己儿女开出相亲条件的大爷大妈，多跟鄙视和歧视无关，而是信息不对称下的偏好或偏见。实际上这根本算不上什么问题，希望儿女对象条件更好一些是人之常情，追求门当户对很正常，希望有一个稳定、收入高一点的工作更正常，择偶看房、看貌有什么错呢。对女博士有偏见，由来已久，是病。至于不找属羊的，这样的奇葩毕竟只是极少数，别拿极端个案来硬凑鄙视链。恋爱和结婚是自由的，择偶是双向选择，设置什么条件那是个人的事，每个人为自己的幸福和未来负责，算不上什么鄙视。不像企业招聘，那是公共行为，在公开招聘中设置与工作无关的条件，就是歧视。——更何况，相亲条件都是个人化的，并没有普遍性的规律，那个所谓表格只是文学想象罢了。

有些东西就是比另外一些东西好，不同的人有不同的价值偏好，最好还是少用“鄙视”这种极具情绪煽动性的词。投行收入比媒体收入高，就业时选择投行而放弃了媒体，是不是对媒体的鄙视呢？觉得学新闻比学法学更实用，所以选择了新闻，这是不是对法学的鄙视呢？如果把个人选择、偏好或偏见当成鄙视、歧视，那么谁没有偏好和偏见，谁能免于这张庞大的鄙视之网呢？借“相亲鄙视链”这样的话题贬损老人，是不是对老人的鄙视？谈论“中产鄙视链”时，是不是充满对中产的道德优越感，是不是也带着鄙视？

从这种泛鄙视化角度看，这社会就是一张鄙视之网，你也在这张大网之中。当一个人义愤填膺满含道德感地在谈论鄙视链这样的话题时，其实已经在无意中掉进话题的逻辑陷阱，陷入另一个鄙视链中，自以为站到了那个鄙视链的顶端。你站在桥上看风景，看风景的人在楼上看你，你充满鄙视地谈论“相亲鄙视链”时，你是站在道德和年龄的鄙视链顶端得意扬扬。

让座这种事坏就坏在理所当然和理直气壮

年轻人与老人当下的冲突，主要有三大爆发点，摔倒扶不扶的伦理冲突，运动场属于谁的资源冲突，座位让不让的道德冲突。那边运动场上的冲突风波刚停，这边地铁上让不让的冲突又起，这几天上海地铁小伙儿拒不让座引发的争议沸沸扬扬，虽然让座起因无关老人，最后也发酵成了老少之争：小伙儿没给抱孩子的妇女让座，旁边的阿姨指责他，随后发生语言冲突。阿姨对着小伙儿拍视频想发到网上，进一步激化了矛盾，其他乘客的加入则导致了肢体冲突。

小伙儿后来解释了“不让座”的理由，一来，他自己工作一天太累；二来，后来他其实想让座了，但别人的强迫让他很反感。——跟以往类似的让座冲突一样，网上也是一边倒地站在小伙儿一边，力挺这种“拒绝道德绑架”的原则姿态。这种态度是可以理解的，这是一种本能的身份代入，活跃于网络上的主要是年轻人，他们本能地把自己的身份代入那个“被指责不让座”的小伙儿身上，产生了一种同仇敌忾的抱团感，生活中常被道德绑架的不舒服感都被激发出来了。从这条新闻后面年轻网民井喷式的吐槽，可以看到年轻人在让座问题上积蓄着多少不满。

可惜老人们不上网，全是年轻人一边倒的吐槽，没有形成声音的平衡。如果换一个舆论场，老人一起跳广场舞聊起这事儿的时候，估计都会一边倒地谴责现在的年轻人太不像话了，不让座竟然还觉得理所当然和理直气壮。

对，让座的道德冲突，坏就坏在这个理所当然和理直气壮上。两方都觉得理所当然和理直气壮，老人理直气壮地觉得，这种情况下年轻人理所当然地应该让座。而年轻人理直气壮地觉得，让座是情分，不让是本分，理所当然地应由自己决定，别人无权绑架和强迫。当一种“理所当然”遭遇另一种“理所当然”，必然发生激烈冲突，如果再加上“理直气壮”，就会变成一种充满暴力和攻击性的正义火气。这场发生在上海地铁上的让座冲突，就是“正义火气”的爆发，两边都“理直气壮”，都把对方当成了坏人，都觉得自己那个理才是真理，别人就是不讲理。这种正义的火气就像火上浇油一样，把人心中的负能量全都点燃。

让座本是一种道德要求，自愿并且是一种相互的善意，但当带着一种理所当然和理直气壮感时，就没有温情脉脉的道德了，而变成屁股决定脑袋、撕破脸皮的利益争斗。

让座冲突中本来没有坏人，其实本都是可以理解的。抱着孩子的妇女想要有个座位，可以理解吗？当然可以。小伙儿工作一天十分劳累，好不容易等到一个座位，想多坐一会儿，可以理解吗？当然可以。阿姨并不清楚小伙儿的劳累，看到抱孩子的妇女站着，小伙儿坐着，提醒让个座，可以理解吗？当然可以。本来都是可以理解的，都没有恶意，没有谁是理所当然的，也没有谁可以理直气壮，但那种粗暴的、听不得别人解释的理所当然感，让本来都可以理解的事，变得不可调和，最终变成了丑陋的撕扯。如果能少点儿那种理直气壮的自负和傲慢，多点儿沟通，多点儿“容许对方解释一下”，不至于后来冲突不断升级。当人们陷入那种“理直气壮的正义感”中时，是听不得别人的解释的。

让座的冲突，多数源于这种理所当然感。常常看到这种新闻，女孩因故没有给老人让座，然后遭到乘客的谴责，甚至在冲突中被老人打。——这种“为老不尊”的新闻，越发刺激着年轻人的逆反心态，凭什么我们必须让座呢？让座是一种道德和礼仪，年轻人应该给老幼病残孕让座，道德的意思是说，应该诉诸人们的自觉自愿，若变成强制，就不道德了。让座者自己可以认为“我让座是理所当然的”，而不能从他者的视角认为“你让座是理所当然的”。道德是用来约束自己的，而不是强求他人，就拿我来说，坐地铁看到别人带着小孩时，我都会给小孩让座，但我没有觉得理所当然应该如此。我带孩子坐地铁时，常常刻意带着孩子站在靠门、远离座位的地方，而且会自言自语说“快了，我们还有两站就到了”，而不是带孩子站到有座位的乘客面前——因为总担心那样会给别人带来一种无形的让座压力。

人们对道德的理解存在着很多误区，喜欢把道德变成一种打人的棍子，当成自利的遮羞布。礼貌，是相互的友好和尊重；道德，是相互的善。——这里的“相互”非常关键，不是居高临下，不是倚老卖老，不是理所当然，不是强迫别人围着你转、以你为中心的单向义务。让座就是如此，小伙儿先得到座位，并不意味着理所当然这座位就是自己的，理直气壮地可以占着不让。老人更不要觉得，别人理所当然就应该让给自己，不让就可以强让。相互礼让，就是道德。让座，是道德；被让座了，礼貌地说声谢谢，是道德；不让，那就站会儿，是道德；实在感觉站不住，请别人让个座，也是道德。这个过程中任何的理所当然，都会变得不道德。

其实不仅是让座如此，我们身边的很多冲突，都源于那种单方的理所当然和理直气壮感。自己有急事，理所当然地觉得可以插队；排队是规则，理所当然地可以打插队的人；健身却没有场所，理所当然地占着广场；业主觉得被广场舞骚扰，理所当然地用高音炮对付；觉得自家还是孩子啊，理所当然地应被宽容。告诉你，你以为的理所当然不是别人认为的，别人也有别人的理所当然，己所不欲，勿施于人，意识到别人的理所当然，自己就不会那么理所当然了，于是道德才有了可能。

人人热衷谈论道德，对一个社会不是好事

谈道德，是人的一种本能。一个人的价值观和思想资源中，道德元素往往占着压倒性的多数。所以面对很多新闻和现象时，人们会本能地想到道德——看到街上有人乱扔垃圾，会归咎于道德缺失；看到老人公共场所让人反感的言行，会从道德层面归咎于老人变坏或坏人变老；看到共享单车被偷，会感慨道德沦丧、人心不古；看到有人遇险而路人表现冷漠，会痛心疾首于道德的倒退。

人人热衷谈道德，事事停留于道德批判层面，对一个社会不是好事，反而是阻止一个社会思想进步、文明提升和制度变革的障碍。这么说，并不是说道德不重要，更不是说不要道德，而是说，很多问题都不是道德问题，不是道德能解决的，却总停留于肤浅而愤怒的道德批判层面，忽略了可解决的真问题。

比如，近来有关老人的坏新闻掀起了新一轮的高潮，年轻人主导的新媒体舆论又在吊打老人，充满年龄歧视地大谈“老人变坏，坏人变老”。不可否认，老人中确有缺德之人，也确有缺德之人变老了，但不应该变成指向一个群体的舆论暴力。我特别留心了近来一些受到舆论诟病的“坏老人新闻”，很多都源于知识缺乏和信息不对称导致的无知。比如这条新闻，广西南宁两老人在地铁安检口拒不配合安检，还冲撞安检员——是又遇到蛮横不讲理的坏老人了吗？不是，是因为他们觉得安检手探扫描后会有核辐射，怕自己买的包子吃不了了。这不就是无知嘛！

还有前几天关于八旬老太朝飞机发动机扔硬币那事，老太太也成了坏老人的典型，甚至受到一些网友的人肉。虽然这种行为很可恶，会造成无法想象的后果，但也跟“坏不坏”没有关系，就是无知。上月还有媒体报道，一位老人霸占共享单车，称停我家门口就是我的，也可以用无知去解释，他们对共享经济缺乏理解。这个飞速变化的时代，把很多老人甩在了后面，很多新事物用他们那个年代的经验都无法理解，于是就有了冲突。对于无知导致的问题，再激烈的道德批判都没有用，只有通过耐心地沟通与理解。

谈到自己父母时，你可能很容易被这句话所感动：你妈问你怎么用手机时别抱怨，她曾经教你怎么用勺子。——不仅是对父母，对这个社会的老人，年轻人也需要这样的耐心。让他们跟上和理解这个时代，比道德批判重要多了。

谈到共享单车被偷的问题，人们也习惯地会归咎于道德缺失。近来很多媒体都报道了悟空单车倒闭后又一家共享单车倒闭的消息，用的标题很有讽刺意味：又一家共享单车倒闭，因为车被偷！光！了！创业者受访时无奈地说：单车投入后等待着他的，不是钱自动转进账户，而是大量丢失、被盗，投放了一千多辆车，最后宣布停运前，每天只有不到十辆车在使用，运营人员满街找都找不到车。这么多车被盗，本来还很同情他，觉得那些人素质太差了。但看了他的自我反思后，觉得真不是道德问题，而是管理问题。他说：防盗措施做得不好。没有用到智能锁和 GPS 定位。没有装智能锁，主要是为了成本考虑，不然成本高了一倍不止，盈利就成问题。

在城市投入那么多共享单车，竟然不装智能锁，还没有 GPS 定位，这是在挑战人性吗？这些车不管放在哪里可能都会被盗，不能指望人人都是君子。人都有魔鬼和天使的一面，只有在“无赖假设”的制度逻辑中把人当成无赖去防范，才会避免无赖的后果。这是管理问题，而不是道德问题。把一堆没有安装智能锁的共享单车投放到一个城市，车被偷了然后义愤填膺地批驳道德沦丧，只会成为笑柄。

谈到景区乱扔垃圾，人们也会本能地归咎于缺乏文明素养。其实很多也并非道德问题，而源于管理缺失。我看到过一篇报道，称某景区国庆黄金周后很刺眼的一个场景是：美丽的景区，蓝天白云下垃圾成堆。换一个角度看，跟景区的垃圾管理水平有很大的关系，偌大的景区，没有几个可方便游人的垃圾桶。更重要的问题在于，一个地点出现一点垃圾时，景区没有及时去清理，后来就形成“破窗效应”，很多游人走到这里看到地上都是垃圾，误以为这里就是扔垃圾的地儿，最终成了垃圾堆。不从制度安排着手，不从技术和管理上去防范和引导人性，只空谈道德，对着抽象的“国人”“路人”“游人”进行激烈的道德讨伐，永远无解。

还有路人道德的问题。很多时候关键也不在缺德和冷漠，而在环境。比如上次驻马店女子被二次碾压致死的问题，首先这个路口的交通管理存在很大的漏洞，没有红绿灯，车辆乱开远光灯，天色昏暗视野受阻，交通极度混乱，路人当时如果去救，被碾压的可能就是路人。深入当时场景去分析，才能看到环境和管理的问题，停留于悲剧外围，只能自以为正义地喊几句于事无补的道德口号。

很多问题的解决之道，都不在道德，而在道德之外的技术和制度。今天很多让我们深受其益的技术创新和制度进步，都是以道德失灵为逻辑起点——不是寄望于道德自觉结出善果，而是用制度和技术去防范、规避人性之恶，从而提升文明。碰瓷的问题，道德说教解决不了，行车记录仪解决了。是的，如果人人讲道德的话，就不需要耗费“行车记录仪”这种成本了，但想要人人成为君子所要耗费的成本，比配一个行车记录仪昂贵多了。谴责电信诈骗有用吗？教骗子做人你有这个能耐吗？正义凛然却苍白无力。

道德，如果指向一个具体的个人，也许形成一定的压力，但当下的道德批判，往往指向一个抽象的群体——比如国人、路人、游人等。可你在义愤填膺地谴责路人时，路人在哪里呢？路人在激烈的道德批判中幻化成一个子虚乌有的靶子，没有人会觉得自己是那个被骂的“冷漠路人”，而都站在批判者立场表演道德优越感。而落脚于技术、管理、制度，却能指向一个具体之物，形成具体的压力。比如批评景区的垃圾管理问题，这个景区就会在压力下解决这个问题。让老人明白安检扫描不会形成有伤害的辐射，下次他就不会再与安检员发生冲突。落脚于技术和管理，问题是可解决的，有解的。而指向空洞的道德，寄望人的善意，则会推向无解。

我说的就是这个层面的意思，人人热衷于大谈道德，对一个社会不是好事，它制造着对人性不切实际的期待，孵化着虚伪和谎言，使思维退化，使文明的进步受阻，妨碍着技术和制度逻辑的完善。正视人性之恶和道德之软，用技术和制度去防范，才能结出道德善果。而且，很多人所热衷谈论的道德，并非指向个人内心的自省，不是对自己的约束，而都指向他人。批判起路人、国人、游人的劣根性，都把自己置于其外，以圣人的标准要求别人，以贱人的标准要求自己。这样的道德谈得越多，一个社会也越堕落。

海南再不努力，真可能被从特区名单里开除了

看来这一次海南人真产生强烈的“落后焦虑感”了，从那篇题为《海南：一个自我矮化的巨人——中国最大经济特区的缺位与迷失》的文章在海南人朋友圈的火爆刷屏程度可以看出，从此文引发的热评可以感受到，海南人真被触痛了。一个海南网友的留言激起很多当地人的共鸣：海南再不努力，也许就会被从特区名单里开除了。

当然，海南的特区地位是无论如何不会改变的，没有谁会把海南从特区名单中“开除”，相反，“全国最大经济特区”的特别身份一直被高层所强调。怕的不是外人开除，而是海南自己失去特区的身份认知和改革追求，没有敢为人先的勇气，没有敢闯敢试的精神，没有创新创造的灵魂，没有舍我其谁的气质，没有站在天涯海角放眼看世界的开放视野，没有“要把特区优势用尽用足让人刮目相看”的精气神儿。沉浸于温水煮青蛙、小富即安的幻觉中，自我矮化自我放逐，在精神上不知不觉中把自己从特区名单中删除。

扪心自问，如果没有官方宣传的提醒，有几个海南人会意识到自己是“特区人”；没有特别的介绍，有几个人会有身在经济特区的身份认同；如果只看经济发展数据，又有几个人会把这里与经济特区联系起来？这里有多少东西可以体现特区之“特”呢？我是做媒体的，每天浏览各地新闻、接触很多信息，当海南的媒体朋友告诉我“海南是全国最大的经济特区”时，我竟一点概念都没有，觉得这个提法好陌生，查了好几遍才敢确定。这个与众不同的特别身份，在日常舆论场中基本没有存在感，外人提起海南，想到的都

是海岛、阳光、热带风情，很少会与“特区”这个符号联系在一起。这种集体无感，也许见证着海南作为一个最大特区的身份迷失，面临着在精神上被从特区名单中开除的危险。

“最大经济特区的缺位与迷失”这篇文章的火爆，不是偶然的，见证着这个沉睡特区的精神大觉醒。很多城市的类似反思，都是官热民冷，或者民热官冷，而这一次海南的反思是上上下下的共情共鸣，从官方到民间，从线上到线下，从私人朋友圈到主流媒体，都在进行一场深入的大反思大讨论。明年这个特区建立就30年了，三十而立，可30年的时间，这个美丽的海岛留下了多少特区的印记呢？这些数据让海南人产生了强烈的“落后耻感”：与发达省份相比依然存在较大差距，城乡居民人均收入还低于全国平均水平，经济社会没有实现超常规发展，仍是欠发达省份。与深圳特区比，各种数据上被全面碾压；与雄安新区比，未来规划上也被全面碾压；与其他特区比，也没有拿得出手让人眼前一亮的优势和成绩。

成立特区30年了，又是最大的经济特区，体格上的老大哥，却在发展上没有表现出老大哥的气质，甚至远远落后。别说没人会开除，再不努力，真对不起特区的身份，辜负了特区的身份期待。30周年，不需要什么献礼工程，不需要什么宏大耀眼的仪式，经过一场大反思大讨论，能重拾特区精神，激活海南上上下下的改革闯劲，让这个美丽的地方配得上特区这个符号，就是30年最好的献礼、最有意义的里程碑。

我很喜欢海南，每年都会到这里好几次。喜欢这里的阳光沙滩、椰影摇曳，喜欢这里纯朴热情的人。尤其是北方被雾霾围城的时候，更向往这里的蓝天白云。但我知道，这也许只是一个外来旅游者的审美视角，只是对熟悉环境的厌倦和海岛风情的向往而已。我会经常选择到这里旅游度假，到这里养老，但不会到这里工作和生活，这里可能缺少一个特区应有的开放、活力和激情。一个地方，一座城市，如果永远活在优美的自然景观、宜居气候和生态环境中，在自然资源之外缺乏更多令人向往的精神感召力，就很值得反思了。

30 年前，这里刚被宣布成为经济特区时，成了很多梦想家、冒险家、掘金者的乐园，到海南创业，到海南赚钱，到海南寻找机会，成为那个时代最激动人心的口号——10 万人才下海南，正如当年深圳刚开发时所搅起的创业热潮一样。读很多企业家的创业和掘金史，都能读到他们与海南的关系，从潘石屹到冯伦，再到很多如今在富豪榜上笑傲风云的人物，都曾在这里挖到了第一桶金。那时这片土地上涌动着的冲动、热情和闯劲，应该最像特区的样子。可房产泡沫破灭之后，那种精神好像一夜之间就消失了。我一直很不解的是，为什么深圳作为一座城市在创业中能留住人才，留住企业，留住企业家，能在与城市一起成长中孕育一批伟大的企业和企业家，而海南却没有？

实际上，最让深圳骄傲的不是深圳速度，不是深圳数据，不是深圳现代化大都市的风貌，而是那种敢闯、敢试、敢为人先的特区精神，孕育了一批跟特区一起成长的伟大企业和优秀人才，让身在其中的人不自觉地都会受到那种精神的熏陶，并对外人外地有一种强大的感召力，将这种精神辐射和输出到其他地方，让一波波人才奔向这里，使这座城市永远保持年轻和魅力。相比之下，海南作为一个特区，却没能完成这种特区精神的形塑，未富先老，小富即安，按部就班，守成求稳，安逸悠闲，特区意识不断淡化。平心而论，这 30 年，海南不是拿不出让海南人骄傲的东西，这里作为生态净土的环境，这里日新月异看得见的变化，这里成为旅游胜地，这里老百姓的获得感，都值得骄傲——可作为一个特区，这些远远不够。

可以不介意发展速度，可以不介意 GDP 数字，但不能不介意作为“中国最大经济特区”应有的精神气质，城市的创造活力，自由的机制，对人才的吸引力，创富的激情，改革的闯劲。不要只跟深圳比那些数据，最应该比的是，这里为什么出不了马云、马化腾，这里为什么留不住冯伦、潘石屹，这里为什么没有孕育出腾讯和华为，这里为什么与当初特区设立之初的蓝图渐行渐远。

也许海南人可以总结出很多劣势，什么后发劣势，什么区位劣势，什么资源局限，什么运气不好，关键节点遇到很多挫折。——可要知道，没有哪个特区是靠这些外在资源发展起来的，没有人的闯劲拼劲，没有体制机制的主动突破，没有大刀阔斧的改革魄力，没有内生的创造力，等资金，等审批，等优惠，等特别的倾斜，是没有前途的。随着改革开放的深入，经济特区优惠政策已逐渐在全国普及化，特区之特，需要这里的人用舍我其谁的魄力去争取和创造。

记得10多年前，深圳民间曾发起过一个讨论：深圳，你被谁抛弃？候鸟北飞，人才出走，发展放缓，一些企业总部可能搬离深圳，让深圳人产生了强烈的危机意识。——深圳有那样的速度，那样的成就，仍保持着“被赶超被抛弃”的焦虑感，说明那种永远向上敢为人先的特区气质已经融入城市骨髓之中。我不知道那一次讨论有没有触动什么，但看得见的是，深圳后来出台了很多政策去鼓励创新。相比之下，虽然海南一直未能显露特区气质，但海南人似乎很少有“落后耻感”和“被抛弃的危机感”。这一次海南的大讨论，是意识上的一种进步，这种危机感和焦虑感，说明骨子里的那种特区追求并没有失去。不怕别人怎么看，就怕海南人自己没有了这种特区追求，完全忘了“海南原来是一个特区啊”。

海南人的这种自我反思非常可贵，尤其是官方在推动这种反思，这种反思是需要勇气的，因为这意味着一种自我否定、自我批评。可没有知耻后勇，哪会有思想大解放，哪会有特区新生呢？

评黑熊咬人，这世界不会为违反规则的人流一滴眼泪

说真的，真有点同情八达岭动物园了，再遇到几个这样的游客，这动物园真没法儿办下去了。去年轰动舆论的老虎咬死人事件刚过一年，这动物园又遇到一个在猛兽区“作死”的游客——这次不是下车，是打开车窗违规投食，这次遇到的不是老虎，是黑熊。还好，这次没死人，只被咬得鲜血直流。像上次那样，游人违反规则，背锅的又是动物园，被相关部门责令整改，限制自驾数量。

很多网友都说，心疼这里的熊和老虎，再这样讹动物园就办不下去了。

新闻是这样描述的：到达熊园，陈先生把车窗打开了一条小缝，往外扔食物。没想到一只黑熊突然站起，使劲拍打车窗，试图钻进车内。情急之下，陈先生用手使劲去扣玻璃升降按钮。谁知，车辆自带的防夹手功能反倒帮助了黑熊，车窗玻璃不升反降，他的左臂顿时被黑熊死死咬住，鲜血直流。陈先生称，自己擅自开窗的行为确实不对，但对动物园工作人员的态度和园区对游客的保护措施不满。当他忍着痛和恐惧恳求工作人员告诉他怎么办时，工作人员就说了句自己去医院。听到这话，他心都凉了。

意料之中，这种吐槽不仅没有赢得半点同情，反而招来一片骂声。有的说，换个动物园讹钱好不好，都开不下去了！算我求你们，给熊留条活路吧。有的说，你在熊眼里就一罐头，自己还开了盖，怨谁呢？有的说，进去前就告诉你不要开窗投食，你听了吗？总有些人觉得自己是幸运儿。有医生

嘲讽说，野生动物园配备的只能是兽医，真没法再配备人医了，超范围执业是违法的。

网友的评论很难听，让人听着觉得很冷血——过去我也曾觉得网友骂得太狠，没有人情味，冷酷无情。不过当我一次次看到野生动物园的这种“作死行为”，一次次血的教训阻止不了一些人的藐视规则之心后，对那些所谓“受害者”真的同情不起来了，真觉得冷血的不是网友，而是那些藐视规则、拿命去试错的人。你自己的命都不爱惜，自己都不要命，还要别人爱你的命？野生动物园明确要求在园内不能下车，不能开车窗给猛兽投食，否则会有生命危险，也已有过很多血淋淋的惨痛教训，这时你还下车还开窗，拿自己的命当儿戏，还有比这更冷血的吗？网友看似无情的评论，恰恰表达的是恨铁不成钢，对那种践踏规则的人恨其不长记性，他们的血恰恰是热的。

有必要明白这样的道理，世界就是这么爱憎分明，人们只会为高尚者洒下热泪，这个世界不会为违反规则的人流一滴眼泪。同情是一种高贵的情感，只留给那些尊重规则和信仰正义却得不到公平对待的人。成年的标志，就是习惯了为自己的行为付出代价，每一个疏忽，每一个恶习，每一次违反规则，都会付出代价，受到惩罚。过去当你违反规则的时候，没有人惩罚你，那只是侥幸，受到惩罚才是应该的。

很多人在骂这个被熊咬的游客，我想说的是，骂了根本没用，被咬过以后才会老实很多，用不着骂——没被咬过的而又没规则意识的，骂了也没用。这位陈先生被熊咬了，惊魂未定，肯定能长一辈子的教训。不必骂他都会明白，以后会规矩很多，没什么比黑熊的教训更让他记忆深刻了——可其他马先生、刘先生、李先生、关先生就不一定了，他们只会觉得是发生在别人身上的事，只会觉得自己的运气肯定没这么差，甚至会觉得这正是野生动物园的刺激和诱人所在。作死之死，真的是再多的说教和教训都挡不住的。数数看，这一年，光媒体报道的，已经有多少起类似事件了？铺天盖地的骂声中，那些人长记性了吗？

也许，这就是人与生俱来的弱点，改变不了的劣根性，骂是没有用的，说教更是白说，只有血才能让他们长几天记性。——对，也就只是几天的记性。一个社会规则意识的普及，也许需要一个缓慢的过程，这个过程中，规则会不断以严惩违规者的方式去强化规则的存在感，就像这起事件一样。

现在为黑锅哥鸣不平的，前一秒可能还怒称要阉了他

今天，一篇题为《如果没在媒体工作，我这辈子都洗不清猥亵儿童》的文章刷遍全网，作为一场网络暴力的当事人，差点被误以为是猥亵女童当事人的作者，是用戏谑、调侃、自黑的轻松方式写的，仿佛一直保持微笑，但读者从中读到的却是沉重、无奈、无力和遭遇网络暴力后的欲哭无泪，真是用血泪写成的控诉信。

他说得一点儿也不夸张，真的要感谢自己的媒体人身份，他如果不是媒体人，今天刷遍全网的文章就不是这篇，而是带着他头像的标题：震惊！南京南站猥亵女童的禽兽被人肉出来了，竟然是……或者是：刚刚，猥亵女童的渣男找到了，一起转死他。抑或是：哈理工上热搜头条了，只因为学生做了这一件事！于是，他会被全网的正义口水淹死，被飞来的乱石拍死，百口难辩，被朋友、同学、熟人鄙视，连累到家人、女友、大学，并留在网络记忆中很难被遗忘，此生永无宁日，并在下一次猥亵案中再被顶出来吊打。

翻开一部血泪斑斑的网络暴力史，这样的案例太多了：被逼疯的，被逼死的，被逼抑郁的，被逼得家破人亡的，被逼举家迁徙隐姓埋名的，被逼得失去女友、失去工作、失去生活信心、失去一切的，太多太多了。不要说普通人，即使是掌握着一定传播权的名人明星，遇到这种事情也非常无力，井柏然愤然退出微博，舒淇在遭遇网络暴力后删除了自己的全部微博，取消了全部关注，以一个女子出走微博的悲伤背影回应所有的攻讦与辱骂。

是的，幸亏他是一个做媒体的，遇到这种网络暴力时有意识、有能力、有途径以巧妙的方式自证了清白，并且成功地让辟谣跑过了谣言，机巧地用有传播力的方式压倒了那个不明来源的诽谤。新媒体的汪洋大海中，遭遇这种问题时，学新闻的还是有一些优势的：自以为掌握真相，或声泪俱下或义愤填膺是没有用的，不要天真地相信什么清者自清、浊者自浊，没有传播能力，没有议题设置技巧，不掌握传播痛点，就很难跑过那汹涌的谣言，很难压过那些吃人血馒头的“键盘侠”和蹭热点的“营销狗”。没有强大的内心，没有一定的网络素养，真的会“死”得很惨。

这个差点背上黑锅被一万只正义之脚踏进万劫不复地狱的黑锅哥，辟谣过程写得轻松活泼有趣，但背后的刀光剑影真看得人触目惊心，那种可怕的暴力每一步都置人于死地啊！

首先触目惊心于谣传的可怕，真是“聋子听哑巴说瞎子看到鬼了”，只是一个没有实名认证身份的吃瓜网友，在那条“南京南站猥亵女童案”的微博后不负责任地跟了一句：这是我的大学同学，叫李炳鑫。然后谣言的生产机制就开始全面启动了，大V以“求证”方式转发，“键盘侠”疯狂地人肉，以讹传讹，火很快烧到坐在家中的无辜者身上，舆论就爆炸了。

我们在朋友圈看到过的很多所谓“让人震惊”的假新闻，都是以这种方式传播出来并疯狂发酵的。比如某年，一个大V看《智取威虎山》时看到关于黄金的桥段，随口就片中的“20吨黄金”开了个玩笑——有网友在跟帖中开玩笑时问：20吨黄金是谁的？有人回答说：是三爷的（显然指的是片中的“座三雕”）——让人哭笑不得的是，“20吨黄金”和“三爷”的微博对话，竟然在荒唐传播中扭曲成“山爷有20吨黄金”，并很快发酵成“从赵本山家中搜出20吨黄金”的无耻谣言。

不要觉得清者可以自清，这种荒唐的传播中，每个人都可能跪着中枪“死”得很惨。有一次看到一条关于某个猥琐男地铁性骚扰女乘客的新闻照片，有个朋友开玩笑说：林哥，那人的眼镜跟你好像啊。——我赶紧就给他跪了，兄弟，我没得罪过你吧，这种玩笑千万别开。

然后让人触目惊心的是，围观者的嗜血，“营销狗”的无耻。这个过程中，很少有人帮他辟谣，多以看热闹的心态在消费他。很多熟人，明知道不是他，却都拿他开玩笑，用信息轰炸他，而不是替他辟谣，让他近乎崩溃。那些不熟的人，就更无耻了，当他向一个转发了那条让他陷入麻烦微博的大V澄清时，得到了非常冷漠的回应。转发谣言时无比亢奋，当事人请求澄清时却非常冷漠，置之不理，甚至无比兴奋地发微博炫耀自己“上了热搜”。不要以为掌握着真相就可以了，不要以为“证明你妈是你妈”只是别人身上的传说，这时候，你会感受到叫天天不应、叫地地不灵的无助感，你只是别人用来消费的热点、用来表演自己正义感的人血馒头。

是的，因为作者是媒体人，新闻成功反转了，辟谣跑到了谣言前面。这时候，人们纷纷转发着他的文章，控诉着网络暴力，排着队举报和人肉那个“当初转了谣言微博的大V”。这种正义得到彰显的结果，并没有让人感到轻松，因为我知道，现在为这个黑锅哥鸣不平的人群中，也许就有人前一秒还义愤填膺地怒称要化学阉割了黑锅哥。在这个乌合之众的网络环境中，正义感似乎很廉价，招之即来，挥之即去，很容易就被一个爆料网帖一篇爆款网文动员起来，然后让现实中的谦谦君子变得充满戾气，然后张着血红的眼睛去人肉、去报复、去捍卫正义。

可正义在哪里呢？正义正存在于对正义感的克制中，没有克制，就没有判断力，不与那些看似正义的事物保持距离，就很容易被那种不明来源的信息所操纵。“杀死猥亵女童的禽兽”这个充满正义感的口号，会把人们刺激得热血沸腾，可你得守脑如玉，你得保持着判断，谁是真正的猥亵者？别砸错了人。要知道谁才能对猥亵者进行执法，别以为替天行道就可以无法无天。

比“驾考尬舞女孩”更丢脸的是法盲狂欢

近日一段“女孩考科目二太兴奋尬舞驾校：不合格”的视频在社交媒介疯传，网友们亢奋地围观和群嘲一个驾考中得意忘形兴奋尬舞的女孩。成都某驾校的科二考试中，一女子在直角转弯考试结束后十分兴奋，开始“放飞自我”，在车上尬起舞来，双手多次离开方向盘。她虽然通过了考试，但此行为造成了非常严重的安全隐患，最后被认定“按照考试不合格处理”。

这段尬舞太有槽点，“得意尬舞后被按考试不合格处理”的新闻冲突更点燃了网众的笑点，很多官微都转发了这段能带来巨大转发量的视频，网友们站在老司机的智商高地尽情肆意地群嘲着这个忘形尬舞的女孩，嘲讽其舞姿，评点其长相，吐槽其行为。有的说，这种人给她驾驶证太危险了，要在开车途中遇点奇葩事就兴奋成那样，不出事才怪。有的说，我觉得让全国人民看到这副傻样比没通过考试更伤心，哈哈！哈哈！哈哈哈！还有官微说，虽然我是个正经蓝 V，但我还是忍不住笑出了声。

不知道这个女孩是怎么度过被全国人民围观点评的这几天的，肯定觉得自己在数亿人围观下丢尽脸了，甚至以后在熟人面前都抬不起头来了——可这是她应受到的惩罚吗？是的，驾考时手离方向盘尬舞，很不应该，可这种行为应受的惩罚是“考试不合格”，而不是像这样被传到网上供全民群嘲。到底是谁把这段本不该传到网上的视频传出来的？网友们在笑成一团时有没有想到这段视频传到网上经女孩本人同意了吗？就算别人得意忘形导致考试不合格，谁有权把这种视频爆出来呢，驾考可以如此肆意透露考生信息和侵犯她的隐私吗？

显然，比“驾考尬舞女孩”更尬的是传播者肆无忌惮的侵权，更丢人现眼的是这场法盲狂欢。女孩驾考时忘形尬舞，可以理解和原谅，毕竟她不是老司机，连新手都算不上，谁在学车的时候没有生涩和尴尬的经历，她也已受到了惩罚。违法传出这样的视频，没有隐私保护意识，没有法治权利观念，将一种不应示众的行为置于直播之下肆意羞辱，这种得意忘形的狂欢姿态更丢脸。

从网传的视频看，这视频是从考试现场流传出来的，这视频似乎本应用于驾考中的监控，考生的一言一行和考试用车都在视频监控之下，用于监控室中考官随时监督，防止考生和车上考官作弊。从法律来看，这个监控视频就像其他公共场所的摄像头所拍到的信息一样，只能用于考试，必须保护考生的隐私。这种视频，只有遇到安全问题或特别问题，才能由政府安全部门、法律部门或其他相关部门授权调阅或公开录像，而且必须用在一定的范围之内。

现在公共场所或类似驾考这样的场所，摄像头越来越多，本是为了安全，可因为信息缺乏监管，常让人觉得缺乏隐私安全感。从法律角度看，首先不能随意安装摄像头，摄像头是应受到约束的；然后，我国多地都对公共安全图像信息系统出台了相应的管理办法，比如北京就规定，公共安全图像信息系统的使用单位，应当向公安机关备案，设置公共安全图像信息系统，不得侵犯公民个人隐私，不得擅自提供、传播图像信息。

以前多次发生过类似监控视频被外传从而引发侵权的事件。比如，几年前，某地一对在地铁吻别的情侣意外成为“网络红人”，因为他们在当地地铁某站口吻别的视频被他人添加评论后上传到网络，很快引发网友疯狂围观并形成群嘲效应。后来这对情侣表示，这次视频传播事件给他们的生活带来多种困扰，这是地铁监控设施被工作人员滥用所造成的，他们声称要收集证据起诉地铁公司。近年来，视频直播非常火，有一家视频网站竟然出现了全国多地校园视频监控的直播画面，被直播的场景包括教室、食堂、操场甚至宿舍，清晰的画面和声音让人仿佛置身校园中，网友还能对直播留言点评。——这种侵权直播后来受到舆论的强烈抨击。

驾考监控视频，应该只能用于考试，只有考官能看到，岂能这样复制并传到网上。有人说，这样做是为了警醒其他考试者，不要得意忘形，带有公益目的。可谁说“为了公共教育”就可以随意传播这种视频，就可以理直气壮地侵犯他人隐私。即使要用于教学和公共教育，按相关规定也应经由一定程序，并保护当事人隐私，比如脸上打码，等等。像这样不经程序，没有处理，不作保护，属于严重违法。被群嘲的女孩完全可以考虑寻求法律维权，直接要求视频发布者和传播平台承担相应的民事法律责任；认为其行为已经构成犯罪的，也可以向公安机关报案要求查处，让这些得意忘形的人付出代价。

围观并群嘲的公众也许只是为了好玩，甚至有“绝不让可能的马路杀手上路”的围观快感，可有没有共同的被侵权感呢？当下各种场所摄像头密布，如果缺乏隐私保护，也许某一天自己不愿示人的尴尬行为会置于全民围观之下，也许下一个被群嘲至崩溃的就是自己。你自信不会像这个尬舞女孩这样，却总会有不愿示人的尴尬。你得意围观着尬舞的女孩，有没有注视到得意忘形的自己？你围观着别人隐私被侵犯的尴尬，有没有意识到那被羞辱的女孩有一天也可能是自己？

我为什么反感“你愿意为他而转吗”

新闻照片上的两个老人，既让人感动和温暖，又让人觉得沉重和心疼。

岷江河畔一户民房前，两位老朋友相谈甚欢。匍匐在门槛上编篾器的是67岁的李佰洲，前来收货的则是岷江对岸80岁的罗万生。41年前的一场意外，李佰洲高位截瘫，此后他趴在木板上编织篾器，靠手艺养家，连门槛都磨出了6厘米的凹槽。好在生活给予的不只是艰辛，还有善意——李大爷竹编了41年，岷江对岸的罗大爷买了31年。如今竹编器具越来越不好卖，罗大爷的滞销品就堆了半间屋，但仍坚持半月一次雷打不动地上门收购。“只要你继续编，我就继续买！哪天我不在了，子女可以接着买。”

虽然高位截瘫身体残废，但李大爷不愿成为废人，坚持靠手艺养家，自强不息的精神让人充满敬意。你自强不息用力生活，我温柔以待用力鼓励。罗万生老人31年来雷打不动地坚持“收购”，既给了他生活的希望，也给了他尊严。你住江之南，我住江之北，这情缘常用来形容美好的爱情，而两位老人31年的这份交情，让人觉得更有一种动人的力量。李大爷也许永远不会知道“罗大爷滞销品堆了半间屋”这个秘密，他能做的是，把篾器质量做得更好一些，这样可以让收购的罗大爷更好卖些。

温暖之外，总让人觉得有些沉重和虐心。这种弱者对弱者的慈善，让人不忍心沉浸于温暖之中去赞美这种菩萨心肠。如果罗大爷是一个富人，家财万贯，生活无忧，以这种方式常年资助高位截瘫的李大爷，我们会乐见并很欣慰。可罗大爷80岁了，家中并不富裕，他也要生活，要靠儿女养老，篾器卖不出去，他不断要用钱贴进去，还要守着这个秘密，维持着李大爷的希望与尊严。贫困中的这种坚守与善意，更可贵更让人肃然起敬，底层弱者与弱者的守望搀扶，让人泪目。——可总让人无法心安。

常看到媒体报道这种底层互助的故事，弱者对弱者的慈善让人于感动之外总觉得很沉重。看到过这样一条新闻：七旬老人徒步百里卖秸秆，民工含泪买下称想起父亲——那个在街头等活的民工，看着老人头顶烈日弓行街头，目睹此景心头泛酸，老人的境况极像父亲当年辛苦操持家庭；他赶紧掏钱买下麦秸，让老人回家。还看过另一条新闻，一个贫困的山村教师，3年来背负着别人的误解甚至指责，独自下井挖煤，利用周末修路、跑摩的，将微薄的收入用来资助贫困学生上学。媒体报道的很多感人故事，都属于“弱者对弱者的慈善”。

只有100元钱的人，把仅有的100元钱都用于慈善；有100万元钱的人，拿出100元钱捐给最需要的人。——当然，前者更让人感动和充满敬意，但我们不想沉浸于这种“透支好人”的残酷感动中，更想看到后面的故事，后者才是慈善应有的样子。慈善应该充满阳光，而不是写满悲情。强者对弱者的慈善，让人看到的是阳光和温暖，而弱者对弱者的慈善，感动之外则带着很多沉重的悲情。

新媒体在转发这类让人感动的好人故事时，常常会在前面加一句“今天，你愿意为他们转发吗”——说实话，我是比较反感这句话的。媒体报道这样的善人善举，让这种善心善意被更多人知道，唤起社会爱心，当然很好，这是媒体用自己的方式参与慈善。但很多时候，“你愿意为他们转发吗”带着浓厚的诱导转发和自我推销成分，如此强化媒体存在感、以媒体为中心的传播叙述，让人很不舒服。因为，这时候的“转发量”也许能提升媒体曝光量，营造“向爱心和善良致敬”的传播幻觉，却对解决实际问题并没有什么帮助。海量的转发中，人们无法参与其中，只是一个抽象的感动者，感动着感动着很快转过身去就忘了。“你愿意为他转吗”多只是在消费公众爱心，而不是以新闻主角为中心、替他们解决现实困境。

很多网友在转发这种新闻时，都有一种无力感。有的说，反感这种“你愿意为他转吗”，好像不转就没有爱心一样——可这种事情不是鼻子一酸、转一转就能解决的。有的说，这种转发有什么意义呢，特别想买那个老人编的篾器，可不知道怎么买。很想帮帮那个老人，却使不上力。与其“今天，你愿意为他转吗”，不如做点力所能及地解决现实困境的事，搭建一个让公众能参与的桥梁。当然，做这样实在的事远比一句“你愿意为他转吗”要麻烦很多，要付出很多努力。对这些沉重的美好和善良，多点儿解决现实问题的善意，少点儿消费吧。

第四辑

差评

在喷子眼里，这世界一切都有病，再美好的东西都能挑出刺来，从各种刁钻的角度挑刺儿。记得当年冰桶挑战很火的时候，那是多好的一件事啊，既好玩又有参与性更传播公益，可永远不要低估喷子刁钻的喷点：桶小，骂你不认真；桶大，骂你冰太少。水少，骂你太敷衍；水多，骂你太费水电。只浇不捐，骂你作秀；只捐不浇，骂你没诚意。从国外传入，骂你崇洋媚外；从国内发起，骂你山寨。捐给 ALS，骂你卖国贼；捐给瓷娃娃，骂你以前怎么不捐。捐少了，骂你赚那么多，就捐这么点儿！捐多了，骂你是炒作！

挨骂是春晚的荣幸，越怕骂越会被骂

看了2017年的春晚节目单，能看到总导演的用心用情，节目琳琅满目，竭力考虑各个年龄层的品位和审美。当然，也能看到总导演的战战兢兢，此前受访时就称：观众的吐槽是很自然的，但希望今年不要被骂的太厉害。——没人喜欢被骂，没人不渴望被承认，但既然挨骂是不可避免的事，既然骂声已经在路上，那就不妨把挨骂当成春晚的荣幸吧。

把挨骂当成荣幸，绝不是自欺欺人的安慰。

真可以算是荣幸啊！骂声起码说明，竟有那么多人在看春晚，在关注春晚话题。在一个注意力如此稀缺的时代，这已挺不容易。骂归骂，也许只有春晚才有这样的感召力把一家老少拉到电视前，才能享受到被如此“欢快地吐槽”的待遇。

应该看到骂声后的议题吸引，沉浸于社交媒体上的“90后”“00后”年轻人在抢红包、刷微博、刷朋友圈、晒自拍、看娱乐节目的时候，还能看一眼春晚并吐槽几句，已经很不错了。

新媒体时代，传统媒体受到很大冲击，电视的开机率越来越低，年轻一代基本生活在移动媒体上。如此环境下，人们还能打开电视看几眼春晚，说明人们真挺看重这个民俗的。

吐槽跟吐槽是不一样的。应该能够读懂对春晚的吐槽跟一般社会热点和时事新闻中的网络吐槽还不一样。一般时事中的吐槽，往往带着强烈的不满情绪，是痛恨、愤怒、怨气，而且那种情绪有着强烈的传染性和攻击性，充满戾气。而吐槽春晚往往是欢快和愉悦的，是一种全民娱乐。即使对有些节目的批评听起来挺难听，有些吐槽挺激烈，有些段子挺损，但人们吐槽时是轻松愉快的，是节日中的一种消遣，一种娱乐方式。春节也没什么新闻好聊的，聊聊春晚，吐槽吐槽，调侃中大家呵呵一笑，娱乐而已，不必太介意。

春晚常宣称自己已经成为一种新民俗，那就要接受吐槽春晚已经成为这个新民俗的一部分。

春晚总试图迎合每一个群体，让每个年龄层的人都能从春晚中找到自己喜爱的明星和节目，这恰恰是常常挨骂的原因。一个人可能满意大部分节目，但只要有两三个节目让他不满意，他一样会激烈地吐槽。这个年龄阶层的人，看到自己喜欢的明星和节目，是满意了——可当他看到为另一个群体准备的节目不合自己的口味，他也会吐槽。一台晚会永远做不到让每一个人满意，对节目有一个精准的定位，才会有定力。主要目标群体是哪些人？他们的评价也许才最重要。

新媒体时代的春晚要接受的一个残酷事实是，赞美的人永远是沉默的，而吐槽的人永远最积极，吐槽的声音永远最亢奋。一个对春晚很满意的人，一般都不会公开表达自己的满意；而一个对春晚哪怕稍有不满的人，一定会把自己的不满表达出来，从而形成吐槽的爆炸，而认同则形成沉默的螺旋。那些没有看春晚的人，在“吐槽爆炸”中很容易受到负面评价的影响，也加入吐槽大合唱中，对那些想给出好评的人形成进一步的态度压迫。

社交媒介是当下最强势的媒体，社交平台上的评价往往决定着舆情基本面。其实，不同时代的人对春晚的评价是有很大区别的，甚至多数看春晚的人都挺喜欢春晚，可并不是喜欢的人多就会受到好评，话语权决定着舆论评价和舆情走向。热爱看春晚、喜欢春晚的那代人，并不掌握着媒介话语权，而不爱看春晚、不喜欢春晚风格的这代人，他们掌握着网络话语权。这就形成了一种错位和分裂，电视机前看春晚的爸爸妈妈爷爷奶奶对春晚评价并不低，但他们在社交媒体上是沉默的，而不看春晚、低头玩手机的一代则垄断着社交媒体的话语权，结果就是不看春晚、不爱春晚的人却掌握着春晚的评价权。

而且有些人似乎已经把骂春晚当成一种“审美正确”，骂春晚似乎才能凸显自己的审美正常，说自己看了春晚、说春晚挺好看，好像都需要一定的勇气，这也加剧着沉默螺旋的内卷。

新春快乐！春晚这桌大餐就要端上桌，骂声已经在路上！从容并宽容地对待那些吐槽吧，那只是一种娱乐，越怕骂越会被骂。

每一句为“王者农药”的辩护词都写满丑陋

获得巨大市场成功的王者荣耀游戏，因为导致一些未成年人沉迷，引发极大争议，背负了很多骂名。舆论压力下，游戏出品方近日祭出据称是“史上最严格的防沉迷系统”，不过这“三板斧”并未赢得舆论谅解，舆论不满仍在继续发酵。我也觉得相关方的回应带着浓厚的“危机公关”套路，对自身引发的社会问题缺少应有的歉意与解决诚意。

比如相关方在回应中有这样一句自辩的话：腾讯作为一家互联网企业，天美作为一个游戏研发的工作室，我们都没有去鉴定和甄别用户完整准确身份信息的能力。——这种态度，就缺乏起码的诚意，腾讯作为一个航母级的互联网公司，通过微信等深嵌于公众生活的社交平台掌握着用户海量的身份信息，过去腾讯也经常宣称自身有着强大的大数据处理和分析能力，怎么就被这点儿小问题给难住了呢？

我记得前段时间腾讯马化腾在中央政法委演讲时还谈到了大数据处理，称：数据就是生产力，谁拥有大数据，谁就拥有未来。当代社会，每个人既是大数据的使用者和受益者，也是大数据产生的源代码。只要掌握数据库和数据规律，人类就可以突破体力、脑力的极限，根据需要，在超过亿级的数据云里，毫秒之间就能达到识别效果。马化腾还举例说，比如公安在寻找公交盗窃嫌疑人时，就可以通过分析公交卡的刷卡记录，再通过定位系统，就可以摸查出最可疑的人，因为大数据都是可以溯源的。而对于电信诈骗的防控，马化腾说从大数据的角度来看，也是有规律可循的。诈骗号码往往只有呼出没有呼入，通过锁定号码，再与银行系统的账户联动查询，电话诈骗往往是可以防控的。

电话诈骗都可以防控，数据云里毫秒之间就能达到识别效果，怎么涉及自家生意自身利益时，数据云就不行了，就“没有去鉴定和甄别用户完整准确身份信息的能力”了？鉴定和甄别用户完整准确身份信息，是一个多难解的世界级难题？说好的“能突破体力脑力的极限”呢？

如果对一家刚开始做游戏的企业来说，缺乏防沉迷系统还可以理解，但腾讯不是第一次做游戏了，甚至很大一部分收入都源于游戏（有一种说法称腾讯是全球最赚钱的游戏公司），以前也曾有游戏因类似问题受到过批评。能开发出那么多赚钱的游戏，有那么多碾压竞争对手的技术创新，为什么谈到游戏的防沉迷系统时就不行了？是缺技术、缺资金，还是缺道德、缺良善之心、缺社会责任感？

相关企业回应称这款游戏“完全符合国家规定”。引发这些看得见的社会问题，不是一句“完全符合国家规定”可以推诿的，即使在法律上没有任何问题，可国家规定之上还应有企业良知。面对很多父母的控诉，很多老师的痛斥，还有孩子痛哭流涕“我控制不住自己”，不觉得一句“符合国家规定”很没有责任担当吗？我看到还有一些相关辩护，把责任全都推给监管者，推给家长，推给孩子，诡辩“又没有强迫谁打这个游戏”，都是不负责任的。

一家企业，一种游戏，如果只想着赚钱，身上没有责任和道德的血液，不去谨小慎微地衡量可能的社会影响，注定是跛足的，注定走不远。是的，游戏并不是洪水猛兽，不是鸦片毒品，没有天然的原罪，但对于未成年人来说，如果缺乏先在的防沉迷设计，滋生的问题有目共睹。是的，游戏也有它的社会意义，如设计人所称：作为一个游戏人，我的志向是有一天能做出传递爱，传递幸福的游戏，因为我确信，爱和幸福是比简单的快乐更高的情感满足。——但如果让未成年人沉迷其中，如果没有解决游戏的道德瓶颈，这种虚无缥缈的所谓幸福，所谓快乐，所谓情感满足，一文不值，令人作呕。

不要假装傻白甜，不要装出一副“对造成当下后果毫无准备”的无辜模样，一家以做游戏为业的企业，成功推过那么多游戏，深谙用户的年龄结构和心理弱点，应该能够预判到一款这样的游戏可能产生的社会问题。而且，这款游戏也不是一夜之间火起来的，火遍大江南北经历了一个过程——这个逐渐火爆、逐渐让很多未成年人沉迷的过程中，相关企业又做过什么？

谈到环境治理和污染防治时，人们常说，不要走西方先污染再治理的老路。同样，在游戏的负效应控制上，也不能走“先火爆再防沉迷”的老路。游戏设计者和推广者，有没有这样的问题意识，有没有带着对未成年人的关怀意识，有没有带着“幼吾幼以及人之幼”的同情同理心去开发产品？这真算不上什么“穷尽努力无法想象”的新问题，如果设计的时候少点儿功利心，少点儿急切的赚钱冲动，多点儿责任意识，流淌点儿道德血液，就会在设计起点上多点儿防沉迷安排。保护未成年人的防沉迷设计，应该成为每款游戏的道义门槛。

是的，假如设计之初就有防沉迷考虑，游戏可能就没这么火爆了，玩得人就没这么多了，也成就不了爆款。平时嘴上喊再多的“社会责任感”都没什么用，面对利益考量时，最能检验一家企业的三观和血液中的社会责任含量。这关系到的不仅是一款游戏的社会评价，更关系到一家企业的公共形象。一个企业，如果利润中有不道德的成分，注定不会成为真正让人尊敬的企业。

记者先生，救援还在进行，请慎言自己“打了一场漂亮战役”

茂县山体垮塌牵动人心，惨烈的毁灭，惨重的死亡，从天而降的可怕灾难场景，让人触目惊心。灾难让人痛心，生死让人揪心，那些逃生和拯救的细节让人感觉虐心。作为一个不能到一线报道灾情和救灾的评论员，尤其佩服那些第一时间克服很多困难赶到新闻现场的记者同行，他们及时发回的报道，让举国民众能与受灾民众彼此守望，一起期盼救援奇迹。

但也有个别同行的表现实在让人觉得不太妥，不吐不快。倒不是他们在现场有什么不妥，不是报道不够专业，而是那种急于借灾难报道表现自身存在感、急于表现自身存在感的冲动，让人觉得很不舒服。能够理解记者在现场的不容易，能够理解媒体人用报道记录现场的专业追求，但这时候真不是盘点总结自己很牛的时候。

灾难才过去没两天，救援还在如火如荼地进行，人们仍在期盼救援和生命的奇迹。那么多人死亡，那么多人失联没有下落，这种情况下不惜一切代价的救援却使不上太多力，人们充满悲壮的无力无奈感。这时候，记者宣扬自家媒体和自己的表现，大谈自己这次报道的战术，总结自家媒体的全媒体作战多么出色，谈自己的报道战术多么正确，宣传“是第一批到达的记者，身后是被拦在外面的同行”，盘点总结打了一场“漂亮的战役”，凸显自己的存在感。

真的，字里行间，我读得很不舒服。

即使再出色的报道，再艰难的采访，这时候有什么好宣扬的呢？废墟下还有那么多人命，救援还在艰难进行，灾难如此惨烈，还有那么多人失联没有下落——即使一直在一线拼尽全力的救援者，都不敢说自己的救援工作很出色，不敢说、不会说打了一场“漂亮的战役”——有什么出色的？有什么漂亮的？这时候，即使付出再沉重的努力，也难言什么功劳，难言什么成就。灾难和死亡，永远不能成为自我表功、自我标榜的机会，报道者应有谦抑和悲悯之心。

救援尚在进行，这记者似乎就带着胜利的心情宣称“最终打好了这场漂亮的战役”，真的很不妥。

这位记者在文章中写道：灾情发生后，在同消防官兵徒步10公里后，我们（原文用的是媒体名字）记者成为第一批到达灾害核心区域的记者，身后是数十名被拦在警戒线外的同行。这时候，真不应该有这么强烈的竞争心态。

这位记者写道：从成都出发，经验丰富的资深摄影记者某某果断建议，走城中直上锥形绿色通道。城中心出现了一道风景——只见我们的一辆越野车打着双闪一路狂奔，把其余的救灾车辆甩在了身后。——采访车打着双闪一路狂奔把救灾车辆甩在后面，这是怎样的风景？说好的“保障救灾车辆”呢？救援通道就那么大，救命如救火，一路狂奔把救灾车辆甩在后面，你们的采访比救命还重要吗？这样也很不安全。

这位记者写道：消防队员齐默哀致敬送别遇难者遗体、幸存家庭的小孩被武警叔叔牵着手天真地微笑，许多感人的瞬间，才有幸被我们亲手所记录下来。——真读不懂这句“有幸”的意思。报道灾难，记录现场，是媒体人的责任，是现场者的义务，有什么幸不幸呢？

不想再引用了，真的，记者先生，你不应该把自己当成灾难现场的主角，你只是一个报道者和记录者，不要急于表现自己的存在感，救援还在进行，克制一下这种自我宣传的急切心情吧。

我理解这是记者的无心之失，向坚守在灾难现场的记者致敬。期待把焦点放在救援上，而不是自己身上，不要忘记自己是去干什么的。

钱没那么好骗了，观众没那么好忽悠了，鸡汤没那么好卖了

没有在深夜痛哭过的人，不配谈人生。没有在深夜被放过毒的，不配谈美食。又有深夜，又有美食，再加上日版《深夜食堂》的好口碑，半个娱乐圈的明星班底，不差钱，又有取之不竭的中国生活素材，在快得窒息的时代让人们在深夜慢下来，本可以拍一部像日版原创那样戳中全民柔软内心、治愈国民焦虑的经典，却拍成这样一部烂片，毁了深夜，毁了食堂，毁了原创。

看到这种完全不走心的翻拍，想起朋友讲过的一个故事，那段时间媒体正好报道某大学一学生的硕士学位论文，大面积抄袭另一大学学生的论文，几乎一字不差，连致谢都一样。朋友讲了他遇到过的一个奇葩，一个男生抄袭一个女生的论文，老师说他论文是抄的，他还不认，老师翻到后面读了一段致谢：感谢520宿舍陪伴了我四年的好姐妹们。

当然，这部剧是翻拍，是买了版权的，不叫抄袭，可以冠冕堂皇地翻过来搬过来。但翻拍也要拍得认真一点，既然是中国版的《深夜食堂》，拍给中国公众看的，在翻拍过程中就应该尊重中国观众的情感需求，有中国人的问题意识和关怀视角，体现中国都市夜归人的人生百态，这样才能把观众身份代入其中去感动、去思考、去品味和去痛哭。像这样完全照搬原剧故事、情节、台词、人物、生活、命运感，甚至连布景都不换一下，还是日本的居酒屋、清酒和美食，而不是中国人熟悉的大排档或夜市，太偷懒和漫不经

心，完全没把观众当回事。

既然如此，其实只要把日版原创“翻译”过来就行了，日语翻译成汉语，还更原汁原味儿，这事网友自己就能干，干吗要费这么大的劲烧这么多的钱，换一批中国明星把这部日剧重拍一遍、故事重演绎一遍——是你的表演比日本演员精湛？颜值比日剧演员高？镜头拍得比日剧美？还是台词背得比日本人熟？

实在看不下去的网友在网上“众筹”了很多中国式“深夜食堂”故事：路边的苍蝇馆子，烤串烤菜烤腰子，一群创业吹大谈 AB 轮上亿元融资，小情侣卿卿我我，秃顶大爷吹牛掰中东局势美国割裂打进台湾，中年矮胖阿姨互相吐槽自己的儿子儿媳，猥琐男故作深沉地吹嘘认识哪个领导的二大爷。

看看网友留言的故事，哪一个不比剧中真实而触动人心：老爷爷老奶奶常一起吃火锅，老爷爷去世后老奶奶经常一个人点一个鸳鸯锅盯着发呆；失恋后在甜品店号啕大哭，老板娘一直坐在对面递纸巾，最后说，哭吧，我以前也这么哭过，哭过之后还是要好好生活的；大学毕业最后一夜去常吃饵丝的店里，老板娘说，要走了最后一碗我得多给你加点饵丝。

我有一壶酒，足以慰风尘——记得 2017 年一个网红在微博上吟出这句迷人的诗句求下句时，引出网友上万句下联，那里面不是才华，都是深夜痛哭后留下的故事，和酒而饮。有酒，有泪，有风尘，《深夜食堂》却没能让我们看到能够真正打动人心的好故事。不是原著故事不好，而是那些故事都源于日本生活，是量身定做写给日本民众看的，中国人的生活、焦虑、痛点、泪点和问题意识不一样，所以对那些背景、美食、人物、命运、服装和故事完全无感，里面的一切好像都生搬硬套且莫名其妙：莫名其妙的剧情，莫名其妙的感动，莫名其妙的抒情，莫名其妙的台词，莫名其妙的夸张表情，莫名其妙的切换，莫名其妙的鱼松饭和泡面，还有让人无法忍受的莫名其妙的广告植入。赵又廷“马克的女儿”稍微救了一下场，可剧情却那么生硬，跟

“深夜食堂”有什么关系呢，仍然莫名其妙。

不触及现实，就不足以触及人的心灵，经典的作品，总能让我们看到会心一笑的东西。比如要想写好大学生活，你要了解每个人的大学生活，身边肯定会有一个女学霸，一个死胖子，一个万人迷，一个撩妹高手，一个猥琐男，一个文青，一个官儿迷，一堆学渣。——你一边看一边笑一边流泪，一边强烈地代入其中，总能在现实中找到一个对应人物。可这食堂里每一个人都显得莫名其妙，好像都是外星人，表情总是很夸张的伊丽莎白、戴着墨镜的怪异老板、学霸级剩女、流浪少女、小杨老师、叛逆少女，都是“编”出来的，对不起，我们身边“查无此人”。

只能说，中国观众没有过去那么好忽悠了，钱没那么好骗了，眼泪没那么好赚了，鸡汤没那么好卖了。这样抽离现实完全翻拍、不走心、没有诚意的烂剧如果能火，真的太没有天理了。

传统时代，剧评口碑易受操纵，花钱请几个影评写手在报纸上发几篇文章，制造某种舆论，就能忽悠很大一部分观众。现在不一样了，自媒体新媒体使话语权发生了转移，观众自己掌握了麦克风，烂剧就是烂剧，2 分就 2 分，多半分都不给。水军也许能制造某种幻象，花钱也许能买一些好评，但一部剧是好是坏，总体口碑是扭转不了的。没有互联网的传播时代，观众的视野很窄，信息很封闭，无法第一时间接触到外面的流行和经典，拙劣偷懒的导演可以利用这种信息不对称和“流行时差”翻拍一些外国经典、抄一些故事和创意，也能收获不错的票房——毕竟观众没见过世面，容易被忽悠。但现在不一样了，网络时代，世界是平的，人们能从网上第一时间看到经典原创，没有对比，就没有伤害，拙劣不走心的翻拍只会成为笑话。过去几届观众所经历的时代，又封闭，好作品又少，港台剧中熏出来的，一个“流星花园”就跪了。但这届观众是在网剧、美剧、日剧、韩剧中泡出来的，审美越来越苛刻，真的越来越难骗了。

过去靠几个偶像就能撑起一部剧，现在不行了；过去靠卖点儿鸡汤就能赚足观众的眼泪，现在也不行了。无论是奇奇的故事，还是马克的女儿，都是传统鸡汤和日韩剧的套路，梦想，重病，死亡，寻亲，撕裂——导演最大的隔膜在于，不了解当下中国的网络和年轻人，远远落后于时代，不知道现代人对这种肤浅的砺志鸡汤是多么的反感，甚至充满叛逆地用毒鸡汤、丧文化和负能量去对抗那些小清新、小文艺的骚，用“精神砒霜”对抗“心灵鸡汤”，消解那些不着边际的精神大保健。有个网友曾这样反讽过那种小清新热衷的鸡汤：

“一个广场舞大妈曾告诉我，如果她跳得足够快，她的孤独就追不上她；一位拾荒大叔曾告诉我，如果他翻垃圾翻得足够仔细，便能找回丢失的自己；一位环卫工阿姨告诉我，她每天都扫这两条街，七年都没扫净心中的瑕疵；一位碰瓷的大爷曾告诉我，只要他演的够逼真，就能骗过匆匆流逝的时光。”

看“中国食堂”，闻到的不是“舌尖上的中国”式美味，不是触动现代中国人深夜心灵痛点的人间烟火味，而是这种脱离现实、水土不服、故作深沉、不知所云的伪劣鸡汤味。

雨中背人的正能量，我真的忍你很久了

暴雨中常有很多感人至深的美丽剪影，比如去年南方洪灾中军人背被困群众的场景，暴雨围困校车时警察赤脚背孩子的情景，学校被洪水围困官兵一人背一个孩子的背影。——但有一种雨中背人，不仅无法让人感动，甚至让人感觉很刺眼。比如近来在微博引发热议的，某地一所师范学院门口，暴雨之后有积水，不少学生怕鞋子进水，几个保洁阿姨便淌水背着他们过马路。

当地一个微博发了一系列保洁阿姨背人的照片，并饱含深情地赞美这些保洁阿姨：温暖一幕，她们是人群中最不起眼的，但她们的热忱却异常温暖人心。——真不明白，有些人的心怎么那么容易暖，这种事情又怎么能暖得起来？一群四肢健全、正值年少、精力充沛的大学生，就因为怕路上那点儿水弄湿自己的鞋，让跟自己母亲一样年长的保洁阿姨背自己过马路，排着队等着被背。真把自己当宝宝，真那么心安理得地让保洁阿姨一个个地背着过路，真好意思抒发感动之情，难道没有半点儿羞愧和觉得不妥吗？

不是怕鞋子进水，纯粹是脑子进了水。

水又不深，弄湿鞋又能怎么样？怕湿鞋，为什么不能脱鞋光脚自己蹚过水？你的鞋就比保洁阿姨的金贵，你的鞋就不能湿，你的脚就不能碰水，你的身子就那么娇贵，你的裤脚就不能卷起，你就该让人背？——最让人反感的倒不是让人背，而是对此毫无不妥感，甚至沉浸在温暖人心的正能量新闻感觉中，自我温暖，自我感动，自我抒情，自我陶醉于正能量中。

真的，类似雨中背人的“正能量”，我真的忍你很久了。

前段时间某地突降暴雨，给学生上学带来麻烦，一所小学门口，为了让孩子们能够不湿脚，校长光脚背小朋友进学校。这一幕被家长捕捉到并发到了朋友圈，赢得了一片点赞声，人们纷纷赞其为“最美校长”，甚至有媒体称“这一幕暖哭了网友”。刚看到新闻和照片时，我也觉得挺温暖和感动，但后来又觉得有点儿不舒服。从照片看，路面有积水，但不算深，没什么危险，只是湿湿脚而已，为什么不能让孩子自己卷起裤脚淌过水？为什么非得让人背？这就最美了，这就暖哭了？话语的膨胀和浮夸的赞美真让人难受。动不动就背，心疼孩子湿脚，这难道不是一种对孩子的溺爱和过度保护吗？

孩子就不能湿脚，老校长就不要紧，校长湿湿脚，一个个地背着孩子淌水，我们就暖哭了。沉浸在自我感动的温床中，很容易失去思考能力。

能看到两条新闻间隐秘的联系，这些被背大的孩子，被娇惯着“不能湿脚湿鞋”的孩子，长大后，也许会变成这条新闻中的那些“大孩子”，心安理得地让保洁阿姨背着过马路。鼻子一酸，自我感动一下，温暖一下，就觉得理所当然了。

写下这些文字时，我总在克制自己的情绪，让自己不要过于刻薄——毕竟，这是双方自愿的，一个愿背，一个愿被背，场面很是和谐，保洁阿姨把他们当孩子，他们也把自己当孩子，那些大学生在阿姨的背上还笑着。记得几年前，就有过这样的事，当时也引发过争议。一场大雨让武汉某校教学楼入口通道的积水没过小腿那么深，很多学生怕把鞋子打湿、不知所措。看到这种情况，50多岁的楼管吴阿姨便主动提出背他们过去。随后“楼管阿姨蹚水背学生上课”的图片被发到网上，很多人批评现在的大学生太娇气。当吴阿姨得知网民在骂她背的学生时，自责说：“那我岂不是做了坏事了？是我硬要背学生的，学生们都很有礼貌地叫我阿姨，还跟我说谢谢，不怪学生。”吴阿姨还说，背这些大学生像背自己的孩子一样，以后遇到同样情况，还会这样做。

可能这些学生本都没有让人背，保洁阿姨把他们当孩子主动背的，但我还是觉得，有自主意识的大学生还是应该婉拒这种好意，自己走过去，别把自己当宝宝，别让别人把自己当成宝宝。自己能做的事，尽量别给别人添麻烦；当然，别人能做的事，也不要总想越俎代庖，陷入那种爱心泛滥的父爱母爱主义。没有彼此的独立空间，孩子永远长不大，对自己的孩子，对别人的孩子，都要这样。

温暖是好事，但不要变成一种没有原则的泛滥爱心，不要把温暖变成一种自我感动的温床和过度保护的温室。

规则和权利不是用来盛气凌人的

社交媒体上看新闻时常常会经历这样的心理反思：看新闻很温暖，看评论却很崩溃。比如这条新闻就是：近日，网友在微博晒出一张外卖订单，因订单中的备注十分暖心而受到网友关注。备注是这样的："送餐小哥：我没那么着急吃饭，送餐路上请安全第一。如果超时可提前按已送达，或与我联系。辛苦了，谢谢你……"为这份相互体谅点赞！

新闻竭力想传递一种互相体谅的暖意，评论区却沦陷于各种嘲讽和吐槽，"备注"中的这份对送餐小哥的体贴理解，被贴上了矫情和"圣母"的标签。有人说，在规定时间里完成送餐任务是他们的职责，他们工作的不易，在接过餐时真诚地说声谢谢就行，不必无底线地模糊他们的工作职责，真不怕惯出毛病？有人说，说到底，我每单都付了外卖费的。有人说，他们收了钱我们付了钱，他们能体谅我们吗？如果有闲心慢慢等，我们就不会点外卖了。

这些吐槽有道理吗？当然都有，站在每个人的角度都讲得通，都有充分的理由。得讲规则啊，承诺什么时候送到就得讲规则。得讲权利啊，我付了钱，就应该享受付费的权利。当我们占着理，论证一件对自己有利的事情时，我们总能将规则和权利用得那么冠冕堂皇和娴熟自如。规则和权利当然很好，可如果谈论规则和权利时失去了将心比心的理解，没有了谦和与礼让，咄咄逼人，寸利必得，斤斤计较，得理不饶人，对弱者缺乏体谅之心，一副盛气凌人的面孔，就让人反感了。

其实那条新闻并没有让所有订餐者都这样备注，没有让点外卖的人都体谅送餐者的不易而慢慢去等。很简单，自己不着急吃饭，所以就让送餐小哥不必着急——因为订外卖的人都喜欢打电话催。如果你很着急，也可以备注让送餐小哥“稍快一点儿”，这就是相互体谅。不要觉得一句“我没那么着急吃饭，送餐路上请安全第一”就侵犯自己作为消费者的权利了，不要把这份体谅跟规则对立起来。

规则和权利已经成为现代社会一种不证自明的政治正确和公理，人们的权利意识越来越张扬，爱把“这是我的权利”放在嘴上，看起来是一种进步。但这种权利意识如果没有对自私的克制，缺乏对别人权利的平等尊重，没有体谅、理解、礼让、宽容、谦逊和人情的温度，就容易变成公共交往中一种滋生暴力和生产冲突的戾气。人们特别喜欢将一切对自己有利的东西用权利话语包装起来，使“自私”变得理直气壮并神圣不可侵犯。

是的，如今人们不缺权利意识了，却从一个极端走向另一个极端，过度维权之下，越来越缺以下这些可贵的品质：得理时的宽容，得势时的退让，处于优势时的谦让，冲突时的妥协，身处高位时的谦逊，不把规则用到极致的克制，对生活不如自己的弱者的体谅，留一份余地的善意，站在真理一边却不咄咄逼人的大度、包容和平和。

这种过度维权和咄咄逼人尤其表现在作为消费者面对服务者的时候，我曾在《花了钱也得守规矩》中批评过这种现象：一些人身上弥漫着这样的戾气：我是花了钱的，你就该看我的脸色，我就可以不守规矩，花了钱就是爷。这些人对一个基本常识很陌生，那就是花了钱也要守规矩，不管花多少钱，你也不是爷，都得尊重服务者。花钱只是购买服务，并没有购买别人的尊严，更没有权力为所欲为。“花了钱就如何如何”的自负之下，也滋长了一种贬低服务者的风气，好像服务者就得低三下四，就得“成全别人，恶心自己”。没有我们消费者花钱，你们服务者就得喝西北风——低劣的市场营销学兜售的这种尊卑服务观，也助长着“花钱就是爷”的居高临下和过度用权，没有理解双方关系的平等和尊重的相互性。

人们常把“维权”这个词摆在嘴上，可这种维权意识并不是不卑不亢地主张自己的权利，而是一种欺软怕硬，在位高者面前恭恭敬敬、服服帖帖，在位低者面前颐指气使、盛气凌人，在面对没什么权力的服务生时“权利意识”尤其张扬，在饭店里对服务生吆三喝四，在公共场所对服务人员大声呵斥。

“消费者是上帝”这话本是矫正计划时代的种种毛病，但这句混账话却误导并惯坏了一代人，滋长了很多人消费时把自己当大爷的戾气。多些互相尊重，多些彼此体谅，少些“我花了钱就怎么样”的优越感，就更能读懂那句暖心的“送餐路上安全第一”，也不会总把自己最坏的脾气、最臭的脸都甩给服务者。

这种不正经的节，网上氛围靠黄段，网下氛围靠奸商，酒店氛围靠渣男

情人节，一个个没有情人的家伙在朋友圈里兴奋地过着跟自己不相关的节，有情人的看着朋友圈这帮人，笑而不语。

这种不太正经的节日，可以冠冕堂皇地玩一些不正经的东西，开一些不正经的玩笑，发一些不正经的段子，集体不正经一下。吾国吾民在文化本性上内向保守，虽然越来越多元和开放，但主流文化还是禁欲和保守的，性是一种禁忌话题，性爱情爱受到压抑。某种程度上，这种节日成为人们在文化上释放情感压抑的一个机会。

这种节日，其实并没有几个人真的在过，主要是一种集体意淫所烘托出的氛围。围观过节的比过节的多，营造氛围的几倍于过节的人，情人节的空气中飘荡的主要不是荷尔蒙的味道，而是荷尔蒙的氛围：网上氛围靠黄段，网下氛围靠奸商，酒店氛围靠渣男。

节日的线上氛围，主要靠段子手。日常传播一些带色的段子，还有点儿不好意思，情人节却可以厚颜无耻地往群里、圈里传一些这种段子。一早开始，朋友圈就开始了一场情人节新老段子大赛，不带色而广为传诵的有：1. 不是每个恋曲都有美好回忆，1178 年 2 月 14 日，历史上的今天，小潘给武大喂药，在外面没回家的都轻点得瑟吧。2. 一哥们问女同事说：情人节没有情人怎么过呀？女同事回答，清明节没死人还得现杀啊。等等。

线下越闲越没节日可过的人，线上会显得越忙，越热心转发这些段子。

线下的氛围，没错，主要靠奸商。我有个研究心得，没有商业价值的节日，街上一般很难有什么氛围。节日的文化仪式和内涵已被奸商的消费主义所绑架和操纵，文化内涵会被抽空，只有具备消费元素的一面才会被彰显和挖掘出来。我们感知的节日氛围，主要是奸商们通过广告制造出来的——所谓节日氛围，就是忽悠你花钱的氛围，用广告轰炸你、提醒你的氛围。为了让你花钱，没有节日，都能生生给你造个节日出来，广告说是节日不是节日也是节日，广告没说节日是节日也不是节日。奸商们早就磨刀霍霍向渣男、傻男了，包装精美的巧克力，染出来的蓝色妖姬，提了价摆放在显眼位置的各种礼物，就是砍向渣男、傻男、痴情男的刀。

当元宵节与情人节相遇，我们的元宵节氛围为什么干不过西方人的情人节？主要是消费主义文化意识形态所主导的，元宵充满文化传统的内涵，却缺乏鲜明的消费元素，而情人节虽无本土文化元素，却有能让商人推销巧克力、玫瑰、避孕套和各种让男人不掏钱就觉得对不起女人的礼物。很多时候不是我们在过节，而是奸商需要我们过这个节。

真的没什么好过的，对很多人来说，不过是一个可以蹭热点的谈资。营销号绞尽脑汁地想着蹭的角度，政务微博谨慎地寻找着可以借势的点，杜蕾丝“公关狗”黑着一夜未眠的眼圈改着寄望一炮走红的文案，“公号狗”单着身吃着方便面写着教别人怎么撒“狗狼”、怎么玩浪漫的软文。我呢，发了这篇文章后，准备去幼儿园接孩子。你呢，看完这篇文章在朋友圈转发后，该干吗干吗去，别被段子和奸商忽悠了。

春节放假15天，取消英语，你们开心就好

近来两会舆论场上最热的话题应该是这两个：春节放假15天，取消英语。尤其是这位人大代表“延长春节假期至15天”的建议，引爆了舆论热情。这位代表认为，春节7天假期除去奔波往返的时间，实际假期很短，尤其是对于家在外地、路途遥远的上班族来说，春节假期尤显不足。好像没有哪一个话题比“多放几天假”更能提起网友对两会的共同利益感觉，新闻后面，一片点赞的狂欢。看看这些留言就知道人们是多渴望放假。

1. 来，请把全场的话筒都交给这位，音量调到最大！2. 一看你的面相就属于那种长命百岁的人。3. 这位代表绝对是人民自己选出来的。4. 两会开到现在，这个建议最接地气。5. 这个提议我真的想跪下给磕个头。6. 人民提议这个代表应升职。7. 总会安排人说些深得民心的话，然后全票否决。8. 同意的都是打工的！反对的都是老板！9. 希望还是要有的，万一实现了呢？最坏的也不过继续7天，反正不会再少了吧。能不能上15天班，剩下都休假？

当然，一片“跪舔”代表、把这位代表当亲人的声音中，也有一些理智的声音，比如：1. 铁路职工说，你们开心就好。2. 然而这是不实际的，春节放假15天，也就是整整半个月整个中国各行各业都没有有效地运行，说白点就是处于半瘫痪状态，企业的收益、职工的待遇、政府的运行，等等，都是问题，这种事情不是拍脑袋就能决定的，最起码以我国现有的实力是基本不可能做到的。3. 这代表缺乏理性，但情商挺高，知道说些啥能让网友们

开心开心，自己赢得美名，至于能不能实现关我屁事。4. 然后再连续工作十几天？5. 董事长的提议太好了，希望先能在贵公司试点一下。6. 哪有7天!!! 只有3天!!! 那4天是双休调的好不好!!!

令人欣慰的是，面对这个“大家爱听”“让人们开心”的建议，还是有一些理智的声音，人们并没有陷入那种“为了多放几天假不顾一切”的非理性盲从之中。那位铁路职工说得好，你们开心就好！——这提醒，放假牵动很多利益方，企业、服务行业、社会正常运转，等等，不能只迎合某一个群体的感性需求。

还有“取消英语”也是，经历过中国教育的人，都知道学英语的痛苦，学习的时候，可能都涌动着一种“取消英语学习”的冲动。如果网络投票，网民肯定多数赞成取消英语，可这完全是一种非理性的“民意”。不用上班，不用上学，有高福利高收入，每个人心里都涌动着一个“钱多事少离家近，位高权重责任轻”，迎合人们的这些需求，人们都会开心，但提高了非理性期待却根本无法实现，最终带来的还是不开心，是失望和撕裂。

我觉得像“春节放假15天”和“取消英语”这样的建议是不慎重的，虽能有效设置议题，能赢得非常高的“民意支持”，但这种讨论是无聊的讨论，是浪费宝贵议政资源的低质量讨论。政协主席也说过，拒绝浮躁和脱离国情的极端倾向。在我看来，一个好的提案议案，应该有以下几个特点。

其一，贴近实际，可操作性很强，不是徒具观赏的花架子。提出一个建议，也许只要拍拍脑袋就可以了，但负责任的代表委员，不仅想“创意”和“掌声”，更会考虑到可操作性。“可操作性”的自我审思，可以避免建议走向“浮躁和脱离国情的极端倾向”。

其二，拒绝迎合，要有独立思考和见解，不是流于舆论场表面的那些肤浅建议，要能够深入中国实际，发掘那些被遮掩、成为盲区的观点，打捞沉默的声音，为那些平常缺乏话语渠道的无声者表达，代表那些被忽略的群体表达声音。呼吁放假的声音天天能听到，白领有话语权，但服务行业一线工作的劳动者，公众一放假他们就承受压力，没人替他们代言。说多放几天假，非常讨巧，惹人喜爱，可有没有看到那些承受假期成本的群体？

其三，聚焦于代议士的核心权利，而不是鸡毛蒜皮。每年全国两会，我都特别关注代表委员关于财税方面的建议，盯住政府的钱袋子，盯住政府怎么花钱，这应该是人大代表诸种权利中最核心的权利。不能一边痛骂公款吃喝，一边却让可能成为吃喝财政的“灰色预算项目”过关，要知道盯钱袋子是最重要的。

其四，专业和深入调查。参政议政虽然还没有实现职业化，但需要有专业的投入，提案议案不是拍脑袋想出来的，不是临行前请人写个东西，而应该在过去一年里有实地调查，有过调查研究，这样才能写出有分量、有现实问题意识、有现实可操作性的提案议案。用自己的专业积累和深入调查去贡献参政智慧，愿牧人只谈羊群，船夫只谈风向，多点儿专业深度，少点儿跨界炮轰。

其五，不偏激，不迎合某一个群体的利益，而有综合衡量。两会虽然是各个利益群体博弈的平台，但其实很多利益群体是缺席的，需要代表委员有超越自身利益局限的公共意识。作为富人，董明珠能超越这种身份，替中产阶层和穷人考虑，呼吁为他们减税，就很好。精英要有为大众代言的能力。

其六，不盲目追热点，不刻意求新，要有问题的定力。我很欣赏一些代表委员，几年来追着一个问题穷追不舍，没有得到满意的回复，就一直追下去。很多问题就在这种穷追之下得到解决了，二胎放开，取消长途和漫游费，当年取消农业税，等等，都要感谢一些有议政定力的代表委员。今天提这个，明年追那个热点，不管回复有没有解决问题，立这个法立那个法，东一榔头西一棒子，其实没多大用。

其七，思维不要发散，要有问题聚焦。讨论政府工作报告，就是围绕工作报告来谈，不要想到哪里说到哪里，议政不能碎片化和微博化，人人都想设置一个议题，而没有核心话题，议政效率就很差。政府工作报告是议政核心，不要游离于之外。

其八，不自设敏感禁区，敢于面对真问题。只要是真问题，不管多么尖锐，都要敢于提出来，代表委员的表达都受法律保护，不要自缚手脚。

路人无错仍要赔摔倒大爷？含糊报道又让法官挨喷

“摔倒的大爷”，加上“无辜的路人”，再加上“有争议的判决”，注定将是一条引发激烈争议的新闻。这条题为《大爷摔骨折“赖”上推车经过的路人法院：路人赔2万》的新闻称：

59岁的李阿姨推着自行车从赵大伯身边经过时，70岁的赵大伯与自行车后轮一接触，失去平衡摔倒了，小腿骨折构成十级伤残。他要求李阿姨赔12万余元，而阿姨则称他夸张的转身动作才是他摔跤的原因。法院审理认为，根据交通警察大队出具的交通意外证明，大伯和阿姨在主观上均不存在故意或过失，应根据实际情况，由两人分担损失。虽大伯主张阿姨存在过错，但未提交充分证据予以证实，法院不予采信。最终，法院判决，李阿姨偿付赵大伯各项损失2万元。

看前面还觉得法官挺敢于作法律决断，但看到最后一句，很多人都怀疑这是不是一个假判决：既然双方对损害发生都无过错，为什么判大妈赔2万元？很多人都觉得这个判决不合逻辑，甚至觉得这是在鼓励碰瓷，没有过错凭什么让人赔偿。网友都联想到当年的彭宇案，觉得这样的“荒唐”判决要为社会道德的退化负责。新闻后面，是一边倒地讨伐法官的评论。

幸亏这一次发生冲突的是大爷和大妈，而不是大爷和年轻人，或者大妈和小伙子，否则又要引发“老人变坏、坏人变老”的代际撕咬了。59岁的李阿姨和70岁的赵大伯，让人们可以超越年龄、身份和代际之争，也不必扯上什么“不敢扶老人”之类的伪问题，而理性地在法律框架内探讨问题。

很多人从常识常情常理的角度无法理解“没有过错仍要赔偿”，觉得没有过错就不需要赔偿，那才天经地义。其实法理并非如此，从法律角度看，有些时候你即使没有任何过错，仍是要赔偿的。比如据《民法通则》第一百三十二条规定：“当事人对造成损害都没有过错的，可以根据实际情况，由当事人分担民事责任。”即损害双方对损害后果都没有过错，但是如果在受害人的损失得不到补偿又显失公平的情况下，由人民法院根据具体情况和公平观念，要求当事人分担损害后果。这就是法律的“公平原则”，实质上是一种法官自由裁量原则，法条中只有原则性规定，在实施中由法官根据立法精神从公平合理的角度出发将民事责任分摊给各方当事人，做出符合立法目的的、公正裁决的归责原则。

我觉得，这一案件就适用“公平原则”。虽然从因果关系上看，赵大伯摔伤不是李阿姨造成的，李阿姨在主观上不存在故意或过失，但从实际情况看，又有一定的关系。如果赵大伯得不到赔偿，显失公平，所以由当事人分担损害后果。

我看过另外一个判决，适用的就是这一原则。患者李某住院期间，从病房楼 6 层坠落死亡。李某家属以医院违反安全保障义务和疏于管理、护理失职以及未全面履行医疗服务义务为由，将医院告上法庭。经过审理，法院认定，原、被告对李某的死亡均无过错，但李某是在被告处进行医疗活动的过程中死亡的，被告应对二原告给予一定的经济补偿。虽然没有过错，但依公平原则，仍要赔偿。

“没有过错仍要赔偿”还有另外一种情况，《民法通则》第一百零九条规定：“因防止、制止国家的、集体的或者他人的财产、人身遭受侵害而使自己受到损害的，由侵害人承担赔偿责任，受益人也可以给予适当的补偿。”——别人为了保护你的财产而受损，你虽然“没有过错”，但从公平和道义来看，你也要承担一定的补偿。侵权法上的“无过错责任原则”也有这样的规定，没有过错造成他人损害的，依法律规定应由与造成损害原因有关的人承担民事责任。

其实，如果媒体在报道的时候，把法官判决的法理说清楚，相信很多人都能理解这种法理，而不会想当然地觉得“无过错就无责任从而无须赔偿”。很多冲突，都源于报道的语焉不详：只报道一个结论，而不援引判决的全文，不报道法官判决的法律依据，自然会引发法理与常理的争议。我相信，记者在报道这条新闻时，一定也充满困惑，凭什么“没有过错也要赔偿”呢？如果有基本的专业主义精神，在报道时援引一下判决依据，并请相关专家解读一下，就不会引发网友误读了。可怕的是，一些记者不仅不会在报道中“释疑”，甚至利用这些“疑问”作为争议的噱头，制造和消费这种争议，在故意误导吃瓜群众中收获眼球。

用简单法律能说清楚的事，何必制造不必要的争议，把争议之火往法官身上烧？

当然，这也不失为一次普法的好机会，即使相关部门和法院没有任何问题，那么在引发舆论争议之后，也应及时回应舆论的关切，给公众一个法律解释，避免让法官的判决和法律的公信背锅，避免形成“糊涂官又作乱判糊涂案”的刻板标签——毕竟，很多人对法院和法律失去信任，都是从这一起起个案而起的。尤其此案又属于虽然不大、却与每个人密切相关、人人都可以碰上的事情，不去解释的话，很容易形成“路边的大爷不能碰”“碰到大爷绕着走”的日常恐惧。及时回应舆论争议，既避免了对判决的误读，也普及了那些看起来似乎与常理相悖的法规。

丁义珍式窗口和电视剧式监督

有一种窗口，叫丁义珍式窗口。《人民的名义》之所以成为现象级的电视剧，很大的冲击力就在于其真实。很多情节都取自现实，简直就是“现实直播”——那个低矮的窗口，把权力的傲慢演绎得淋漓尽致。你在外头，他在里头，你只能蹲着跪着，他坐在里面居高临下，人民的公仆，却以“人民的名义”，摆出了老爷的谱儿。电视剧热播后，媒体从现实中扒出了很多丁义珍式窗口，还有丁义珍式意见箱——某地供人民向政府官员提意见的意见箱，高高悬挂，它在上头，你在下头，只能仰视，非姚明不能够着。

丁义珍式窗口，象征着一种高高在上的权力，一切以权力的方便为中心，你去政府部门办事便是“求”着他们。窗口是有形的，重要的是官民之间横亘着一道无形的窗口。比如某地曾曝出过一条新闻：秦皇岛 80 岁以上的老人可以领老龄补贴了。原本好事一件，却让有些老人犯了难。原来，有的社区为了方便通知老人、发放补贴，推行网上办公，要求老人们都加入 QQ 群——可别说上网加 QQ 了，张大爷李大妈们恐怕连 QQ 是个啥都不一定整得明白。

让老人加 QQ 领养老补贴，也是另一种丁义珍式窗口。如果发补贴的时候将心比心地想一想，站在老人位置思考一下，就不至于有这样的要求了。可一些公职人员，缺乏这种将心比心的换位思考，习惯了让民众都围着自己转。丁义珍式窗口还包含着一种“恩赐”意识，稍微有点儿惠民便民之举，就认为百姓“占了国家的便宜”，就以施恩者自居，傲慢地、自作主张地添加一些额外要求。老人可以领养老补贴，这本是老人应得的福利，不是什么恩赐，应该将补贴送到老人手中，而让老人开QQ去领，就是施舍心态下的规定：给你补贴，让你开个QQ怎么啦！他们缺乏这种谦卑的权力观：这是对纳税人应有的服务，而不是恩赐。

与丁义珍式窗口对应的是，我还发现了一个有意思的现象：有一种监督叫“电视剧式监督”。平常我们说舆论监督，主要是网络和媒体，但这一次让丁义珍式窗口成众矢之的的竟然是热播电视剧。我不知道是喜是忧，现实中那么多丁义珍式窗口，可因为太多了而已经见怪不怪，很难成为新闻，舆论监督已经失效。等有一天这种窗口出现在电视剧中，以一种戏剧化的方式与热播剧情表现出来时，人们才觉得那么刺眼。

“农妇顺手摘野草”获刑，法律丢人还是新闻丢人

这条关于“农妇顺手摘野草获刑”的新闻，因为与常情常理相悖，注定会引发巨大争议。

源于《河南法制报》经“澎湃新闻”转载而引发争论的这条新闻并不长，是这么描述的：农民秦某发现其农田附近的山坡上长着类似兰草的“野草”，便在干完农活回家时顺手采了3株，被森林民警查获。经河南林业司法鉴定中心鉴定，秦某非法采伐的兰草系兰属中的蕙兰，属于国家重点保护植物。卢氏县人民法院以秦某犯非法采伐国家重点保护植物罪判处其有期徒刑3年，缓刑3年，并处罚金3000元。

显然，《河南法制报》是当作一个“教训深刻”的普法案例进行报道的，报道后来这样描述：无意间采挖3株“野草”就构成犯罪，这让秦某的思想受到了极大震动，也使周边的群众受到了深刻的法治教育。——可这个案例不仅没有让公众感到深刻的“法治教育”，反而激起了公愤，被舆论当成了一个反法治、反常识、悖常情的雷人判决。人们百思不得其解，一个农民，在农田附近的山坡无意中拔的几根野草竟是国家重点保护的“蕙兰”，竟被判刑，这对人们的常识感产生了强烈的冲击。如果真这样的话，也太可怕了，对每个人来说都是一个巨大的法律陷阱，随便采朵路边的野花说不定哪天就“进去”了。

所以报道后面是一边倒的批评。有人说，李时珍尝百草，估计得判无

期，神农尝百草，估计放在现在就是死刑了吧！有人说，你们说好重点保护，倒是好好保护啊！一个农民怎么会知道地头的野草是国家重点保护植物？为什么不标识出来？只能说是当地林业部门对于重点保护植物知识普及不到位，难道下地干活还要拿一本重点保护植物名录吗？

确实，从既有的报道看，无论是从法理，还是情理，还是常识性的道理，这个判决都是站不住脚的。

首先是“国家重点保护植物”——体现“重点保护”非常重要，《森林法》第二十四条规定：“国务院林业主管部门和省、自治区、直辖市人民政府，应当在不同自然地带的森林生态地区、珍贵动物和植物生长繁殖的林区、天然热带雨林区和具有特殊保护价值的其他天然林区，划定自然保护区，加强保护管理。”“对自然保护区以外的珍贵树木和林区内具有特殊价值的植物资源，应当认真保护。”——这些说的是政府保护责任。从报道看，农田附近山坡上长着的野草，既没有划定保护区，又没有特别标识，说明在“保护管理”之外。是啊，说好的国家重点保护，倒是好好保护啊，就这么长在野外，这也太不把“国家重点保护植物”当回事了，一个农妇怎么知道这是“国家重点保护植物”？

河南大学生掏鸟窝被判10年的新闻中，从后来当事人高价卖鸟看出，他是知道掏鸟窝掏的那些鸟是珍贵鸟类，而不是常人理解的那种掏鸟窝。还有几年前一个判决，几个民工翻墙偷葡萄，没想到偷的是科研用葡萄，价值昂贵——虽然偷时不知道葡萄是昂贵的科研葡萄，但葡萄是“受到保护的”，民工翻墙去偷，被索赔也不算冤。可长在农田野外、又无保护标识的野草，顺手摘了几株就被判刑，也太违反常理了。要追究也先追究政府部门“保护不力”的责任啊！

从法理看，对于非法采伐国家重点保护植物罪，是否“故意”对定罪量刑非常重要。相关解释称，本罪在主观方面只能由故意构成，过失不构成本罪。本罪不问动机，无论你非法采伐是为了什么，是盈利、观赏、科研还是其他，无论何种目的，只要明知是国家重点保护植物，而予以采伐或毁坏的，主观上即存有故意——如果真的不知道，不构成本罪。这里的“主观是否存在故意”，应根据行为人的客观表现进行判断，不是说你一句“我不知道”就判定你不是故意，法律上的“明知”是指“知道或应当知道”——你自己说不知道，但从常理判断你应该知道，那也算“明知”。在此一案件中，如果新闻报道没有问题的话，真是普通农妇，也真是从农田附近的山坡上采的，应该可以推定为“无意”。

报道语焉不详，总让人感觉缺了不少新闻要素。说实话，判决过于荒唐，过于违背法理和常情，以至于我觉得很可能是报道存在一些问题，隐藏了一些关键事实，从而误导了公众，让人觉得判决太雷人。以前很多类似争议判决问题都出于媒体的报道上，比如某媒体曾报道称“河南警方悬赏大不同：新乡三万抓偷葱贼，洛阳曾五百寻副市长”——引发公众对警方悬赏标准的批评，后来的完整事实显示，那不是简单的偷葱案，而是命案！还有某媒体另一篇报道称：成都男子爬树偷窥女邻居被判强奸罪获刑一年——“爬树偷窥竟被判强奸”一时成为奇谈，可后来调查显示，报道隐藏了一个关键事实，那个男子不仅爬树了，还下树了，还推门了，并有其他行为。完整的事实才能让人理解判决的逻辑，可很多报道为了吸引眼球，有意无意地隐藏关键新闻事实，制造戏剧冲突。

“农妇顺手摘野草”获刑肯定很荒唐，但目前来看，还不知道是法律制造的奇葩，还是新闻制造的荒唐。

从周杰伦风波看明星与粉丝关系的脑残化

周杰伦一声“滚”引发的风波并没有因为他的道歉而停歇，有人觉得他的道歉不真诚，有人觉得他在公共场合如此骂警察应依法受到惩罚，不能因为是名人明星就可以敷衍道歉了事。周杰伦对警察的态度显然是错误的，这一点很多评论已经从法理层次作了分析，我关注的焦点是作为明星的周杰伦对粉丝的态度，置公共秩序于不顾，毫无原则地“护”着自己的粉丝。

从媒体的报道还原一下当时的现场。西安演出的点歌环节，一名粉丝多次踩上椅子高举灯牌，挡住后面人的视线，现场的警察为维护秩序而拿走她的灯牌，周杰伦当场发飙，大吼：“这位公安，你不要乱丢我歌迷的灯牌，有没有听到？嗨，我在跟你讲话有没有听到？你给我滚出去！”

一声护粉丝心切、为粉丝不惜骂警察的“你给我滚出去”，点燃了粉丝们“同仇敌忾”的激情，现场立刻形成了明星主导的、可怕的多数人暴力，数万粉丝齐声呵斥那个安保人员，那一刻，周粉的凝聚力达到顶点。明星有很多种吸粉的方式，可能没有什么比“明星敢于为自己的一个小粉丝出头”更能凸显明星的感召力，更让粉丝感激涕零，更能增加粉丝的凝聚力，从而更为明星吸粉。很多粉丝都说“没有跟错人”“他真把粉丝当朋友！”

但这一幕无比丑陋！粉丝疯狂地表达，明星没有原则地护着粉丝的疯狂，激发了全场粉丝集体非理性的疯狂，疯狂的场景见证着明星与粉丝关系的脑残化。明星无原则地护着粉丝，粉丝无原则地追随明星，是非、法律和秩序被明星所主导的多数暴力所践踏。

对于明星的疯狂粉丝，人们常用“脑残粉”来形容。——所谓“脑残”就是，失去了起码的理智，缺乏基本是非感，盲目地追随和崇拜，不管自己喜爱的明星说了什么、做了什么，都疯狂地痴迷，放个屁都是香的。追捧他代言的品牌，沉迷他的影视角色，力挺他的媒体言论，攻击围剿他的“对手”，为偶像的“错误”进行没有原则的辩护，对任何不利于自己偶像的言论进行口诛笔伐。过去人们往往只看到一些粉丝单方的脑残，其实很多粉丝的脑残不是单方和孤立的，背后常有明星的非理性诱导、激发、迎合、消费和利用。

明星对粉丝有着巨大的引导力和感召力，每个明星身后都有一堆死忠粉。“脑残”和“死忠”在大众娱乐工业中似乎已经洗白为褒义词，但我一直觉得，有理性能力的明星应该善用自己对粉丝的这种感召力，“管理”好自己的粉丝——说得更准确点，不是管理好而是引导好。不要把粉丝当成自己可以随时动员、指哪打哪、无原则地跟随自己的私人资本，不要以让粉丝脑残和死忠为能事，应该在公共事务上引导他们端正三观明辨是非，在混乱的舆论场中保持着清醒的判断力。有人看低明星和这个行业，但明星不能看低自己，不要觉得“身处娱乐业”就可以降低对自己的道德要求，就觉得道德、责任、公义和法律跟自己无关。实际上，明星比一般舆论领袖有着更高的影响力，是大V中的大V，有责任用自己的良善和正义去影响粉丝，而不是仅当成消费和变现的工具。

很多时候，有什么样的明星，就有什么样的粉丝。很多粉丝的脑残化，与明星本身有着不小的关系。我常看到一些名人明星在微博上与他人发生冲突后，带着自己的粉丝去打“群架”，让粉丝帮自己去人肉别人，纵容自己的粉丝去别人那里攻击谩骂。人与人之间的撕，最后演变成粉丝群体之间激烈的撕咬，甚至有团队在后面管理着粉丝去替自己撕，在网上掀起一波又一波的血雨腥风。这种疯狂之中，能看到明星与粉丝之间彼此的脑残化。

脑残的粉丝常常没有原则地为明星辩护，无论明星犯了什么不可饶恕的错误，都会有粉丝辩护：他还那么小，他那样做已经很不容易了；他那么帅，不管犯什么错我都还喜欢他。你们知道他有多努力吗？你们根本不懂他。你们怎么可以这么说他？你们都是嫉妒。为什么他这么努力还有人黑他？想红就直接说，不要借黑他来炒作自己。请公平对待他。宝宝不哭，我们挺你。出于对这种脑残粉的回报，明星常常也会有一些无原则的护粉言行，不管对错，支持粉丝可能破坏公共秩序的疯狂，跟安保怼，跟狗仔怼，跟媒体怼，用脑残式“讨好粉丝”去生产粉丝的脑残。毕竟，越疯狂的粉丝，才越好变现。

周杰伦那一声护粉丝的“你给我滚出去”也许是无意的，但在那种语境下产生的影响却很恶劣。他已经道歉了，如媒体评论所言，知错能改还是很有担当的，他的一些粉丝也在反省“处理方式确实欠妥”。但愿这声道歉能带来真正的理性反思，而不是舆论压力下自我强化的悲情凝聚和群体仇恨。

驴友遇险政府无偿救援天经地义，恶评作死太冷漠

五一前后，来自全国各地多支户外团队来到宝鸡太白山进行鳌太穿越，因遭遇暴风雪，至今20多名驴友失联，2名驴友遇难，搜救工作仍在进行之中。记者从陕西曙光救援队了解到，4月30日上山的青海团队7男2女失联；5月1日上山的义乌团队，13名驴友失联；5月1日上山的上海8人团队，其中5人已经安全抵达大爷海，2名男性驴友确定死亡，1名女性驴友至今失联。(综合近日媒体报道)

悲剧让人惋惜和痛心，让人反思冒险穿越、挑战极限的代价——但舆论和公众在关注救援进展的同时，也在思考这样一个问题：冒险穿越，不仅个人付出了沉重的代价，政府救援也付出了巨大的成本。茫茫大山，险境重重，救援难度是非常大的，政府为个人的冒险耗费了巨大的公共资源——一些地方对遇险驴友的救援中甚至出现过救援者牺牲的悲剧，救援过程中坠崖遇难。很多人追问，冒险穿越是个人的事，为何要让公众资源买单？很多地方都有风险提醒，这些人还要逞个人之能去挑战极限，遇险后的救援费用，应该由这些人自己承担。

“谁冒险谁承担救援成本”的思维貌似合理，其实是错误的。无论从道义还是法律看，这种成本天然都应由政府承担，这是政府与公民之间一种默认的承诺，政府应该保障公民的生命安全，竭力去救助陷于险境中的公民。税收法定，收费亦是如此，没有一条法律许可政府可以向公民收取这种救援

费用。公共救援应该是无条件的，并在某种程度上不惜代价，“冒险登山”在道义上也许应受批评，但不能用成本去度量救援。

这种救援属于政府提供的一种公共产品，公共品不适合“谁受益谁付费”的归因思维。很多人都觉得这些驴友纯粹是自己作死，明明写着“禁止攀爬野山”，明知道有很大风险，却还冒险作死，被困后耗费那么多公共资源去救援。比如当年四姑娘山救援出去上千人次，耗费巨大——这些钱都由政府买单，凭什么少数驴友的冒险行为，却要由全体纳税人承担成本？这种质疑是不合理的，公共品不适合“我受益我才支付成本”的“归因思维”。一个公寓着火，消防救援耗费了很大成本，不能因为你不住在这个公寓，就觉得不应该分担救援成本，这算账是没法这么算的。是的，你没有从这次消防救援中“受益”，但你总可能有一次置于某种险境时而享受某种公共救援，当你享受那种救援时别人也得跟你一起分担成本。

这正是公共品之“公共”的内涵，为了基本的生命安全保障，人们需要共担和均分成本。是的，你可能不会像驴友那样去冒险爬山，但可能会陷于其他因为自身不慎而导致的险境中，不能因为“多数人永远不会像驴友那样冒险”就形成一种多数暴力。日常生活中有很多类似事件，一个孩子调皮爬进了一个枯井陷入危险，政府花费很大成本去救援，能因此收取救援费用吗？一个老人因为记忆不好而迷路，家人报警后警方花费不少资源才找回，能因此收费吗？再举个极端的例子，一个人准备跳楼自杀，为了阻止这个自杀者，政府动用了大量资源展开救援。是的，自杀者完全是自己找死，可是能够因此向这个自杀者收取救援费用吗？如果向自杀者收取救援费，那自杀者可不可以因拒绝承担救援费而拒绝被救援呢？

救援自杀者都不需要让其承担费用，何况冒险登山并非自杀，而只是一种冒险。一个社会，也适度需要国民拥有这种敢于冒险、挑战极限、不畏艰难的阳刚精神，那样才能探索未知，才有不竭的勇气。一个社会，也应该在某种程度上容忍这种冒险和探险，善意地宽容这种有一定风险的极限挑战，而不是斥之为“自己作死”，不是把他们当成一种极大的麻烦。无论如何，救援对政府来说都是一种必要的麻烦，“营救生命”的意义不能用成本去衡量。

虽然很多地方写着“禁止攀爬野山”，但这只是一种道义提醒，从法律看，爬野山并不违法。如果违法了，可以依法惩罚，甚至依法索赔。比如，美国大多数政府和民间救援组织实施的救援行动都是免费的，除非是一些特例，如虚报险情等。美国有八个州已通过可对救援服务收费的法律，但有很多限制和条件，主要针对因违反规定而令自己身陷险境的求救者。有人说，让冒险者支付救援成本，付出代价，他们才会变得理性。其实，“攀爬野山可能丧命”的天然危险已经足以对很多人形成威慑了，无须再通过“承担救援成本”来威慑，这种成本只会形成对生命救援的阻隔。

从道义角度看，让遇险者支付救援成本，也会导致可怕的道德风险，让陷入自然困境的人又陷入选择的困境。那可能造成一个很不公平的结果，穷人遇险只能等死，有钱人才能获得救援，使遇险者在面临死亡威胁时不敢把生命放在第一位，而不得不衡量成本，要不要报警求救？获救可能会耗费多大的成本？自己有没有能力承担这种救援成本？逼人去在“生命与成本”之间作痛苦的选择，这显然是不正义的。一个人在生命安全受到威胁的时候，就应该获得救援，任何阻止公民享受这种救援的安排都是不正义的。生命无价，不能让公民陷于“要钱还是要命”的艰难选择中。

“有偿救援”隐含着这样一种不正当的逻辑，如果不给钱，就不救援——这个结论显然是无法接受的，就像义务教育必须是强制的一样，公民生命遇到威胁，救援也必须是强制的——正像强制的义务教育须免费一样，强制的生命救援也应该是免费的。否则会陷入一种悖论：我又没有让你救，为什么要救我啊？花钱未经我同意，凭什么让我支付？强制的，自然应该是免费的，否则就是一种强夺和勒索，这正是政府的公共救援应当免费的关键所在。

营销号炒作编造的高考满分作文，竟又被媒体当新闻追捧

早上看新闻，各大媒体都在热炒热捧“今年江苏高考满分作文”——《人生如路，快上车吧》。读了一下，确实写得不错，但感觉套路满满，可得高分，但算不上满分。仔细一想，不对啊，10 号刚开始阅卷，据我所知，每年真正满分作文的面世，有着严格的流程，比如当年同为江苏高考满分作文的《赤兔之死》，不可能这么早就向媒体公布啊。

看“信源”判断可靠性，是评论员的职业习惯。看了一下各大媒体的来源，都只有一句无从查证的“据媒体报道”——据哪家媒体报道呢？看了一圈，没有一家媒体交代了可证实或证伪的信源，都是不明不白地互相引用。每年高考后都冒出很多满分作文，还有零分作文，绝大多数是伪托和恶搞。如果只是网友胡编恶搞，那就编吧，也没人当回事，但媒体如此大规模地报道“江苏高考满分作文”，那就是新闻了，应该严格以新闻的标准进行审视，真实性就是第一位了。怎么能没有基本核实，不问来源，就以“据媒体报道”的方式互相引用呢？

如果真是江苏满分作文，最权威的发布部门应该是江苏教育部门，可我没看到相关部门发布过这样的信息，实际上阅卷还在紧张进行中，不可能这么早就发布。而且满分作文不是说满分就给满分的，有严格的程序，一般地方都是：除了要经过两名阅卷老师的审阅都确定后，还要经过第三位审阅老师与组长的审阅，从头到尾要经过四道关卡。可现在，怎么这么随意就出

来了？

到网上搜了一下，让人啼笑皆非，这篇所谓的“江苏高考满分作文”，差不多在高考语文考试结束后不久就在网上传播。8 日晚上开始在江苏各市县的贴吧中热传，都冠以“今年高考满分作文”。随后各大教育营销号和网站的教育频道开始以“网传江苏高考满分作文”为题进行传播。传着传着，一些媒体就把前面的“网传”去掉了，以“江苏高考满分作文面世”进行报道。前几天还只是在少数自媒体和网络论坛中传播，今天就辐射到传统媒体，形成假新闻从自媒体到传统媒体的倒灌。铺天盖地地跟风，互相复制而没有核实，生怕漏掉一条大新闻，失去自身应有的判断。

聋子听哑巴说瞎子看到鬼了，如此重大的新闻信息，竟不加仔细核实，互相将彼此的不靠谱当成信源，一句“据媒体报道”就敢弄个大新闻，上首页，上头条，一些媒体和媒体人的浮躁由此可见一斑。自媒体太多记者太少事实不够用，信息真假难辨，本应该是传统媒体人用职业素养证明自身存在的“不可替代的必要性”的机会，成为负责任的把关人，很多时候却形成假新闻的倒灌：自媒体营销号负责“网传”，传统媒体负责拿掉“网传”推波助澜。

哪里是什么高考满分作文，这是媒体人在新闻操守上再一次交出的零分作文。

有一种键盘绑架叫逼人“一分赔偿都不要”

舆论场有一种龌龊现象让人极为反感，就是把受害维权中正当的赔偿诉求污名化，把本来天经地义的依法赔偿诉求用洗地话术污名为“消费死者”“吃人血馒头”“漫天要价”。用圣人标准要求受害者，用贱人标准要求施害者，不顾“受害—赔偿”的法律因果关系和权利诉求，受害者一开口提赔偿，在某些人眼中就成了“受害是为了赔偿”。这种键盘上的道德绑架，形成了一种舆论暴力，逼得很多受害者不敢提赔偿。

前段时间杭州保姆纵火案“网传索赔金额”引发的舆论口水，见证了人心之脏——不要说那种“网传索赔金额”是谣传，即使真有这样的索赔，从法律角度看，不也很正当么？有什么好故弄玄虚地去抹黑的，仿佛开口索赔是很丢人的事。徐玉玉案宣判后，徐父受访时称“这个案子对我一家伤害太大，我们一分钱赔偿都不要”，竟然有脑残评论说，徐爸爸的分文不要与林爸爸的1.5亿元形成鲜明的对比。难怪有人愤愤地说：其实完全可以在严惩的同时也要民事赔偿，就是被一群“键盘侠”们逼的，要赔偿的话，“键盘侠”们就会说你就是为了钱。

还常常看到这样的新闻：老人被撞伤一分钱赔偿都不要，称小事不要放在心上——后面一边倒地鼓掌叫好，一边倒地赞美“中国好老人”。被撞伤了，凭什么不能要赔偿呢？这帮人不知道，大爷“一分钱赔偿都不要”都是给逼出来的，敢要一分钱的话，喷子们就会不分青红皂白地骂老人讹诈了。在他们眼中，完美老人的形象就应该是这样子的：被撞了，不哭、不闹、不喊疼、不要赔偿，还拍拍吓傻了的年轻人的肩膀，小伙子，没事，别吓着了，大爷不要你赔，一路走好。

这种舆论绑架下，很多受害者要么在接受媒体采访时不敢谈赔偿，要么像徐父那样宣称“一分钱赔偿都不要”，要么用“索赔所得将设立某某基金会”来自证“不为钱，只想要个公道”。真让人很难受，凭什么就不能赔偿和公道一起要呢，赔偿难道不也是公道的一部分？要赔偿是正当的法律诉求，凭什么要用“不要一分钱赔偿”自证完美和崇高？

“一分赔偿都别要”这种反法律的舆论绑架是怎么形成的呢？

一方面可能是洗地者混淆视线，用“一切都是为了钱”来把水搅浑。一般事件的舆情发酵中，没有什么比“谈钱”更能搅动公众的敏感神经，也没有什么比“原来是为了钱”更能构建起一个契合人们的世俗想象、似乎让人恍然大悟的阴谋论故事，激起人们的围观欲，满足吃瓜群众愤世嫉俗的简单想象。性、权力、金钱，永远是转移视线的最好元素，因为这三要素最容易构建出一个满足人们脑补需求的故事。别管吃瓜群众怎么义愤填膺，扔一个不明来源的“他们开口要了多少钱”，焦点就会转移到对受害者的质疑身上，让受害者成为众矢之的。数字越大，受害者会被骂得越狠。

这就是人性，子虚乌有的“天价赔偿”就会扭曲人心，使舆情逆转，让本来的怜悯变成一种夹杂着羡慕嫉妒恨的猥琐情绪，失去了对受害者遭遇的同情。受害的反正不是自己，可受益的，竟然不是自己——人性有时就这么阴暗。洗地者深谙此道，常常采用这种煽动法，逼得受害者说“只要公道，一分赔偿都不要”。

当然，背后也有着病态反转癖的一惊一乍，当某个新闻背后舆情一边倒的时候，总有一些人想制造个“惊天逆转”，没有新闻去制造新闻，没有反转去制造反转，故作高深地告诉你“事情没你想象得那么简单”。这世上很多事情本来是很简单的，发生冲突，制造了伤害，进入法律程序，提出赔偿诉求——无比正当的诉求，无比简单的是非，但被人当成“惊天逆转的消息”故弄玄虚那么一渲染一炒作，简单事情就会复杂化，仿佛一开始背后就有某种不可告人的秘密。正当的赔偿诉求，很容易就被病态反转癖患者们玩残了。本来很简单的戏，但因为好事者的自我加戏，水被搅浑，简单是非也被搅乱了。

比奥迪二手车广告更烂更Low的是花式洗地

再凶狠的婆婆，再没素质的妈，再欠教养的人，会在众目睽睽的婚礼上，当着众嘉宾的面，像检查牲口一样检查穿着婚纱的儿媳妇，捏捏鼻子、扒开耳朵、掀开嘴巴……一番检查后，最后暗暗得意地打出OK的手势吗？不会，这哪里是婚礼，分明是公然侮辱女性，把女性当成待检的物品，多猥琐的思维才能构想出这样的场景。可奥迪二手车广告竟然就这么拍了，随后出现奥迪二手车介绍页面，配音是“官方认证才放心”。

很多朋友都说，在电影院看到这个广告时，后座嘘声一片。打开新闻看后面的评论，看到那么多人在骂这则广告，我就放心了。有人说，宣传二手平台有很多种创意，他们选择了最恶心、最恶劣的创意。明摆着就是歧视啊，三观不正，广告不走心。有人说，一股子中年男子餐桌上的荤段子味，确实反映出了这家企业的价值观和内涵。有人说，更坚定了认真读书的决心，生怕以后跟这群人一个圈子。欣慰于这个社会的主流三观还是一致的，让这则广告显得格外猥琐。这样的广告，真给开奥迪的丢脸。

真的无法理解，这么Low的广告是怎么通过层层把关的。从创意到文案，从企宣到主管，再到影院，难道创意团队中没有一个女性吗，难道这些人或这些人的媳妇都是这么被婆婆检验过来的吗，难道没一个人觉得这种广告修辞和隐喻有什么不妥吗？女性像物品一样待检，把女性比成二手车，让女性在婚礼上毫无尊严。虽然后来有人解释，这婆婆不是检查牙口而是检查这姑娘是不是天然的，检查鼻子和耳朵是看有没有用耳软骨隆鼻，扯下嘴唇是在检查有没有垫下巴。——够了，越解释越让人反感，这还不够歧视和物化女性吗？

有人猜测说，这则广告就是为了追求这样的争议效果，碰瓷女权话题，无争议不火爆，无话题不吸睛，大家越骂越能达到广告营销目的。作为媒体人，我不是太了解广告和营销界，难道已经堕落到为了火爆而不择手段的肮脏地步了吗？

想起某企业一则曾引发刷屏的广告，创意类似，效果却大不同。那是某网约车平台的一则广告，用的是“拜见丈母娘攻略”的创意。丈母娘考察女婿，女婿弱弱地拿出了很多证明，名校毕业证、房产证、车钥匙、银行贵宾卡，等等，证明自己可以信任和值得托付，最后的话外音是“某某对司机的审核也是过五关斩六将相当严格”——贴近现实的创意让人会心一笑，起到了很好的传播效果。奥迪二手车广告明显想借鉴这个创意，却模仿得不伦不类，让人有东施效颦之感。丈母娘严格选女婿，有着贴切的文化、现实和情感背景，巧妙自然，而反过来，婆婆在婚礼现场以这种方式检验新娘，则让人感觉突兀、生硬、粗暴、欠教养，甚至下作下流，充满歧视的意味。

为什么这样一则粗劣而下作的广告能通过层层把关而登堂入室进入影院呢？背后可能有很多原因，有创意的 Low，文案的 Low，主管的 Low，甚至一家企业价值观的 Low。没有媒介情商，没有换位思考，缺乏对女性的平等尊重，缺乏对文化的敬畏和受众的了解，企业价值观里没有比“赚钱”更高的责任情怀和社会关怀。——在此之外，我想说另外一个层面的 Low，就是广告环境之 Low，如此恶心的广告，很大程度上也是当下比俗比烂比恶心的广告环境熏出来的。

放眼当下我们所处的广告传播环境，可以说，奥迪二手车这则广告绝不是最 Low 最烂的，没有最 Low，只有更 Low。打开电视或网络，都不敢让孩子看，满屏广告都带着那种猥琐男饭局上的荤段子味，以无所不用其极的方式物化着女性身体。我见过一则题为“史上最性感的马”的广告组图，图中不是马，而是一位身着性感服装的少女，上身裸露，下着黑色三角裤配上蕾丝长袜，头戴仿制马耳，匍匐在地，背上写着“千里走单骑”，身后还垂着一条长长的马尾，姿势性感挑逗，这是一家游戏厂商为了推广自己的商品所推出的广告。还有什么“每天送你一位新太太”“等你来包”，房产广告配一个胸衣快掉的裸女，配上“不能再低了”。还有什么“他好我也好”，处处充满性暗示。长期以来，大众传播环境被这些物化和消费女性的广告所占领，入鲍鱼之肆，久闻而不知其臭，于是就熏出了像奥迪二手车这样的无节操广告。这个圈流行的也许就是这种价值观，所以整个生产链条中对如此恶劣的“物化和歧视女性”竟然集体无意识。

我们的大众传播环境还存在着一种对广告过度宽容的习惯，假如批评某个广告，就会有人说——只是一则广告，何必那么认真？仿佛只要打上广告的标签，就可以享受免受道德和规范审视的特权，就应该降低道德和法律标准，可以胡编滥造，可以随意夸张，可以不要三观，可以肆意歧视和消费女性，可以无视公益自私贪婪——某企业一则休闲服装广告竟然高调宣称：我管不了全球变暖，但至少我好看。就这样任性张狂，都是惯出来的毛病。

这奥迪二手车广告已经很 Low 了，比这更 Low 的是竟然还有人为此洗地。有的批评女性太敏感太玻璃心，骂反感这则广告的是“女权婊”。有的则充满鄙夷地说，你们抵制奥迪也先得买得起啊——一个网友怼得好：哪怕全世界的人都买不起，也改变不了这广告很 Low 的事实。有的则说：为什么物化男性时就没人反对——这是一个伪问题，男性如果这样像牲口被检验，一样会引发抗议。但愿这一次市场能狠狠教训这则广告，不能再惯着他们了。

交警如成反规则帮凶，马路将沦为多数暴力的野蛮丛林

看到青岛交警在舆论压力下取消了“限行让暴走团”的混账规定，我松了一口气，规则底线终于没有沦陷，挟多数暴力碾压规则的暴走团，终于被舆论狙击。舆论阻止了一场可能让马路沦陷于暴走的闹剧。

此前，青岛交警对机动车道进行分时段封闭，以供“暴走团”步行，引发舆论哗然。交警的回应进一步激怒了舆论：于法有据。什么法什么据呢？这里的机动车道本身使用率就不高，分时段开辟出来供徒步的市民使用，其实也是一种对公共资源的合理利用。还搬出了相关法律称，交管部门根据道路和交通流量的具体情况，可以对机动车、非机动车、行人采取疏导、限制通行、禁止通行等措施。

这样的回应真让人倒吸一口凉气，车道归车道，人行归人行，机动车道走机动车天经地义，暴走团随意占道影响交通秩序，应该赶走占道暴走团，怎么反去限机动车了？得寸进尺，鸠占鹊巢，反客为主，把机动车道让给暴走者，这哪还有天理？交警的使命在于捍卫交通规则，连交警都不讲理、不去捍卫规则了，马路将成为多数暴力的野蛮丛林，谁人多谁就狠，谁蛮不讲理谁占有路权。如果这一次暴走团在青岛成功绑架交警碾压规则，占路之举有交警和所谓“于法有据”撑腰，交通规则将成为一张被人鄙视的废纸。

这何止是纵容，简直就是在鼓励暴走团去占路了。青岛交管部门这种没有原则的荒唐行为，让我想起生活中常听到那些乱捣糨糊的瞎话：算了算

了、别太计较、来都来了、都是孩子、人都死了、岁数大了、毕竟长辈、都不容易、还能咋的。“限车让暴走团”的混蛋逻辑很像是说：走都走了、算了算了、闲也闲着、让就让吧。

随意占领机动车道的暴走团，本就是交管部门“不作为”惯出来的毛病。乱占道，违反交通规则，为什么不去管呢？机动车道是用来这样暴走的吗？不作为造成暴走越来越没规矩，越来越不把交通规则放在眼里，仿佛这世界一切都得给暴走让路。不作为种下了祸根，让暴走有恃无恐，现在又乱作为，助长马路上让人深恶痛绝的多数人暴力。

中国式过马路，就是马路上的“多数暴力”。红灯的时候，一群人趁一起成群结队过马路，根本不把信号灯放眼里，逼得车不得不停下来，拿他们没有任何办法。法不责众，很多时候交警站一边都没有办法。现在很多暴走团，跟当下已成顽疾的中国式过马路是一套逻辑：我人多我不怕，我走路我有理，我弱我有理，我成群结队，你拿我有什么办法？你有本事来撞我啊。惯着惯着，惯得那些闯红灯的行人觉得闯得理直气壮、天经地义，车就得让着我。——暴走团当下那种什么道都敢占的气势，似乎想把“暴走无罪、占道有理”的歪理变成既成事实，以多数暴力绑架规则。可怕的是，这种不讲理竟然受到了交管部门的支持，惯上天了，不仅占人家机动车道，还不让别人车走自己的路了。走机动车的路，让机动车无路可走。

交管部门不作为是错，乱作为是错上加错，曲解法律屈从暴走，让法律蒙耻，更是大错特错。是的，法律确实有规定，交管部门可根据道路和交通流量的具体情况对交通进行管制——可这种管制权显然是有前提的，不能随意滥用，起码应该遵守这些基本原则：第一，公益原则，要出于公共利益的目的，可暴走属于什么公益？第二，权利优先原则，路权属于谁，谁就优先享有权利，机动车道谁享有优先权呢？第三，正当性原则，占别人的道要有正当理由，暴走团有什么正当理由呢？即使缺乏健身场所，即使留给行人的空间不公平，也不能占别人的道啊？这三条原则，暴走团哪一条都不占，于法无据，于理不合，于情不通。总不能说，这路反正空着也是空着，不如让暴走团走更优化资源，这是对他人路权赤裸裸的侵犯，我的就是我的，我空着你也不能乱占啊。机动车道是用来开车的，不是暴走的。

可能又要有人说我“没讲出什么新观点新道理”，可当基本常识不断像这样被践踏的时候，我能怎么变着花样讲什么新观点新道理呢？

遗憾这次又是舆论倒逼邯郸纠错，纠错也不彻底

张某也只是住院期间在网上吐槽了几句医院食堂饭菜质差、价贵、量少，竟被涉县警方以“涉嫌虚构事实扰乱公共秩序”进行拘留。网络发酵成为事件后，邯郸警方回应称：涉县公安局原处罚决定已撤销，当事民警已被追责。撤销对当事人张某做出的处罚决定，对派出所所长停止执行职务，对办案民警调离执法岗位，责令派出所向当事人赔礼道歉。同时，要求涉县公安局举一反三，引以为戒，在全局范围内开展执法活动大检查。

又是撤销处罚，又是追责办案民警，又是责令道歉，看起来正义似乎得到彰显，法律似乎受到尊重——但说实话，这个结果并不让人安心。邯郸警方及时回应舆论关切，及时纠下级之错，当然值得赞赏，但遗憾的是，面对如此荒唐的错误，这一次又是舆论倒逼纠错，而不是系统的主动纠错，而且纠错也不够彻底。

这一次舆论之所以如此哗然，在于涉县相关部门太荒唐了，竟然拘留了一个只是吐槽医院饭菜质量的人，让公众在错愕、愤怒、震惊之余产生恐慌——这都被拘留的话，有几个网友能幸免？这都叫造谣的话，那监狱将人满为患。张某只是吐槽，一没有虚构事实，二没有诽谤攻击。如果张某无中生有地说饭菜里有苍蝇，或者捏造说吃了医院食堂的饭菜后生病了，那叫“虚构事实”，那叫“扰乱公共秩序”。只是作为一个住院者对医院饭菜质量做出评价，这种权利天经地义不证自明，已经像空气一样成为人们日常权利

的一部分。如果像这样泛化谣言概念，视吐槽和差评为谣言，生活就会窒息，网络更会窒息。

荒唐的是，涉县公安竟然将这样的吐槽者抓起来了，更荒唐的是，相关部门竟然缺乏基本的纠错能力，从调查到定性，再到抓人，这个长长的链条上竟没人发现问题。随意定性，随意抓人，直至网络曝光后舆论震惊。从媒体报道看，当地相关部门不仅没有意识到问题，甚至当成正面案例在媒体上宣传，办案者上电视后甚至成了被圈内追捧的网红。别说什么基本法律素养，就是不了解相关法律知识，仅凭基本的常情常理常识感，也能看出问题。你去酒店吃饭没吐槽过饭菜质量？你经历航班延误没吐槽过航空公司？你看垃圾电影后没给过差评？

办这样的案件，抓一个人，绝不是一个民警能决定的，而应有严格的程序。错得如此低级，如此不可思议，真让人怀疑，这不是普通的执法疏忽，背后是不是有利益关联或其他问题？

犯错并不可怕，可怕的是缺乏纠错能力，设置严格的办案程序正是为了纠错——可这起事件中，公众没有看到办案程序启动纠错功能，而像很多案件一样，启动纠错按钮的又一次是舆论和媒体。不可否认，舆论监督也是监督的一种重要方式，舆论纠错也是纠错的一个形式，但舆论纠错可能带有很大的个案性和偶然性。如果这一次当事人没有网上发帖求助，或者发的帖子被其他帖子淹没，没有进入新闻的视野，没有成为热点，舆论纠错程序就失灵了。这正是让人不安之处。如果这几天有其他大热点的遮盖，曝光没有这样的新闻爆炸性，没有激起每个人“你也可能因为差评而被抓”的痛点，很容易就沉下去了。

程序不能形同虚设，程序纠错是最重要的纠错，邯郸警方需要回应舆论和感谢网友，更需要反思程序在纠错上的失灵。

另外，既然纠错就要彻底纠错，而不能拖泥带水自留情面。从网络反应看，邯郸警方的纠错回应在获得舆论点赞的同时，也还是有很多批评声。警方在回应中强调：发帖人张某曾参与经营县医院旧址食堂。新医院搬迁后，因未中标新食堂经营权而心有不满，遂于酒后通过网络发布了与实际情况存在偏差的信息。——虽然警方“撤销处罚决定”了，但纠错还是拖泥带水留了一个尾巴。其一，什么叫“与实际情况存在偏差”？到底是失实，还是正常批评，这个界定并不难。其二，强调“张某因未中标而心有不满”，暗示张某的差评是一场蓄意的、动机不良的报复，却回避了张某确实曾住院的事实。以事实为依据，以法律为准绳，事实应该集中在张某的差评有没有造谣，而不是他跟医院有什么纠纷和他的动机。偏离核心事实的叙述，只会误导舆论歪楼。

公众需要程序主动启动的制度纠错，更需要有诚意有担当的敞亮纠错。

教师发旅游照让你不适是你自己有病，好好治病别让教师吃药

据报道，有地方教育管理部门善意提醒教师，不要在微博和朋友圈晒暑假在全国各地的旅游照片，因为这容易引起其他行业的不适和非议。比如有人会说，有那么多地方受灾，很多其他行业的人在酷暑下工作，教师竟然在高调张扬地游山玩水。还有人会说，还是当老师舒服啊，普通人带薪休假都难落实，老师每年却有两个长长的假期。

真让人目瞪口呆，这些完全都是站不住脚的无赖理由啊，为什么要屈从这些“我过得不好，你也别想好”的无赖逻辑？老师一没花公款，二没占工作时间，三没违背公序良俗，不偷不抢，正当旅游，发个朋友圈记录与分享旅游经历，太正常不过了。有地方受灾，其他人就不能旅游休闲了，都跑去抢险救灾，那社会就乱了。其他行业的人在酷暑下工作，老师就不能旅游了？那老师加班改作业的时候，其他人也不能旅游了？至于说带薪休假没落实，那应该去呼吁和推动落实，让更多人享受休假福利，而不是反过来让正当休假的人闷声低调别声张啊。

我想，有着正常思维的人都不会眼红老师朋友圈的旅游照，不会有什么不适和非议。比如，作为一个家长，我就特别支持老师出去旅游，并在朋友圈分享。老师暑假休息好了，开学后能以更饱满的热情和充沛的精力投入教学中，老师行万里路，开阔了视野，能更好地将自己的阅历和所学传授给学生，这种带着地气的活知识比书本教条可能对学生更有感染力。将心比心，

我们也有旅游休假的时候，也会在朋友圈分享旅游见闻，这种分享也是社交的一种方式，也是人之常情，为什么到老师身上就不行了呢？

有人不适和非议，这是不适者和非议者自身的问题，应该去批评那些病态的人，而不是反过来无原则地让正常的人屈从那些阴暗、失衡和猥琐。

有人批评教育部门“管得太多”。说实话，我能够理解教育部门的无奈，他们其实并不想越过公私权界去管教师的私事。谁想多管闲事没事找事呢？“管这种事”又不能给管理者带来什么利益，反而会惹教师反感。但网上的喷子太多了，这些喷子会制造出所谓的“争议舆情”逼着他们非要表态，用“激起争议”的方式形成舆论绑架，如果不回应就纠缠不休，扣上一顶“不作为”的大帽子。这些喷子利用一些基层管理部门“害怕引发舆情”的心理软肋，无事生非制造出“争议”去施压。其实很多时候所谓的“争议舆情”，只是极少几个喷子在嚷，绝大多数正常人都没有参与“争议”。

就拿教师朋友圈晒旅游照来说，有几个人觉得不妥不适呢？又有几个人会非议呢？千万不要被那种“伪舆情”所绑架，假期自己花钱旅游天经地义，晒朋友圈也是一种自由。你不舒服是你有病，好好治病去，别反让老师吃药。

不是教育部门太多事，而是喷子太能喷。我特别反感有人常挂在嘴上的一句话：这事政府得管管了。记得一个做过评论编辑的朋友说过：作为评论编辑，专家和写手在我心里还算是泾渭分明的，专家的稿子可能最终导不出什么最终解决方案；但很多写手的稿子，最终导向肯定是“政府要把这个事管起来啊！”——这种事事都要政府管的思维在很多人脑子中根深蒂固，一有什么问题，一出什么争议，就有人习惯性地说“这事儿政府得管管了”，根本不问问题的症结在哪里，不问到底是谁有病，到底病根在哪里？

在喷子眼里，这世界一切都有病，再美好的东西都能挑出刺来，从各种刁钻的角度挑刺儿。记得当年冰桶挑战很火的时候，那是多好的一件事啊，既好玩又有参与性更传播公益，可永远不要低估喷子刁钻的喷点：桶小，骂你不认真；桶大，骂你冰太少。水少，骂你太敷衍；水多，骂你太费水。只浇不捐，骂你作秀；只捐不浇，骂你没诚意。从国外传入，骂你崇洋媚外；从国内发起，骂你山寨。捐给 ALS，骂你卖国贼；捐给瓷娃娃，骂你以前怎么不捐。捐少了，骂你赚那么多，就捐这么点儿！捐多了，骂你是炒作！——最后再来一句：政府该管管了。

应该保持着公私权界，不要迎合喷子这种“政府该管管了”的权力万能思维，那其实是给管理者挖了一个坑，既让管理者很累，也是给管理者拉仇恨。谁有病就让谁吃药，对那些动辄没事找事、心理不适的非议者和喷子，应该一句话就怼回去：人家老师旅游发朋友圈关你什么事?

商人瞎吹游客瞎逛导游瞎编，消费北大清华后一笑而过

暑期旅游迎来最高峰，清华、北大等名校已成不少游客的“必游景点”，本是清静之地的大学，已逐渐景点化。为满足公众的参观需求，又要守卫大学的清净，北大清华不得不采取了限制措施。于是，一些奇葩的蒙混入校方式出现了：冒充大学生、伪造公章、钻进狭小的快递车厢里……一些黄牛甚至做起了带人入校的“生意”。一些所谓“导游”对清华北大知之甚少，讲解起来信口开河，甚至全靠胡诌。

能够想象，一个狗屁不通的导游带着一群看起来如饥似渴、满脸崇拜的游客，指着北大未名湖畔一个新建不久的仿古建筑，牛哄哄地称这是“民国建筑群”，介绍清华校史时以权威口吻宣称“清华没有文科功底，是一所工科大学”时，是怎样一幅滑稽场景。可是，你一认真就输了，此情此景，谁会当真呢？游客瞎逛逛，导游也就是瞎编编，满足一下“到此一游”的存在感就够了。像菜市场那样嘈杂喧闹的人群中，有几个会认真去听，有几个会把导游的话当真？本来逛逛北大清华就不是奔着什么历史、文化、建筑去的。

崇拜名校是很正常的心理，但我真没见过哪国人像国人这样近乎疯狂的崇拜。这种崇拜不仅是心理上的仰慕和教育上的追求，望子成龙，寄望孩子考到名校，还会变成一种“到此一游”的痴狂，以到名校朝圣滋养内心隐秘的状元癖，以置身于其中满足那种与名校的关系感。每到暑假，不仅北大清

华“沦陷”于各种夏令营和参观团，甚至连遥远的哈佛剑桥都“沦陷”了。据媒体报道称，伦敦、剑桥、牛津、爱丁堡等多地被中国人占领，参加夏令营游学的中国孩子成为“攻陷英伦”的新力量。常住居民仅10万左右的剑桥，今年接待了约550万游客，很多大巴上下来的大多是穿着统一服装的中国学生。蜂拥而至的人群，甚至逼得剑桥当地政府不得不出台了一些限制法令。

利用国人的这种名校崇拜，很多游学机构应运而生，已经成了一个巨大的市场。我所知道的是，一些游学机构太能赚钱了，一方面是赚家长的钱，利用家长们对名校的崇拜和“害怕输在起跑线上”的焦虑，知道中国家长在为孩子教育花钱问题上是从不含糊的，设计出各种跟名校符号挂钩的游学线路和夏令营；另一方面是把名校大学生当成廉价劳动力，用极低成本招很多未经过培训的大学生当导游，带那些对名校充满好奇和向往的大人小孩。

我的一个学生就抱怨过某些“鸡贼”的游学机构，批评他们“卖情怀卖阅历”，然后让大学生们当廉价劳动力。这些游学机构在招聘时会开出诱人的条件，说可以接触社会、引导年轻人、享受孩子们的单纯世界并能积累工作资历，当然还有收入。可工作起来才发现，辅导员工作实质就是“看孩子”，炎炎假日从早上6点一直工作到晚上11点，完全看不出什么“深入的交流”“孩子的单纯世界”，大学生就是一个工资更为廉价的导游。全天工作17个小时却只有200块钱的工资，连续几天的工作就是看管一群对大学完全无感的熊孩子。

一边向家长收天价的费用，一边雇一些廉价劳动力帮着“带孩子”；一边向望子成龙的家长卖名校符号，一边向名校学生卖情怀卖阅历，然后把钱都揣进自己的腰包。这就是很多跟名校挂钩的游学、旅游、夏令营背后的真相，嘈杂乱象背后是一个已经很庞大的市场和成熟的生意。做这种生意的人太了解大众心理了，知道大人孩子只想“到北大清华一游”，不用什么专业导游，招一些暑假急于找兼职的大学生就可以，不需要了解什么校史和文化，能侃能忽悠就行，于是就有了“把新建筑当民国建筑”那滑稽的一幕。一片闹腾之中，谁会介意他到底说了什么呢？

说到底，这是一种消费。商人瞎吹吹、游客瞎逛逛、导游瞎编编，消费了北大清华，然后一笑而过。北大清华这样的名校资源，其实已经像唐僧肉那样，成为被很多人贪婪地盯着的消费品。高端消费者拿着印着北大清华头衔的名片去忽悠，不在书斋里静心做学术，而是各种商业站台代言，透支着社会对名校专家的信任；中端消费者争相跟北大清华攀上关系，或者公司开在北大清华附近沾名校光，或者名字跟北大清华联系上蹭名校影响，或者借北大清华场所作商业宣传的背景，或者像一些游学机构旅游公司那样，把北大清华校园当商品卖，绞尽脑汁挖掘名校可消费的资源。“北大清华消费链”的底层，应该就是那些拼命往校园里挤的游客了，哪管这不是景点而是校园，哪管自己给本该很清静的校园留下了多少噪音、垃圾和干扰，拍个照片发个朋友圈，满足自己“到此一游”跟北大清华有了关系，然后心满意足扬长而去。

失去了清静的北大清华，就这样被各种人等消费着。为北大清华增添名气的寥寥无几，消费北大清华名气的泛滥成灾，这也许是名校最大的悲哀。

第五辑

专 评

一直对发型不满意的人有一个共同点，他们都不肯承认是脸的问题。脸与发型，正如内容之于标题，很多时候都不是标题不行，而是内容太烂。被标题折磨的人，没意识到首先缺乏内容自信。有好的内容，标题怎么任性，别人都不会反感。内容空洞，标题越搔首弄姿，越让人排斥。新媒体的使命就在于用创新抗拒和颠覆套路，没有内容，透支脑洞，绞尽脑汁，投机取巧，寄望用标题空手套白狼，传播凌驾于内容之上，空有急功近利的“10 万+”欲望，内容驾驭不了标题，套路撑不起内容，既把自己弄得很肤浅很疲惫，也没有前途。

他们争相放阅读量卫星，我们好好做新闻记者

最近在看一本有意思的书，解密《纽约时报》头版的故事，记者 Jennifer 8. Lee 谈到多年前刚到时报工作时的一个细节，她问时报网站编辑某篇文章的流量是多少——任何网站都有这样一个衡量标准。可她被告知，记者是不能看流量的，因为他们不想和电视太过相像，过于关注收视率。与流量保持距离，好像是当时报纸的一种共识，Lee 还谈到，当听说一家网站将记者薪酬与页面浏览量挂钩时，他们都皱起了眉头。

在记者与阅读量之间设一道防火墙，这样的故事对记者听起来真像是古老的神话。今天，恐怕已经没有媒体不把记者工作与点击量、阅读量这些数据联系起来了，阅读量甚至已经成为稿件评价的最重要指标。从稿件在网站和客户端发出起，记者也许就会盯着下面的数字，隔几分钟就会刷一下，看看最新阅读量。眼看阅读量上不去，就会透支朋友关系，厚着脸皮在各大微信群推自己的文章，让数字不至于那么惨不忍睹。以前介绍一个名记者时，会说他做过什么舆论监督报道，写过多少独家新闻，如今流行的介绍都是：他写过几篇“10 万 +”，某篇写某名的稿件被某公号推荐后上了“100 万 +”。

可“10 万 +”是去新闻化的，甚至是反新闻的，看看那些新媒体排行榜每周每月的阅读量排行，前 10 名，前 20 名，甚至前 100 名，有几篇是新闻？长期占据在阅读量榜首的博主，有哪个是记者？“10 万 +”基本上被段子手、营销号、八卦号、鸡汤号、鸡血号、假新闻号垄断着。某头条似乎成了这个

时代最成功的“媒体”，因为他们宣称他们有海量的用户和让人瞠目结舌的阅读量——是的，这是一个以阅读量论英雄的媒体时代，即使很多平台传播的多是娱乐和情色垃圾，没有几条可称为新闻，但宣称的流量数据似乎可以遮掩所有的丑陋。

媒体争相放阅读量卫星，记者成为“10 万 +”的奴隶，面目狰狞的新媒体暴发户用流量碾压着传统媒体，朋友圈传说着各种内容变现传奇，舆论场弥漫着关于阅读量的浮夸风，这便是第 18 个记者节到来之际新闻人所身处的媒介环境。

记得年初，媒体人李方那篇《当每个自媒体都想从帽子里变出兔子，已经没有记者在赶往新闻现场》在触动同行的痛感后，也受到很多记者朋友的批评。可回顾这将要过去的一年，媒体人可能拿不出多少真正触动人心的作品去回击李方的批评。前几天看到媒体对刘万永的一篇访谈，题目叫《作为一个记者，需要不停地用作品来证明自己》，让人很感动。刘万永没有谈“10 万 +”，没有谈流量，而是谈自己作为一个记者的职业本分，谈那些没有辜负自己这个职业的那些独家报道，用文字和新闻证明自己。这是一个记者应有的样子，脸上不是写满“10 万 +”的嗜血欲望，而是写满好奇心，写满对事实和真相的挖掘欲望，对独家新闻的欲望。

我并不反对“10 万 +”，并不觉得“10 万 +”有什么原罪，反对的是“10 万 +”崇拜已经成为一种新媒体意识形态，让媒体人的思维眯蒙化、鸡血化、头条化、狰狞化，急于变现，离所谓“财务自由”越来越近，可离新闻却越来越远。一个记者朋友，在报纸工作时写过不少让他闯下江湖地位的报道，一年多前离职，投入公号内容创业的大潮。前段时间聚会，好几个朋友都感慨，他的文字好像越来越狰狞了，原来很温和谨慎的人，变得不好好说话了，语不惊人死不休，言语中充斥着撕和怼的欲望。我们跟他开玩笑说，脸好像都长变了，表情狰狞，脸上写满“10 万 +”的欲望。他尴尬解释说，内容创业不容易啊，你们可以不在乎流量，我时时得盯着流量。我们都感慨，内容生产还是需要一个相对从容的空间，跟“变现”靠得太近，真容易让人心灵扭曲，让人面目狰狞。

媒体和媒体人都在急于融合和转型，我一直觉得，传统媒体整合和转型最大的障碍，不是传统媒体平台不行，而是内容不行。不是年轻人不读报不看电视了，不是失去了渠道，而是把过去那些内容放到新平台新渠道上，也没有人看。媒体真正的危机，不是技术变革和平台迭代的危机，而是落后的内容生产能力配不上新平台新渠道的危机。不怕平台被迭代，怕的是调查记者都转型当公关，怕的是调查报道死了，怕的是专业主义追求的退场。“互联网 +”不是一个点石成金的魔棒，互联网 + 垃圾，结果只是生产了“互联网垃圾”，即使涂抹了一层“10 万 +”光环。

互联网已经成为当下新闻生产的基础平台，构建了新闻的基础秩序，记者就活跃于这个平台上，已经不可能在记者与流量之间设一道防火墙了，也没有必要。——但我觉得，记者心中需要与带着侵略性的流量保持适度的距离，从而让新闻和专业的力量有处安放。胡舒立主导的财新全平台开启全面收费，有人觉得她的改革很激进，我倒是对同行的这种尝试充满敬意。有专家说这会导致财新内容的流量一落千丈——那又如何呢？媒体难道不正应该靠内容价值去变现吗？流量价值属于广告商，而不是媒体。收费墙就是一道防火墙，读者本就应该为有价值的内容付出成本，媒体本就应该靠内容去变现价值，记者本就应该专注于新闻内容，这才是常识。

记者节，我们一起重温和重申这样的常识！任他们争相放阅读量卫星，我们好好做新闻记者。

不与流行为伍，守卫自己的新闻三观

这周在公号推的几篇评论，其实都与“守卫三观”相关。前段时间做过好几次讲座，都是讲“咪蒙化传播时代如何守护自己的三观”，那种“快速变现”的病态追求扭曲了很多人的思维。

比如那篇刷爆网络的“江苏高考满分作文”，让人们看到了无数媒体碎裂的三观——为了流量变现，跟风炒作，根本不顾常识不问真假，看到“据媒体报道”的信源随手就转，制造了一次丢人的大乌龙。编辑稍微有一点儿传统媒体的从业积累，稍微有一点儿专业精神，稍微慢一拍用常识思考一下，就不至于犯这种低级错误。高考刚结束，怎么可能满分作文就出来呢？稍微动手到网上搜一下就会发现，那篇所谓的满分作文在高考当天就出现在网络上了，而那时还没阅卷。

我知道，一些传统媒体的新媒体编辑，多是刚毕业不久的学生，缺乏传统基因，没有把关能力，流量压力下，总想搞一些大新闻，总想蹭热点，总担心在热点新闻上慢一拍，常常往新闻里添加“三聚氰胺”。没有传统积淀，第一份工作就干新媒体，没有新闻判断力，感染了一身新媒体的臭毛病：标题党，耸人听闻的震惊体，故弄玄虚的信号体，迷恋“性暴力金钱”的咪蒙化传播技巧，为了“10 万 +”不择手段。一些传统媒体，急于转型和变现，却在三观失守中丢掉了传统媒体最宝贵的公信资源。

公号第一时间推了《营销号炒作编造的高考满分作文，竟又被媒体当新闻追捧》一文后，不久江苏教育考试院就声明，那篇所谓“满分作文”是假新闻。后来一个网友在我公号后台留言，说她就是那篇所谓“满分作文”的作者。她说：曹老师您好，我已经粉了您两年了。我就是这篇文章作者。我是一名大学生，自己的公众号里也在当天和第二天辟谣了。各大媒体转发是自发行为，我也不知道会发展成这样。向各位道歉，没有想炒作，只是觉得好玩而已。我本身是新闻专业，上新闻评论课时开始关注您。我觉得做新闻也好评论也好也应该面面俱到的，现在这种情况我也没有预料到，但我绝对没有炒作营销的意思，因为我不是商业性的，这篇爆文也没有给我带来什么经济利益。

特别理解这位同学成为新闻焦点后的困扰，从后来的新闻中看到，她因此受到不少网友的谴责。我相信，她绝非为了炒作和营销，考后第一时间冠以“今年江苏高考满分作文出现，快来围观!”纯粹好玩。但既然是新闻系的学生，受过新闻教育，应该知道，用这样的事实判断，就是在制造一条假新闻。这可不是闹着玩的，不要说这只是“标题党”——标题也是新闻的一部分，而且是非常重要的部分，新媒体、自媒体时代，人人都是信息源，你自己觉得好玩，你自己当作恶搞和戏仿，可别人怎么知道呢？自媒体传播链条中，人人都可能成为新闻内容生产的一个环节，成为新闻信息源，所以在传播中一定要有“可能成为信息源”的信源意识和传播自觉。

可在咪蒙化的传播时代，基本的节操和三观被颠覆了，为了“10 万 +”无所不用其极。网上类似的标题党太多了，别人能做，我为什么不能做呢？标题党现在好像已经洗白成一个中性词了，甚至新媒体圈完全不以为耻，好像有本事的人才能做出那种一炮走红的“10 万 +”标题。一些新媒体女实习生，做起标题，张口就是充满性暗示性诱导、充满荤味腥味、充满咪蒙化的粗俗粗暴粗鄙元素，还自鸣得意，毫无害羞感，一副老司机的成熟和圆滑。这种荤、腥、骚、躁、毒、假、丧文化的现实熏陶下，新闻系老师几个学期的新闻业务讲授，采写编评，怎么做标题，怎么开头，怎么结构，怎么结尾，比不上咪蒙一篇“10 万 +”爆款网文的现身说法。“10 万 +”的功利碾压下，传统新闻学烟消云散、灰飞烟灭，咪蒙新闻学被奉为“新闻成功学”的葵花宝典。

做那种标题，相信那位同学不是为了炒作和营销，但不可能没考虑过阅读量，被“10 万 +”“鬼迷心窍”。后来确实很快上了“10 万 +”，甚至数百万，但最终发酵成了一条刷遍全网的假新闻。

前段时间有个怀疑人生、怀疑专业的新闻系学生问我，新闻到底有没有学，如果有学，学在哪里？我跟她说，当然有，但不在“传播”中，不在那些传播技术和传播技巧，而在新闻内容生产的逻辑中。现在新闻学最大的问题，就是失去了内容生产的逻辑，而陷入传播陷阱中——现在是传播主导的新闻学教育，传播凌驾于内容生产之上。从传播的视角来看，新闻学核心越来越被矮化和贬低，当新闻被“如何做一个迅速刷爆朋友圈的‘10 万 +’标题”这样的问题意识所主导，新闻学就成了按摩服务学，成了感官大保健学，就被蓝翔技校化，纯粹是术，而无学。

只有往新闻内容生产的源头去追溯，越往前追溯，越靠近顶端前端，越是新闻学之本。前段时间有个记者朋友讲了一个故事，她说：在狂风沙尘中去了某地一个农民工子女学校。破旧厂房改建的校舍，十几个孩子挤在十几平方米的宿舍里。绝大部分老师没有本地户口，几乎所有孩子，父母都是低端服务业的农民工。她记录了学校的一个故事，有一年，学校开展感恩教育，让孩子们在画家的指导下画父母的双手，然后展出。满墙的画作里，一幅有两根断指的手引起了关注。有人问：“这是谁画的？”一个小女孩满脸骄傲与倔强，站出来说：“这是我爸爸的手。他以前种菜，赚的好少，人家说蒸馒头可以多赚一点，他就去做馒头，被机器打断了手指。爸爸手残疾了，可他是为了赚钱养家。”这个记者朋友说，她决心每年儿童节都选一个最尖锐的教育话题，做一组调研报告，去年是儿童性侵，今年她决定做“流动夹心层”。

我听了之后很感动。我说：谢谢你，这也正是新闻这个行业让人尊敬的原因。新闻之学，不在于术，而在道！有人说新闻无学，是因为他们内心没有这种“道”，没有这种价值支撑。有这种道，才能把自己所从事的事业跟这个社会的进步紧密地联系在一起，有揭露真相的勇气，有舆论监督的追求，有用自己的深度调查推进社会变革的理想追求。有这种道，这项事业才能赢得尊严，才能成为一门令人尊敬的学问。

有人说，很少有哪个专业比新闻更加需要多学科的知识结构和深刻的思维训练，很少有哪个职业比干好新闻更需要健全的人格和多方面的能力素质。——是啊，这正是新闻学的核心。三观碎裂的传播时代，“健全的人格”显得尤为重要，不仅要守卫自己的三观，更要用自己的作品去守卫这个社会的三观。

远离脸上写满“10万+”欲望的嗜血者

上次推了《说说你最反感的新媒体标题，我帅我先说》一文，吐槽了那些照搬套路令人生厌的标题，引发吐司们的共鸣，震惊体、刚刚体、定了体、看哭体、心动脸红体、毒舌体、鸡汤体、鸡血体、性奋体，等等，成为最不受待见的几种标题。看来大家也实在忍够了，拒绝被这些弱智标题党拉低智商：不点击，不点击，就不点击。不过也有人不服气，怼我说：批了这种批那种，看着都累，敢不敢把你取的觉得好的哪几类也写出来，想看看大家怎么批的，敢吗？

对于标题，我是这样认为的，没有独立于好内容的好标题——标题不能脱离内容，有好内容，再有好标题，才是真的好。没有好的内容，标题说到天上去，都很Low。我反感的新媒体标题，其实不是用词多夸张、低俗或妖艳，而是严重的文不对题，狰狞、亢奋、扭曲、嗜血，脸上写满“10万+”欲望。

真的，实在不喜欢跟有些走火入魔的新媒体小编交流，实在受不了他们那种脸上写满“10万+”欲望的样子：满脑子都是阅读量，开口闭口都是套路，套路化地故弄玄虚，套路化地卖萌装嫩，那模样仿佛一个流水线上出来的，不好好说话，那股谄媚劲中充满对读者的低三下四和刻意迎合。

多少亮点才能成就一个好标题？很多人99%的内容生产精力都花在标题上了。标题不能脱离内容，前段时间冰点特稿《特区》就是一个好标题，首先是文章写得好。在这个快得让人窒息的时代，有这样一群年轻的数学教授，在周遭一片浮躁中保持着自己的节奏，在那个精心构建的小环境中不受外界干扰。很多细节特别触动人心，让人深思。在这个标题越做越长的传播语境中，“特区”两字好像一股清流。冰点很多著名的特稿都是两个字，比如《回家》，还有《拐点》。两个字的标题，上万字的特稿文章，就是这么自信。

《特区》的网络阅读量并不算太高，但业内业外评价都比较高。有时候真不要太把阅读量当回事，这文章如果换个标题，可能阅读量很快就能爆款，但冰点做不出来，就像去年那篇《湍流卷不走的先生》，就是这么平淡。后来很多新媒体转载时换成了《她是中科院最美的玫瑰，是中关村的明灯；她一生都是时间的敌人》，这种每个字眼都奔着“10 万 +”去的亢奋标题，冰点团队做不出来。

后来我在朋友圈转发这篇文章时这样评论：冰点文章标题常带着一点儿性冷淡风格，朴实、淡然、精致。在标题张牙舞爪用力过猛、写满痛点泪点争议点、充斥性暴力金钱的新媒体时代，这种标题体现了一种内容自信，内容为王，爱看不看，不惯你的臭毛病。

什么是好报道，什么是好标题，什么是好评论，还是要有自己的专业判断。有多少“10 万 +”一周后还有人记得，有多少刷屏的所谓爆款一个月后还有人提起？但优秀的报道和评论有这样的魅力，不要把自己弄得那么肤浅。提起评论你会想起《国旗为谁而降》，提起特稿你会想起《永不抵达的列车》《无声的世界杯》，而那些“10 万 +”往往都如过眼烟云，在朋友圈各领风骚没两天。

我是想说，不要陷入套路之中走向歧路。新华社公号那条“刚刚体”创造了公号传播的奇迹，之所以成为现象，其实跟“刚刚”那两个字关系不大，关键是有内容——其一，这是新华社抢发的独家新闻，新闻很硬；其二，小编俏皮睿智的评论回复点燃了粉丝的围观热情，编辑强大的气场压倒了网友跟帖的气场，作为国社编辑不端不庄，而让大家跟着一起玩，于是产生了传播的化学反应。若没有独家新闻，不是刚刚发生的事，新闻也不重大，更没有新华社小编那样的才华、耐心、睿智和强大的气场，学一个“刚刚”套路，纯粹是东施效颦。

一直对发型不满意的人有一个共同点，他们都不肯承认是脸的问题。脸与发型，正如内容之于标题，很多时候都不是标题不行，而是内容太烂。被标题折磨的人，没意识到首先缺乏内容自信。有好的内容，标题怎么任性，别人都不会反感。内容空洞，标题越搔首弄姿，越让人排斥。刚刚体没什么不好，可真得是刚刚发生的大事，几小时前的事你也套“刚刚”，消费人们对即时的期待，这是透支自己的公信力。鸡血体也没什么不好啊，可真得是很厉害的事，平常的事也弄个“美国网友吓尿了”，那纯粹是自娱自乐。事情确实一波三折扣人心弦，设个悬念也挺好玩啊，可像这种：“震惊，16 岁花季少女，4 年前竟然……”打看一开，“竟然 12 岁”。为骗点击故设悬念，消费人的好奇心，只会受到唾弃。

当失去内容生产力和创新力而陷入套路，新媒体就死了。新媒体的使命就在于用创新抗拒和颠覆套路。没有内容，透支脑洞，绞尽脑汁，投机取巧，寄望用标题空手套白狼，传播凌驾于内容之上，空有急功近利的“10 万 +”欲望，内容驾驭不了标题，套路撑不起内容，既把自己弄得很肤浅很疲惫，也没有前途。

对新闻里发生的事，多不必过于担心

有一段时间我特别焦虑，那段时间新闻报道了很多负面事件，哪里又杀人了，哪里有人走着走着被从天而降的广告牌砸死了，哪里有人走路时掉进下水道被开水烫死了，哪里抱孩子走电梯时不小心孩子脱落从楼上摔下来了，哪里把孩子一个人放家里然后孩子爬窗户时摔下楼了，哪里有人因为个人信息被盗从而倾家荡产了。打开新闻客户端，翻开报纸社会新闻版，仿佛全是这些让人不安的新闻。

还有这些坏消息：癌症发病率多高，污染带来越来越多的绝症，谁谁谁又猝死了，谁谁谁又英年早逝了。这种新闻看多了，时常处于焦虑之中。那段时间甚至有点儿抑郁了，怕自己摊上那些事情遭遇不幸，担心家人的安全问题，焦虑于自己会不会也得什么病。新闻看得越多，这种焦虑越强烈。

后来看了一句话，就不那么焦虑了——如果是新闻里发生的事情，就不必过于担心。什么是新闻啊？狗咬人不是新闻，人咬狗才是新闻，新闻里的事都是很少发生的事，不要被新闻营造的负面拟态环境给吓死。

媒介素养的一个重要方面，就是了解新闻报道的规律，意识到新闻与现实的距离，而不被新闻所惑，保持对拟态环境的理性判断。正常的事不是新闻，反常才能吸引眼球，所以新闻常常选择报道那些概率极低的事件，自拍致死啊，被雷电击中啊，走着走着人掉进下水道啊，被楼上抛下的菜刀砍中啊，喝凉水时呛死啊，空难无人幸存啊，等等。媒体的社会新闻版越是报道这种事情，你越应该知道，这种事情离你越远。相反，不被报道的那些正常的危险，像电梯的故障，出门没锁门，开车不集中，走路看手机，才是你的盲区，才是你最应该关注和防范的。

伊斯特布鲁克也说，美国人被杀人狂谋杀的可能性比被雷电击中的可能性还要低。可媒体上充斥的都是杀人狂的坏消息，而对雷电击人关注甚少。

也就是说，新闻里的事不用过于担心，新闻之外因为常发生而没有了新闻价值、不被报道的事，也许才应更多地关心，因为“经常发生”而与你密切相关。新闻里的风险多不算什么风险，人们常常因为太多地焦虑于新闻中与自己无关、离自己很远、担忧了也没有用的危险，而忽略了新闻之外与自己密切相关的危险，使自己处于真正的危险之中。人们被媒体上那些“可得性信息”所迷惑，而对信息盲区中的“不可得信息”毫无知觉，走路时担心昨天从新闻中看到的、可能从楼上抛下的菜刀，却忽略了路边的大坑。

想起一个挺有意思的段子——布什曾说：“我们准备枪杀4000万伊拉克人和1个修单车的。”CNN记者：“1个修单车的?！为什么要杀死1个修单车的?”布什转身拍拍鲍威尔的肩膀：“看吧，我都说没有人会关心那4000万伊拉克人。”——段子本是调侃，却很有意思地表现了“媒体偏爱奇怪个案”的报道特点。

我在多篇文章中谈到过的“新闻易感人群”，不只是指那些容易被新闻情绪所传染而轻易感动、轻易愤怒、轻易一惊一乍的人，也指那些容易陷入“负面新闻焦虑症”中的人，看到悲剧、惨剧、负面新闻时会有强烈的代入感，很容易将自己代入新闻之中，产生恐惧、沮丧、悲观、压抑的情绪。

不要埋怨媒体总在报道那些负面新闻，负面新闻并不就是负能量，能量的正负，关键看作为受众的你有没有媒介情商和智商去做出理性的判断。

新闻资本原始积累阶段别想着财务自由

一个新闻系快毕业的孩子最近纠结于就业选择，两个 offer 摆在面前，一个是某集团的新媒体岗位，一个是某报业的采编记者岗位。他之前在那个集团实习，有一定的情感依赖，但大家都建议他去采编记者岗位，问我应该怎么选择。

我跟他说，如果了解我一直以来的观点的话，你肯定知道我的建议。有新闻内容生产追求的，第一份工作最好别去新媒体（我曾在《青年记者》发表过《学新闻的第一份工作最好别去新媒体》），而应该去传统媒体完成自己的原始积累，在新闻生产的源头上老老实实干几年，在浓厚的新闻氛围中熏上几年，积累自己的内容生产资本。宁去传统媒体哪怕先做校对，也比去新媒体当首席编辑好。在应该打基础的阶段不要想财务自由的事儿。

当然，前提是真正对新闻感兴趣，把新闻当成自己的事业。如果对新闻没有多高的热情，只是当成一个饭碗，就按一个“好饭碗”的要求去找工作：钱多事少离家近，位高权重责任轻。新媒体收入高些，而且能直接上手干活，说不定很快还能弄个主编、总监、首席啥的，那就去新媒体吧。

如果想把新闻当成自己的事业，就应该看得远一些，有较长远的职业规划，扎扎实实从基础工作做起，一步一步地来。新媒体工作岗位看起来好，天天出活，“10 万 +”很有成就感，却是一个容易透支自己本就很贫乏的从业经验、让自己离新闻越来越远的过程。没有积累却要绞尽脑汁“开脑洞”，传播压力逼着自己做无中生有的魔术师，对技术的熟悉程度远远超过内容生产能力，标题制作技巧远远胜过内容写作能力，缺乏新闻生产机会只是在新闻生产的末端作梳理、整合、搬运工作。熟能生巧，工作几年会成为一个很棒的新媒体能手——能手再能，只是一个可替代性很强的“人手”，成不了“人才”和“人物”。

而第一份工作去传统媒体，哪怕先从校对干起，哪怕一开始没有采访机会，给老记者当助手，作编前会的记录，也是一个积累的过程。因为这里是新闻内容生产的源头，怎么找选题，如何策划、采访、写作、编辑、评论，第一份工作有必要从“新闻生产的源头”开始，扎实打牢基础。报纸这种传播介质虽然受到很大的冲击，但白纸黑字的生产方式一点儿也不落后。从灵光一闪的碎片想法变成选题，进入编前会讨论，经验丰富的跑口记者的提醒，老记者的训斥，老编辑给你改稿，一个字一个字地校对，总编辑的无情毙稿，仅靠打电话采访获得的材料受到批评，一遍遍地打回重写，变成不可更改的白纸黑字前害怕出错从而仔细琢磨、谨慎打磨的过程，在经历时会感到很痛苦，甚至觉得没什么用，但回过头看，新闻生产源头上的那些工作，是成为一个资深媒体人必须有的积累。

第一份工作去传统媒体，完成自己的原始积累，然后厚积薄发。而如果去新媒体岗位，则是透支。没有什么积累，却每天为“10万+”去开脑洞。一个在传统媒体干了5~6年的记者，会成为一个行业内的资深媒体人，带着内容IP跳一次槽升一次值。而一个在新媒体干了几年的人，跳来跳去只是在同一层级跳，甚至会走下坡路，跳一次贬一次值。

有人会质疑，你让新人第一份工作去传统媒体，可现在传统媒体的人才都在往新媒体跳啊？确实如此，可人家已经具备了强大的内容生产能力，在传统媒体完成了新闻从业的原始积累，有了跳槽的充分资本。传统媒体没有让这些主编、主任、总监解决财务自由，但给了他们烫金的简历，给了他们解决财务自由的资历和资本。我的一位朋友，在传统媒体干了10年后，跳一次就解决财务自由了。房价确实高，但新人别那么急，不要刚开始第一份工作就想财务自由的事，慢慢来，在每个阶段做每个阶段应该干的事，一切会水到渠成。第一份工作是苦干积累资本，有了足够的资本再谈财务自由。否则，你拿什么跟老板谈判？有什么资本给自己开价？

如今那些在媒体江湖上呼风唤雨的新媒体大咖，那些靠内容创业挖到黄金的大牛，有几个不是传统媒体出来的？有几个没有走过原始积累的过程？对新闻人才来说，我有个“二八定律”的观察，80%的能力是在新闻生产源头上积累的，20%的能力是从新媒体中习得的。无论如何，你先要去新闻生产源头上打好基础，有了那80%的积累，再去撬动那20%就容易多了。新媒体新技术变化太快了，但那80%的“新闻基本面”并不会变，新闻还得用脚采访用笔还原，评论也还得那么写，只不过是换个平台。带着内容IP，到哪个平台都可以。

有些新人受到那些新媒体大咖的激励，急于成名，急于捞金，刚走出校门就被忽悠要内容创业。内容创业，你有内容吗？你的内容资本在哪里？你那内容是你自己的吗？没有充分的原始积累，没有在内容生产的源头待过，那些无中生有的流行“内容”各领风骚没几天，过把瘾就会死。生得默默无闻，死得悄无声息。

这样说，并不是想挑起什么传统媒体与新媒体之争，并非说传统媒体比新媒体好，而是从新闻人才成长的规律来说的。有志于做新闻，绕不过传统媒体，绕不过新闻生产的源头。新媒体岗位挺好啊，离用户更近，也有很多机会，可没有内容生产能力，缺乏积累，光靠开脑洞，是hold不住这个工作的。带着传统基因去做新媒体，会做得更好，更有不可替代的内容，也更能把握用户的痛点。

失去内容故乡后只能在新媒体流浪

这几天前媒体人王以超又火了，去年一篇《“史上跳槽最频繁”媒体人王以超又跳槽了》曾刷遍很多媒体人的朋友圈。王以超以跳槽频繁闻名于媒体江湖，17 年间跳了 10 家媒体——2017 年 5 月底跳槽时，甚至有人打赌，待不到一年他肯定又会跳槽。果然，他最近又跳了。1999 年供稿于《羊城晚报》，后到《财经》杂志，在《财经》杂志待了 7 ~ 8 年后跳到腾讯新闻，2011 年跳出媒体后开始在各大企业的公关部门间频繁跳槽。

王以超频繁的跳槽成为同行调侃的话题，其跳槽如此频繁，用常理确实不太好理解。这种跳槽是一个极端的案例，但可以发现一个远非个案的现象：媒体人一般跳离传统媒体后，此后在新媒体的跳槽节奏会不断加快。

这几年传统媒体“流失”了很多人才，都流向了新媒体，尤其是那些已经闯出一定媒体江湖地位的中层骨干。跳槽原因有很多，有的是觉得传统媒体不行的，有的是自己遇到了上升瓶颈，有的是想在成名后解决财务自由，而很多新媒体都开出了诱人的收入。不过高收入能吸纳传统精英却留不住他们，可以发现一个现象：那些在传统媒体动辄待数年甚至十数年的人，在新媒体平台待的时间大多很短，而是不断在新媒体间跳来跳去，一两年就换工作。我认识的好几个朋友都这样，有一位在传统媒体做了 10 年记者，名满天下了，跳槽时甚至都引发了行业震动，被当成传统媒体衰落的象征，可跳出来不到两年，已经换了几个单位。

从王以超身上也能看出来，在传统媒体时，他虽然也跳过，但相对还比较稳定，甚至在《财经》杂志待了 7～8 年，但从传统媒体离开后，跳槽节奏骤然加速。这种现象，能否称为“王以超效应”？

频繁跳槽的背后是，离开传统媒体后，骨子里带着内容信仰和价值关怀的媒体人与新媒体的关系越来越疏离，拿钱干活，不爽就走人，没有了那种基于内容依赖和价值认同所产生的心理依赖。传统媒体时代，自由撰稿人与媒体的关系也非常紧密，一家媒体身边常能聚集一批忠诚的核心作者（好稿专供、投稿默契、线下熟悉），作者借媒体沉淀个人品牌，媒体靠作者提升平台品牌，这些稳定的作者也成为媒体内容的核心竞争力。而新媒体时代，成为自媒体人的“自由撰稿人”与媒体平台的关系似乎越来越弱。还有读者与媒体的关系也是如此，传统时代两者关系很紧密，而当年的读者变成今天的用户后，与平台的关系也越来越弱。媒体人与平台、撰稿人与平台、读者与平台的关系似乎都在随媒体转型而不断疏离和弱化。

问题正出在内容价值理念的缺失而导致的价值黏性缺失上。一个优秀的记者之所以长期坚守在一家收入并不高的媒体做深度调查，很大程度上是对媒体专业理想的认同——一篇调查报道给记者带来的成就感，远非高薪所能替代；一个自由撰稿人之所以愿与一家媒体深度合作并成为专供的核心作者，背后也受到这家媒体内容精神的感召，甚至能骑很远的车给报社送自己刚写好的评论；一个读者之所以成为这个媒体的铁杆粉丝，以“我是看这份报纸长大”为荣，必然有超越几篇报道之外的精神引力。这种“内容价值理念”对一家媒体一个平台至关重要，它能用价值黏性深度黏住媒体人、撰稿人和用户。

传统媒体要靠内容生态，新媒体更是。2000 年左右中青报“青年话题”论坛应算那个时代的新媒体了，论坛上活跃着当时国内一批写手（如今已成资深网红的和菜头、魔鬼教官等人的网红资本都是从那里开始积累的），引领了那个时代很多热点话题的讨论——这个论坛天然带着中青的“内容生态基因”，以其理念凝聚了一批当时最出色的写手，优质内容为论坛吸引了很稳定的用户。“腾讯大家”也已成为腾讯内容的一个名片，这品牌靠的是什么？平台的理念气质感召了一批牛掰作者，以追求品质的内容生态留住了作者，自然积累了用户好口碑。如果没有好的内容生态，澎湃只能算一个可以复制的低端平台；没有好的内容生态，知乎也吸引不了那么多高端用户。可以发现，凡是有好内容生态的平台，用户和作者都会对平台有强烈的价值归属感，比如自称知乎网友、腾讯大家作者、中青报读者，等等，否则，不会将自己与平台联系在一起，只是功利性很强的工具关系。看这个内容是这个平台的用户，看那个内容是那个平台的用户。

当下新媒体多如牛毛，这个号那个号层出不穷，新媒体平台都在以各种“新媒体红利”吸引作者入驻，有的强调自己的高流量和影响力，有的给出诱人的分红计划，有的强调自己的技术优势，可多数号很快进入僵尸状态，各领风骚没几天。如果没有打造内容生态的耐心，缺乏专业的追求和理念的感召，吸引来的自媒体人很容易流失到另一个更新的、收入更高的平台，没有独特的气质和内容生产生态的感召力，蹭热点吸来的读者也很快流失。很多所谓新媒体，所谓内容生产，就是靠重金拉来几个替自己写稿的作者，而没有恒定且有感召力的价值观念和内容生态。有了好的内容生态，优秀的自媒体作者和专业媒体人才会留下来，他们不断生产优质内容，用户也才会留下来。一个平台如果没有打造内容生态的耐心，空喊内容为王，粗糙拼凑网络内容，从传统媒体扒稿，或完全依赖自媒体，那种内容真算个屁，留不住流浪的内容生产者，也留不住游荡的用户。

新媒体在这个问题上似乎在觉醒，开始致力于建构有气质、有个性的内容生态，比如有着阿里雄厚资金背景的UC在内容生产上锤炼自己独特的“垂直+优质”模式，带着传统基因的“红星新闻”用传统的独家新闻去拼江湖地位。新媒体再新，技术再酷，算法再精准，脱离了内容生产的逻辑，传播技术发展的速度远超内容生产，没有了理念的灵魂，缺乏内容生态，所凝聚的海量用户不过是随时会散的乌合之众。

这打法，完全是一家专业媒体的架势，用有诚意、有思想、有附加值的深度内容在用户心中塑造自身的媒体属性和标签。荷赛的魅力远不只那些让人震撼的图片，更在照片背后的故事和理念，《中国青年报》摄影记者贺延光说过一句话：这个时代最容易的事就是按快门，而什么时候按成了最复杂的事。只看贺延光的名作《民主的进程》，你会羡慕他抓住那一瞬间按下快门的机会，听了他的背景分析，你才知道决定快门的是思想。很多人震撼于《新京报》上那张反映凉山孩子攀悬崖上学的“悬崖村”照片，听了记者陈杰的讲述，才更了解照片背后沉重得让人窒息的现实。

有着阿里雄厚资金背景的 UC 请了很多内容创作者入驻，其意远不止在荷赛，而是想借这类报道在内容生产上锤炼自己独特的“垂直 + 优质”模式：打造多元化垂直平台，做垂直兴趣领域的专家，深度触达用户的资讯获取需求。荷赛报道其实就是一个垂直平台，借此凝聚一批摄影专家和专业媒体人入驻，并靠他们生产的优质内容拉来一批用户。

那些怼李方的人努力证明着李方所批判的种种恶习

李方又被怼了，这一次被怼得格外狠，他那篇《当每个自媒体都想从帽子里变出兔子，已经没有记者在赶往新闻现场的路上了》把矛头指向了自媒体的一些问题，于是成了自媒体公敌。

李方说错了吗？如果仔细阅读全文，了解李方的问题意识和批判所指，而不是粗粗浏览看到一两句不合自己胃口的话语就怒火中烧、提笔讨伐、蹭个热点，就会觉得他讲得很有道理。李方讲的其实并无新意，很多同行早就在反思网络新闻“生产与消费严重不均衡”的新闻结构性问题，也是我一直忧虑的“自媒体太多、记者太少，事实不够用”：一事当前，冲往第一现场生产新闻的越来越少，在网上消费新闻、靠二三手信息蹭热点的越来越多。

这也是近来新媒体“红星新闻”格外引人注目的原因。这家带着传统基因的新生融媒很是生猛，在从马来西亚沉船事件到穿山甲公子丑闻，再到武昌火车站血案中，第一时间冲到第一现场，采访核心当事人，提供了大量独家和一手新闻，颇有当年澎湃新闻刚开创时的冲劲，很是给媒体人新闻人提气。我在给这家新锐媒体点赞时说：喜欢这种靠硬新闻闯江湖地位的生猛劲。现在很多传统媒体暮气沉沉，面对新闻毫无冲到现场独家挖掘的职业冲动，年轻人靠打电话写稿，老编辑靠网络扒稿拼凑，一副等死的感觉。新媒体迷恋技术，这个直播，那个算法，传播技术发展速度远远超过内容生产能力，生产的多是垃圾，乃过把瘾就死的感觉。

李方其实并没有批评自媒体，没有苛求自媒体去生产新闻，而主要是指向“新闻内容生产和报道事实的供给侧”，对“生产者太少而消费者太多”的结构性问题充满忧虑。自媒体不生产新闻事实，没有资质也没有能力，我甚至一直认为，自媒体不是媒体，而只是一个发言的麦克风，媒体的属性必然是公共的，“自”的身份定位与媒体的公共属性天然相悖——新闻生产不仅需要团队，更需要保障新闻真实性的严格程序把关，需要某种组织形式以确保其不背离公器属性。自媒体不生产新闻而只生产观点，这是天然的。问题不是“自媒体太多”，而是“记者太少”，生产新闻的太少。种种原因造成了供给端的新闻生产者越来越少，而消费新闻的自媒体却几何级数成长。自媒体疯涨不是问题，评头论足“从帽子里变出兔子”也不是问题，可如果“记者太少，事实不够用”，就成了问题。

完整理解一个人的观点，而不是立个稻草人然后大加批判一番，这样的批评文风，只不过是用现身说法去努力证明李方所批判的种种恶习。来看看那些怒怼李方的观点。

有人说，你李方说“没有记者赶往新闻现场的路上”，你是腾讯新闻网的总编，怎么没看到你“派记者赶往新闻现场”？——这个批评有以下几个问题：其一，李方写这篇文章纯粹是以“叔的刀法”这个自媒体身份发言，没有以“腾讯网新闻总编辑”的身份发言，无关单位和职业身份。观点批评中，拿别人单位和职务身份说事，是很不厚道的。这会形成一种绑架，使讨论超越了观点之争而把单位和公职身份拉进来，结果就是让人不敢开口说话。其二，即使扯上单位身份是为了归谬，但也陷入了“以人为据”的逻辑谬误（在证明或反驳一个论题时，以提出论题的人的身份、地位、品质为论据，而这些论据和论题本身的真假并没有必然的联系），即使腾讯没有派记者去现场，但并不能证明李方“记者应该赶往第一现场”的观点是错的。其三，你怎么就知道腾讯新闻没有记者赶往新闻现场的路上呢？记者去不去现场是李方能决定的吗？

这不过是一种情绪罢了，跟网上那种“你别光说啊，有本事你也如何如何”的胡搅蛮缠逻辑是一样的。

有人说，李方回避了“记者没有赶往新闻现场路上”的深层和关键原因。我觉得，这跟李方说得并不冲突，文章有不同侧重点，看问题有不同角度，不必面面俱到，不同的人“问题意识”是不一样的。李方这篇文章只是谈其中一个原因，并没有排斥其他原因，也没有说自己谈的就是最重要原因。你完全可以分析其他原因，跟李方的分析实际上并无冲突。批评家的一个毛病是，自负、专断和封闭——带着“排他”思维看待不同角度的分析，自己看到的问题才是最重要、最关键、最深刻的，其他都是狗屁。明明说的 A 也是原因，B 和 A 是可以兼容的，非用另一原因 B 去否定原因 A。

有人说，你说评论人被事实打脸了，难道事实没有公布前评论人就不能说话了吗？——我说过，评论永远不能跑在新闻事实的前面，经常也有人这样误读我的观点，把我的观点理解为“事实没有最终呈现前就不能评论”。这当然不是我的意思，什么时候都可以评论，关键是怎么评论。事实有一个呈现的过程，而不是一次性呈现，完整事实需要调查。这个过程中，评论当然不是无所作为地保持沉默，无所作为地等待，当然要发声。但评论需要以既有可知的事实为基础，而不是以自己的阴谋想象和臆想猜测为基础，有一分论据说一分理，有三分论据说三分理，论点不能超过论据所允许的程度，不能有一分论据说十分理。一些自媒体评论的问题就在于此，有一分论据，会以仿佛掌握事实全貌的绝对口吻把一种轻浮的判断表达出来。评论应该是基于事实，而不是观点和套路先行，用既有的套路去臆想出一个事实然后夸夸其谈。

有人说，你李方说“没有记者赶往新闻现场”，还不是你们门户网站给害的，我们传统媒体比你们新媒体好多了。——去年底一家新媒体让我写一段对2017年的期待，我是这样写的：期待2017年新媒体与传统媒体间少点儿彼此唱衰的意气之争，没有以新闻内容为中心的合作与融合，彼此都没有未来。就观点谈观点，还是不要怼人的身份吧。李方虽然身在门户网站，但观点并没有站在自身的利益立场，而是以一个媒体人身份表达的对整体新闻生产和消费格局的忧思。李方写这篇文章时自己就是一个自媒体人，并没有以“例外的优越感”把自己排斥在批评之外。优质内容的匮乏，是传统媒体与新媒体共同面临的问题，虽然传统媒体人带着“总被新媒体占便宜”的被剥夺感，但很多同行在面对新闻时越来越缺乏冲动是一个事实，即便有很多可以为自己“新闻不作为”辩护的堂皇理由。

有人说，你李方说“没有记者赶往新闻现场的路上”，你站着说话不腰疼，你知道我们有多努力吗？其实李方并不是在个案问题上谈“记者太少，事实不够用”，而是谈一种现象。用“我们在某条新闻上很努力”的论据，以特殊和个案作论据，并不能回避整体上、结构上的问题。

应该感谢李方提出了这样一个戳中媒体人痛点的现实问题。方叔其实很了不起，虽然身在门户，做新媒体，但没有失去传统媒体人的情怀，没有失去传统基因。传统媒体人没什么好愤怒的，这难道不是一篇呼吁回归传统内容生产、回归内容本位、让新闻人务正业的檄文吗？自媒体人没什么好愤怒的，这难道不是一篇呼吁更多的新闻生产从而让自媒体人有更充分、更确凿的事实可用、可评论的檄文吗？新媒体人没什么好愤怒的，自媒体太多、记者太少、事实不够用，调查记者没有了，传统的生产者没有了，内容生产者得不到应有的回报，共生的媒体生态就会荒漠化垃圾化。再炫的技术，再好的平台，流量再大，也只是垃圾填埋场。这一点上，媒体共同体的共识应该远远大于那些基于意气的怒怼。

低稿费几乎消灭了自由撰稿人，新媒体找回了内容尊严

俗话说，外事问某歌，内事问某度，房事问某涯，性事问某扑——网络深深嵌入人们的生活，人们的百度依赖症也越来越深，所以百度一条“取消新闻源数据库、推行 VIP 会员制”的公告，在网络引发很大震动。不少学新闻的学生问我此举对媒体的影响，我说，这是好事啊！改变内容搜索的算法，对搜索用户来说，意味着以后我们用百度搜索看到的内容更优化更优质了；对内容生产者来说，意味着自己生产的优质内容更多地被读者看到，这是双重利好。

举个例子，就好像打破了一个“进入白名单就可保证获得推荐”的铁饭碗。过去只要进入新闻源数据库，就像有了一个铁饭碗，无论你内容多么垃圾，都会进入搜索内容。而现在取消后，改变了算法，优质内容的识别技术和分发方式有了革命性的变化，优胜劣汰，将更多优质内容新闻源纳入数据库，准入门槛大为提升，没有时效、没有营养、没有口碑的垃圾内容将被排斥在外。近来新媒体平台都在努力加大向优质内容回馈的力度，又是点金计划，又是芒种计划广告分成和原创补贴，又是拿出几亿元补贴内容创作者，显然，百度也是用打破传统新闻源数据源的革命方式向优质内容致敬。

虽然传统媒体的生存受到冲击，但那只是媒介平台受到冲击，传统媒介在贬值，传统媒体人却在升值。内容不仅没有受到冲击，相反，好的内容越来越贵，内容生产者越来越值钱。作为一个内容生产者，我感觉这是内容生

产者最值钱的时代。近段时间，朋友圈里很多充满炫富色彩的标题似乎强烈刺激着人们的神经，什么“咪蒙助理月薪5万元”“‘95后’新媒体小编年终奖百万元”，谁谁谁每天被打赏数万元，谁谁谁每月的广告费就上千万元。腾讯副总爆料直播很赚钱，网红活动门口停满劳斯莱斯。刚又看到一条招聘启事称，某新媒体给财经记者开出了60万~70万元的年薪。

有人可能觉得羡慕忌妒恨，觉得这些炫富干扰人心。其实换个角度看，应该感到高兴，而不是泛酸水。这些“靠内容创业致富”的新闻可能不是偶然的，一个背景是，新媒体的发展提升着优质内容的价值，让内容越来越值钱。调查记者、评论员、大编辑、主编、自由撰稿人的价格都越来越高。

前几年自由撰稿人总在抱怨这样一个现实，传统媒体的稿费太低了。我记得当时曾有评论人写过一篇题为《低稿费几乎消灭了自由撰稿人行业》的文章，这个抱怨激起了很多作者的共鸣：20世纪80年代，大多数报刊所执行的稿费标准是每千字10元。可现在，30多年后的许多报刊所执行的，还是1990年国家版权局出台的稿酬标准，仅为每千字30~50元。中国稿酬标准居然30多年未变，这真是个奇迹。包括许多年收入超过亿元的大报，仍在执行30年前的稿酬标准。低稿费制度给中国都带来了什么？几乎消灭了自由撰稿人这个重要的行业。到2011年，据行业内的统计，中国靠稿酬生存的自由撰稿人已濒临灭绝，不足千人，中国的大熊猫总数还有1750多只呢。

2011年时这么抱怨还可理解，但如今还这么抱怨，就让人鄙视了。虽然传统媒体的稿费并没有提高，还像过去那么低，但内容传播和分发的媒体格局已经发生巨大变化。在新媒体给优质内容提供了越来越多的广告分成和原创补贴的语境下，仍依赖报纸的低稿费生存，仍抱怨靠低稿费养不活，仍埋怨自己怀才不遇，可能就不是别人的事了。像咪蒙、六神、罗胖、吴晓波之类的网红写手，其实就是过去的自由撰稿人。很多人都辞职转型了，但不是换一份新工作，而是潇洒地当起了自由撰稿人，靠打赏、原创补贴和广告分成致富，他们自信靠内容生产而不是谁给你发工资、谁给你发稿费去养活自己。你可以怀疑那些一夜暴富的故事，但应该相信，没有什么时代比今天的内容生产更值钱，获得更多的展示机会。

新媒体自媒体发展所带来的最伟大意义，就是这种赋权，对优质内容生产的赋权，让优质内容以最快的方式变现。不必抱怨低稿费了，新媒体提供了那么多机会，如果你的内容真的够好，总能卖个好价钱。

是的，这也许正是百度“取消新闻源数据库、推行 VIP 会员制”的意义，向优质内容致敬。百度发布了这条消息后，我从网上看到很多这样的标题：“百度取消新闻源揭秘：垃圾站点或受到重大冲击”“百度取消新闻源机制升级 VIP 俱乐部，软文渠道或遭冲击”“百度取消新闻源，部分网络媒体将受到巨大冲击”——是啊，带来了很大的冲击，尤其是对垃圾内容的冲击，过去广告投放者要看文章有没有被百度搜到，“新闻源数据库”是一种权力。如今改变了算法，只有优质内容才能获得更多推荐和展示的机会。基于用户对百度的依赖和搜索获得信息的“主动性”（订阅推送往往是被动消费，而搜索则是主动获得），内容更多被搜索到，这对内容生产者来说，是比“原创补贴”和“广告分成”更大的利好。

曾经有新媒体从业者牛哄哄地说“内容为王是个屁”，用渠道和技术贬低内容。现在看来，河东河西一番轮回后，还是重新回到了内容为王。当然，也期待这个过程中新媒体能更多地尊重传统媒体的版权，大家好才是真的好，让媒体一起从内容红利时代获益。

“王者农药”之下，更乐见大学生时评热

这几年传统媒体不怎么景气，新闻衰落，评论却比较火，尤其是在大学生中兴起一股时评热。这股大学生时评热的一个标志是，专门针对这个群体的评论大赛非常火爆。就拿2017年来说，我担任了四个不同机构主办的评论大赛的评委：红网主办的全国大学生评论之星选拔赛，浙江大学主办的全国大学生新闻评论大赛，红星新闻主办的全国高校评论人才精英选拔赛，湖北日报网主办的大学生评论大赛。比赛形式也各异，有的赛的是传统评论，写一篇评论；有的则考察全媒体“现场直播即兴点评”的评论素养；有的则与新媒体结合在微信公号打擂台赛。

作为一个媒体评论员和高校评论教员，很高兴看到大学生时评热方兴未艾。在课堂上，我一直鼓励学生去表达，积极参与时事，突破学生的小视野去关注这个大社会大时代，在思想和关怀上融入时事舆论场中。——围绕着时评的表达、写作、思考，不只是新闻系学生的专业素养，而应该成为一门大学通识课，每个专业的学生都应该具备。现在网上喷子那么多，新闻后面的跟帖乱七八糟乌烟瘴气，脑残凶残咬成一片，“三毛”“四毛”互相争斗，不好好说话，不好好说人话，歪理甚嚣尘上，缺乏讲理的能力和准备，跟教育过程中缺乏思维和表达训练很有关系。

对于大学生评论写作来说，有三个重要的层面，一要关心时事，二要有表达冲动，三要有表达能力。我批评过现代人对新闻的两种极端态度：一是新闻易感，易激动易感动易冲动易愤怒，感动点兴奋点愤怒点很低，动不动

热泪盈眶眼里常含泪水；一是新闻无感，永远只会说“关你屁事”和“关我屁事”——有一次跟某高校新闻学院院长聊到这个话题，他说，能做到“易感”已经很不错了，起码说明在关注时事新闻，关心身边的事，更可怕的是新闻无感，对时事漠不关心，低头沉浸在自己的“小确丧”和“王者农药”中，醉生梦死。新闻无感的结果是媒介低能，不了解社会，傻白甜，对一切都是宝宝和无知心态。

然后是表达冲动，关心时事。平常有想法，想法多了，才会有表达冲动，想法多了，才会形成自己的三观——常觉得一些学生三观不正，怎么会有那种观点，怎么会成为明星的脑残粉，总一句“你知道他有多努力吗?”其实不是三观不正，而是根本就没有自己的三观，听风就是雨，容易被人操纵和引导，容易被一些歪理邪说吸引。最后是表达能力，光有冲动还不行，还得有表达能力。经常写，把自己的想法想清楚了，用符合逻辑的方式表达出来与人交流，在不断训练中，才会具备理性思维。大学生时评大赛，正是为大学生们搭建了这样一个表达平台，鼓励关心时事，积极表达，训练自己的思维。

前段时间遇到的一件事，让我看到了一些大学生的媒介情商低能和表达能力的匮乏。贵州某地下大雨，某师范学院门口，保洁阿姨背大学生蹚水的景象，引发了不小的争议，人们纷纷批评大学生太娇气，年轻力壮四肢健全竟让年长的保洁阿姨背过水。当然，从后来的报道看，大学生有点儿委屈，他们说不是自己让人背的，而是保洁阿姨主动背的，他们当时其实觉得很温馨。针对这事，我写了一篇题为《雨中背人的正能量，我忍你很久了》的评论，后来不少学生跑到我的公号下面表达自己的委屈和对媒体评论的反感，他们觉得媒体传递的是假象。

这件事让我看到这些学生的三种缺失：其一，缺乏媒介情商。他们竟然至今都没有意识到“年长的保洁阿姨背年轻力壮的大学生”看起来是多么的刺眼，还沉浸于宝宝式的温暖中。缺乏媒体情商的典型表现就是，陷于自我感动的盲区中不能自拔，没有换位思考，意识不到他者的感受。其二，缺乏理性思维。完全站在自己的情感角度去表达，没有换位思考。其三，缺乏评论表达能力。很多学生都在微博评论后用碎片化的情绪去抱怨，仿佛自己比窦娥还冤，就是没有看到一个学生把想法用长文形式完整表达出来，谈自己看到的真相，论证自己的观点，用事实和逻辑去反驳，用文章跟我辩论。跟帖表达的都是情绪和立场：我就是觉得委屈，很委屈，太委屈了，你们媒体太可怕，太可怕了！完全没有讲理和论证意识。写成评论，才能展现理据的张力，从而形成说服力。评论写作，训练的就是如何超越情绪，将碎片化杂乱想法，变成一篇有说服力的文章。

我印象中，大学生时评热主要集中在湖北、湖南、陕西和浙江的大学，尤其是湖北，华中科大、武大、湖大、华师出了不少优秀的评论学子，甚至垄断了一些评论大赛的奖项，给媒体输送了不少评论员。比如红网 2017 年的评论大赛，两组冠军得主都是华中科大学生；此次湖北日报网的大赛，武大和湖大学子表现特别抢眼。武汉成大学生时评热的高地，有诸多原因，比如传承的风气，评论教员的引领，地方媒体的推动，学界业界的合作，学生的积极实践意识，大学间的竞争熏陶，等等。大学生时评热，对新闻教育和校园文化都是大好事。尤其是在王者农药笼罩之下，让一些学生从醉生梦死的游戏幻觉中抬起头来，去关心这个社会，关心与自身命运密切相关的时代命运，善莫大焉。

虽然参与评论大赛的大学生只是少数，但有利于形成一种评说氛围。记得我 2002 年写评论时，先是带动了舍友一起写，后来旁边寝室的好几个同学也开始写，随后很多学弟学妹也成了评论爱好者，甚至成就了本校一个现象。曾在媒体当过多年评论员的赵振宇教授到华中科大任教后，先是组建大学生评论团，后成立评论班和评论专业，已经为各大媒体输送了 20 多名时事评论员，活跃于评论一线，这个队伍还在不断扩大。

先有恨老情绪，然后有扎堆的坏老人新闻

你一定注意到了，近段时间浏览新闻，能看到满眼有关老人的负面新闻。什么“为老不尊！老太一人占三座，不停咒骂还要打人”，什么“老大爷强抢共享单车：停我家门口就是我的”，什么“高考期间跳广场舞被制止　大妈冲撞掐伤民警被刑拘”，还有“广场舞老人拒绝让步高考：晚上又不考　健康重要”“车主停车遭老大爷掌掴辱骂：始终未还手”“女子提醒大妈占座遭怒怼：谁娶你回家肯定累死”，等等。

加上此前“广场舞老人群殴少年占领篮球场”，扎堆的坏老人新闻，很容易强化公众本就固化的“老人变坏”认知：老人怎么了？老人怎么成这样了。可真的是这样吗？不要被媒体营造的拟态环境所误导。我们对世界的认知主要是媒体报道所塑造的，时时要提醒自己，我们所看到的世界，只是透过媒体这只滤镜所看到的“拟态世界”，到底是放大镜，还是偏光镜，抑或是哈哈镜，需要观察者有自己的媒介镜像意识。

我来告诉你，你是怎样被媒体的选择性标签强化所误导的。

随意选择了某门户网站今天“社会新闻”频道的一些负面新闻，比如：“男子诊所内捅杀名医，因要求再次治疗遭拒后报复”“男子酒驾被抓女友大骂：喝一杯啤酒难道还犯法?”“奔驰车主为骗 16 万保险理赔　开车猛撞信号杆”“3 名男子乱丢垃圾被曝光　市委书记要求他们道歉”“男子路遇查酒驾　将 4 岁儿子丢车上弃车逃跑”——都够奇葩的，但你有没有注意到，媒体在报道这些新闻时，不会说“年轻人乱丢垃圾”“年轻人骗保”“年轻人

弃车逃跑”“年轻人医闹”，而是用没有年龄识别性的“男性”或“女子”描述。

就像发生交通事故，如果肇事者是男司机，媒体的报道不会在标题里强调“男司机”这样的性别标签，但如果是女司机，肯定会强调性别。这导致“女司机”在媒体镜像中总会与车祸和负面新闻联系在一起。

问题就在这里，如果是年轻人做了什么奇葩事，媒体不会强化“年轻人”这样的年龄标签，可如果是老人，必然会突出“大爷如何”“大妈如何”“老人如何”“老太如何”的年龄符号，这种强化形成了“老人”与“负面事件”的符号捆绑。其实，如果严格按年龄划分，无论是横向比，还是纵向比，与老人相关的负面新闻不会比其他年龄段的要多，甚至可以说，多数负面新闻的主角都是年轻人或中年人——但人们在媒体报道所塑造的拟态镜像中，很少看到“年轻人”“中年人”这样的年龄新闻标签。

《聊斋》中，小狐狸精们为什么都喜欢书生？因为《聊斋》是书生写的嘛。新闻报道中，为什么很少出现“年轻人”与负面新闻的关联标签，因为新闻是年轻人写的，标题是年轻人做的，朋友圈是年轻人转的，评论是年轻人跟的。老人呢，在跳广场舞。

没有年轻人占座的事情吗？没有年轻人打人的事情吗？没有年轻人破坏共享单车的事情吗？地铁其实经常因为座位或拥挤而发生激烈冲突，多数都发生在年轻白领之间，而不是老人之间。如果是年轻人之间的口角，不会成为新闻，一旦是大妈或大爷，立马就成新闻。你大爷你大妈已经成为媒体标题党热衷的标签，就像“女大学生”“女司机”“奥迪男”“宝马女”“公务员”“熊孩子”那样，立竿见影，标题里有这些字眼，流量立马杠杠的。这都是标题党的套路。

不是老人更坏，不是老人变坏，不是坏人变老，不是关于老人的坏新闻越来越多，而是这个新媒体主导的媒介环境越来越不利于老人，恨老、厌老、敌老，于是坏老人新闻便形成扎堆效应。当下主导舆论场的主要是自媒体和新媒体，而谁垄断着自媒体和新媒体呢？谁是自媒体新媒体的主力人群呢？不是老人，而是年轻人。年轻人主导的媒介环境和舆论场，带着天然的“恨老情绪”，他们觉得广场被霸占了，公交座位被霸占了，篮球场被霸占了，福利资源被霸占了。这种以资源竞争为核心的代际冲突中，老人占据着道德优势，而年轻人掌握着话语优势——你老，在道德上必须让着你，在“道义正确”上老人赢了，但到了年轻人掌握优势的网络和社交平台上，老人输得一塌糊涂、一败涂地。彭宇案中，被撞的老太太赢了官司，却输了舆论，彭宇受到了普遍的同情——甚至近来高法公布当年案情后，很多人仍坚信老太太说谎而彭宇是无辜的。媒体镜像中，人们戴着有色眼镜把每一个老太太看成准备敲诈小伙子的坏人，把每一个大妈看成蛮不讲理、随时撒泼的恶人，把每一个大爷看成为老不尊之辈。

总觉得近来一系列扎堆的“坏老人新闻”，是媒体对前段时间“广场舞老人群殴少年占领篮球场”新闻的报复性反弹。占座发生争吵，让座产生误会，日常口角，这种鸡毛蒜皮的事，本来算不上什么。老人不懂共享单车，也并非不可理喻。但把这些小事做成新闻，往首页推，配上视频，形成集束，一段时间中扎堆爆发，老人形象必然进一步污名化、妖魔化。

委屈的大学生缺一堂媒介情商课

贵州某师范学院“保洁阿姨背大学生”新闻引发的争议已随热点转移而沉下去了，舆论主流意见基本上都表达了批评，我在《雨中背人的正能量，我已经忍你好久了》一文已经写得很清楚。不过，看得出来，被批评的当事大学生们很不服气，充满委屈，认为外围公众和不在场的网友不近人情的苛评“毁”了这场在当事人看来“本很温暖很温馨”的一件事。这件事，在场者的感觉和不在场者的人完全不一样，他们自己感受到的是互助的温馨和阿姨的热心，而外人看到的却是“娇气的巨婴”。

这几天，不少大学生都在我那篇公号文章后留言评论，表达不满。观点主要集中在以下几方面：其一，媒体报道失真，歪曲了当时的场景，不是学生让人背，而是保洁阿姨主动背的；其二，当事大学生和阿姨都是舆论恶评的受害者，当时阿姨要说背他们时，他们开始拒绝了，但当时站在狭窄的长凳上，阿姨一背，他们重心不稳就上背了，这时候再拒绝就很难开口了；其三，当时同学们并没有等着阿姨背，很多人都在互相帮助；其四，应该理解很多学生不愿湿鞋湿脚的初衷，毕竟接下来要上课，脚湿了鞋湿了会很狼狈，等着从铺好的长凳上走过去没什么不可理解的；其五，大学生没觉得自己很娇贵，快上课了，长凳还没有铺好，保洁阿姨背人只是想加快进程，是评论员想当然地脑补真相了。

新媒体时代，真相多不是一次性呈现，而是在不断沟通、不断发声，甚至不断逆转的过程中逐渐呈现的。我相信，当公众了解这更多当时的现场信息，听了这些学生的解释后，会少很多恶评和苛责。确实，在场和不在场的感觉，可能完全不一样，不在场者需要克制自己想当然的脑补，超越一两张图片构建的碎片事实而去触摸丰富的现实。当然，另一方面，在场者也要有一种传播敏感，提升自省能力，意识到一些行为在传播中可能给不在场者传递的刺眼感觉。

这就是我常讲的“媒介情商”，超越“在场感觉很好”的盲区和局限，谨小慎微地考虑到自己的言行在传播过程中可能让不在场者产生的误解、不适甚至强烈的反感。——毕竟，新媒体自媒体时代，公共场域中的行为都可能在直播或随手拍之下成为媒介事件，很多时候都要有在媒介镜像中反照自身行为的自觉：如果这种形象呈现到媒介语境中，别人会怎么看？有了这种媒介事件中“他者目光”的审视，就具备了媒介情商。其实，像这一次“保洁阿姨背大学生”引发的争议已经发生过很多次了，每一次的情节都大同小异，或者是宿管阿姨背人，或者是保洁阿姨背人，或者是老师背人，每一次大学生都被骂得很惨。如果关注过这些新闻，知道这种情形很容易变成媒介事件引发巨大舆论漩涡，就会谨慎很多，而不会当“自认无辜”的傻白甜。

委屈的大学生们，缺一堂这样的媒介情商课。

将大学生们拉进舆论漩涡的，显然是那条“渲染正能量”的微博，如果没有那个用力过猛的宣传，又是“温暖一幕”，又是“她们是人群中最不起眼的，但她们的热忱却异常温暖人心”，舆论不会有那么强烈的反弹。完全沉浸于在场者的“温馨感动”中，而不考虑不在场者的感受，不考虑“年长的保洁阿姨背身强力壮的年轻人”所制造的错位和反感，媒介情商太低了。缺乏媒体情商的典型表现就是，陷于自我感动的盲区中不能自拔，没有换位思考，意识不到他者的感受。

媒介情商缺失的另外一种表现是，缺乏第三方的视角。当事大学生感到委屈的是，保洁阿姨主动背，大学生感动于阿姨热心愿意被背，双方都觉得很温暖，没什么不妥，外人干吗说三道四？假如这事没有上传到网络，没有成为媒介事件，完全在一个封闭的语境中，你情我愿，那就你情我愿吧。但既然成为媒介事件，拿到公共平台上当正能量去宣传，就不单是双方的事了，而需要顾及旁观者第三方的他者感受。你自己觉得很温馨，但要考虑到媒介视野中的旁观感受——身强力壮的小伙子让年长的保洁阿姨背，真的让人很刺眼。再多的理由，再多的解释，再多的人情，洗不清这个别扭的场景带给人的道德不适感。

媒介情商缺失的最后一个表现在于：面对争议，保持沉默，三缄其口，忍过风波。我注意到，当事大学生基本上一直是缺席的，引发争议后一直躲着舆论和媒体，没有积极到舆论场上去争取话语权。我理解这种初遇舆情时避之唯恐不及的恐惧，其实，假如当事学生有一声歉意，勇敢地面对媒体多点儿坦诚交流，舆论会多不少同情的理解，又不是什么大错或故意之错。有千般万般理由，可毕竟，“身强力壮的年轻人让年长保洁阿姨背”让人不适，还是需要表达一下歉意的。回避问题，只会强化舆论所形成的刻板印象。

自媒体太多，热点太少，撕掰话题不够用

昨天一个编辑向我约稿，让我就爆款网文《北京，有 2000 万人假装在生活》引发的讨论写一篇评论。我跟他说：不好意思，热点话题消费的节奏太快了，不想跟了。自媒体太多，热点太少，撕掰话题不够用。发酵出个争议话题，各大公号都像饿狼扑食似的，过度消费过度营销，很快就把这个话题炒煳了。满屏都在蹭热点，让人看到“假装在生活”这几个词就觉着恶心。

立刻有公号采访了这个作者，宣称这篇文章有几百万的阅读量，给公号涨了多少万的粉。看到这个，更没有评论的欲望了，你义愤填膺地跟评，他得意扬扬地数阅读量数涨了多少粉。再有价值的话题，当进入传媒消费链条后，价值就会在各取所需的消费化和营销化中被抽离，只剩“热点”。传统媒体时代，热点或话题周期可能是三四天，而新媒体闪电般的消费节奏不断缩短着“热点”的生命周期，井喷的蹭热点透支着大众的热情和专注，加速生产热点和流行，又加速毁灭。可想而知，当同一话题短时间内铺天盖地刷屏时，是怎样一种感觉。

看那篇文章的内容，很多描述和标签，情绪饱满，用语浮夸，概念挑逗，段子味十足，本身满脸都是“就怕没人跟我撕”的挑衅色彩，通篇文章每个字里都写满“10 万 +”欲望。——对这种带着浓厚情绪挑衅色彩的话题，我向来敬而远之。作为同在北京生活的人，不喜欢那种自我悲情化，也反感拿地域话题碰瓷。

对这种爆款网文形成的话题，我一般都不会去跟进，而是保持距离——即使跟进，也是过一段时间等热点过后再去仔细梳理其中的真问题。跟传统媒体的调查报道设置的话题不一样，报道设置的议题，有调查数据，有事实基础，有采访支撑，基于这种议题的争论是有讨论基础的，不服看调查的事实和数据啊。——而这种爆款网文只是一种“我不爽、我不爽、我就是不爽”的夸张情绪，发发小清新的骚，抒发文学想象，攒段子哗众取宠，一堆情绪泡沫中夹点儿半真半假的问题，触发的必然是情绪、利益和各取所需的蹭热点营销。

这种爆款，本来就是病态的爆款，爆款网文触发的对撕下，人人脸上都兴奋地写满怒怼的不服。谁能服谁，拿什么服呢？本来就是一堆情绪，情绪生产情绪，不服刺激不服，攻击触发攻击，没有理性辩论的共识和逻辑基础，没有令人信服的事实基础，这样凑热闹的争论只能是逞口舌之快，掀起一次热议的伪高潮，口水退潮之后毫无价值。

自媒体太多，热点太少，撕掰话题不够用。一个个蹲守在网上像饿狼似的，这种舆论场必然是嗜血的，隔几天就需要一些强烈冲突的话题来满足这种嗜血需求——阅读量需要，维持热度需要，营销需要，围观需要。这就是营销号能长盛不衰的土壤，“做号江湖”能风生水起的空间，因为他们深谙人性的弱点，深谙这个传播环境的问题，像新闻食腐者那样洞悉网众的劣根性，了解大众的情绪痛点和泪点，总能挠到痒点和撕点。当社交媒介被这样的爆款网文主导，靠这样的情绪消费维持热度时，内容自然会垃圾化，讨论也必然会公厕化。这种环境下，严肃的内容生产者越来越少，专注于话题消费的自媒体越来越多，营销性爆款话题便会大行其道。

珍惜自己的脑子，远离这种爆款网文，远离这种拉低人智商的热点节奏。

泛滥的蹭热营销稀释着我们的悲悯感动

天堂一样美丽的地方瞬间天崩地裂，那些曾让人觉得代表着诗和远方的地名，成了灾难新闻中让人心碎的符号，人们焦急地关注着最新的灾情，并被那些救援和求生的故事感动着：一家人坐车出游，母亲被巨石砸中时瞬间护住女儿，父亲遇难前砸碎车窗推出孩子，获救后躺在医院的女儿还不知道父母已遇难的消息。一个女导游的自述看哭了很多网友，地震发生后她冒着生命危险徒步夜行 40 多分钟，只为确认游客安全。广州游客陈先生在大巴遇险后奋力救出三个陌生孩子，后来一直没有找到自己的妻子。

感谢第一时间奔向救灾现场的记者们，他们在余震不断、随时面临塌方和滚石的危险环境中含泪记录的这些生死故事，让牵挂着灾情却又不在场的人们与灾区的人们身贴得更紧、心靠得更近。通过这些在灾难现场敲出的文字，人们不仅第一时间了解到灾情，还能在记者记录的悲怆、毁灭、绝望、大爱、守望、英勇、坚强、感恩中更令人同此心、心同此情，更珍惜爱和生命。这个时代，发达的传播技术颠覆着很多传统，这一次关于地震的第一条新闻是机器人写出来的——但这些带着温度、让我们泪流满面的生死故事，机器人写不出来，需要专业的媒体人用脚采访用笔还原，用心去挖掘用心记录。

一个记者朋友第一时间就突破种种困难赶往了灾难现场，航班取消就坐火车，车坏了就步行，路堵了就奔小道。一听哪里有突发哪里出事了，他从来都是背起包就赶去了，随时保持着“赶往现场”的状态。这次他在现场发回了不少报道，有媒体想约他写篇现场感受，谈谈自己的突破和报道的艰苦，他没有同意，说这种文章以后会写，但现在不是写的时候，救灾还在进行，记者应该坚守现场记录灾情和救援，而不是跑到新闻前台突出自己。另一个记者朋友也说，宁愿没新闻，也不愿看天灾。

这些话让我很感动，灾难中有很多这种默默坚守自己岗位、不事张扬的可敬背影，战士们默默地救援着，拼命从废墟中寻找生命的气息；医护人员们默默地跟时间赛跑，尽最大努力挽救着从废墟下抬出来的奄奄一息的生命；电力、公路、通信工人默默地忙碌着，抢修着那些被地震破坏的线路；志愿者默默地穿行在救援现场，哪里需要自己哪里随时出现自己的身影；记者默默地记录着这一切，把这里的悲伤、感动和守望相助传播出去。他们沉浸在自己的职业中，不会意识到别人的关注，不会去表现自己的存在感。他们知道，只要每个岗位上的人各尽职守，灾难就不会击垮我们；他们也知道，跟灾难带来的伤害相比，生者的这些努力真算不了什么。

在那种刻意借救灾背景表现自身存在感的灾难舆论喧哗下，这些在灾难现场默默工作的身影更让人充满敬意。一个资深媒体人在接受采访时说，自己对这两天一些企业贴 LOGO 做祈福营销的行为很反感，他的这段话激起了很多网友的共鸣：曾经因祈福的海报热泪盈眶，而九年后，我却糟糕地发现，我再也不会那么感动……祈福海报上的二维码，像一块丑陋的膏药。

九年前汶川地震时主导灾难报道的仍是传统媒体，而今天的舆论主角则成了新媒体自媒体，自媒体主导着灾难信息的生产与传播。自媒体时代灾情传播带来的优势是，动员能力很强，能通过迅速的传播将更多的人代入和参与到灾难外围救援中，在搜集在场信息、寻人、整合碎片细节方面，扮演着传统媒体不可替代的角色。但带来的一大问题是，在救灾动员和参与中，急于喧宾夺主地凸显自身的存在感。这可能是自媒体的天性，在关注度渴求下，天然地寻求一切机会表现自我的存在感，把自己当成中心。让人不舒服的是，铺天盖地的救灾信息中，少了一些九年前的单纯与纯粹，多了些自吹和自我宣传。企业、部门、个人都有自媒体，在自媒体激烈竞争的语境下，救灾也成了蹭热点、搭车营销、借势宣传、刷存在感的一种方式。刷屏的蜡烛和祈福，多了不少营销和宣传的成分。——当我们从那些争相突出自我的宣传中感受到那种急于突出自我的功利心时，感动就被稀释了很多。

克制一下那种功利心吧，向那些默默报道、默默救援、默默地与死神赛跑的背影学习。

珍惜生命，远离舆情无感的南航式傻白甜宣传员

南航一篇题为《“只要前 11 排座位的旅客”——为政府执行要务护航》的宣传稿，成为这几天网友群嘲的对象。一个没有任何媒介情商的傻白甜宣传员，饱含深情、热情洋溢、绘声绘色、充满职业使命感地写了一篇为领导服务的文章并发到媒体上，把南航和被服务领导顶上了峰尖浪口，坑了单位，坑了领导，坑了民航。

我不知道按规定政府公务访问团是否可以向航空公司提这种“希望一行 66 人能全部安排在前 11 排座位”的要求，航空公司是否应该像这样提供保障全面配合——毕竟，公开规定也许不可以，但咱们这儿规定有很多种，公开的，不公开的，内部的，行业的，说不定拿出一个哪年的内部规定让你无言以对。但无论如何，这样做是让公众很反感的，虽然是政府公务团，但这是民航，一般公务不能凌驾于私务之上，老百姓的旅游团提这样的特殊要求，航空公司能这样满足吗？机上座位的分配难道没有规则吗？我想，这可能也是中央八项规定精神所反对的。

本文不准备探讨政府部门和南航这样做的正当性，那应该由纪委去调查，我想谈的是宣传员的问题。有人说，怪不了宣传员，确实做了，为什么不能写、不能说呢？要错，首先也是“滥用公权”的错，而不是宣传的错。甚至有人夸奖，这篇宣传稿就是一封举报信，暴露了很多不为人知的秘密——这种观念显然是错误的。公众也许乐见这样暴露问题的“高级黑”，

但从宣传的职责看，把这种稿件发出来是极大的失职，缺乏基本的新闻素养和媒介情商，没有基本的舆情敏感。谁摊上这样的宣传员谁倒霉，哪个单位有这样的宣传员，都是在单位埋了一个随时坑领导、坑客户的定时炸弹。

我当然反感特权，但一样反感这种高级黑宣传。

陷入盲区的“自拍美颜”幻觉

政府公务访问团向航空公司提座位要求，即使这样做有正当理由，也合规定，比如为了工作效率，坐一起讨论方便，飞机上还可以集体工作，但也是不宜大张旗鼓去宣传的。这样的事，写成内部工作汇报向领导表功，没问题。可写成新闻发在媒体上，就必须考虑公众感受和传播效果了。

一个有较高媒介情商的宣传者，总会有突破行业盲区的“他者视角”和传播敏感，也就是总能够换成外部人、外行人的角度去判断：受众会怎么看呢？外行人会怎么看呢？有些事情，可能在行业内是公开的秘密，从行业内部看很正常，已习以为常见惯不怪，但外部人就觉得不正常，无法接受。因为外部人的思维方式、利益立场和观察角度跟你是不一样的。而你的很多宣传，面对的对象不是很容易产生强烈共情感的内部人，而是跟你思维方式不一样的外部人。在一个行业待久了，必然会形成固化的行业思维习惯，这种习惯就是一个人的盲区。而做宣传的人，应该能突破这些内部人的思维习惯，善于站在公众角度开放地看问题。

南航的这个宣传员，如果有基本的媒介情商，写稿子发稿子的时候尝试站在受众角度看一下，就不会犯这种低级而又愚蠢的错误了。从民航公司的职员角度看，你是在完成一个任务，但换个位置，作为一个普通乘客，你会愿意前 11 排座位都这样被公务员占了吗？如果是一群普通乘客提这样的要求，航空公司能这样屁颠屁颠地满足吗？缺乏对象意识，没有换位能力，完全意识不到哪些人会看这条新闻，不知道是写给谁看的，不了解受众心理和舆情规定，不清楚会有什么传播后果，稀里糊涂地写、稀里糊涂地发，沉浸于自我感动、自我陶醉、自我欣赏、自我美颜的朋友圈自拍幻觉中，那是很可怕的。

记得有一次，某地某部门想宣传税务干部工作非常辛苦，就发了一张几个税务员跋山涉水、扛着自行车去收税的照片，题为“征税途中”，本想表现税务干部工作很不容易，尽职尽力敬业，让每一分税款颗粒归仓，可他们没有意识到，收税者的感受跟交税者的感受完全是不一样的。这样一张渲染收税敬业感、使收税者沉浸于自我感动中的照片，在网上被骂得体无完肤。很多网友都说：连自行车都去不了的地方竟然还好意思收税。——这种吐槽未必有道理，却反映了一种对立情绪，宣传者不能只顾“自拍美颜”而不顾宣传对象的感受。

与宣传干部交流的时候，我经常说，宣传者一定要有受众视角，每发一条新闻，一定不能自以为是地“我认为”“我觉得”，而要多换个角度看一下：网友可能的吐槽点是什么，媒体可能的报道点是什么，舆情传播中可能的“发酵点”和“歪楼点”是什么。——多思考几步，把问题考虑在前面，才能避免全媒体推出后覆水难收。全媒体时代，发出去的新闻信息是收不回来的，删了只会刺激网络传播和记忆。只能在宣传信息的供给侧更前瞻、更谨慎、更敏锐地进行预防，只有自己常常上网，有网络思维，熟悉网络生态，了解舆情规律和新闻规律，才有能力突破传播的盲区。

“舆情无感”的傻白甜

南航这个宣传员的另外一个问题在于“舆情无感”，纯粹是一个对舆情传播毫无意识的傻白甜。舆情无感表现在两个层次，一是“对自身行为可能导致的舆情”完全无感，二是对过去发生在其他单位类似的舆情完全无感。

其实，如果是一个经常看新闻，经常关注系统内其他单位新闻信息的宣传员，绝不会犯这种低级错误，因为类似事件引发的舆情案例太多了，隔一两个月就会发生一起。随便举两个案例。

某次，某机场边检站为某省一群要经过这机场出访的领导们提供“特殊礼遇”。有点儿舆情常识的人都知道，虽然按规定这领导可以享受这种礼遇，但这种事情也是不宜大张旗鼓去宣传的，因为会让普通旅客非常不舒服。可边检站的宣传员也给媒体发了一篇热情洋溢的宣传稿，是这样写的：

某月某日，某地官员一行 25 人，乘坐某航班赴某国考察，我们机场边检站主动靠前、周密部署，为领导提供礼遇服务。据悉，在接到有关部门为某领导出境提供礼遇通关的通知后，这个站高度重视，积极响应，及时与航空公司和联检单位沟通协调，保证代表团通关便捷顺畅。代表团抵达口岸后，这个站启动礼遇服务工作预案，抽调精干警力，第一时间为代表团办理了出境检查手续。检查员饱满的精神状态、过硬的业务素质、良好的形象，得到了某领导的一致好评。

当时这篇通讯员稿件也制造了极大的舆情，也是舆论一片哗然，坑了一群人。这样的高级黑宣传教训难道没有在全行业通报并引以为戒吗？做宣传的如果对发生在异地、异系统的舆情毫无意识，没有职业警醒的身份代入感，以“关我屁事”“幸亏不是发生在自己身上”的侥幸心态看待，只会成为一个啥事也不懂、不知道说什么怎么说、随时可能给单位惹事的傻白甜。不要等问题发生在自己身上时再去总结教训，那样的代价太沉重了，媒介情商高的人总善于借助别人的舆情教训提升自己的能力。

类似的案例太多了，比如还有另外一起。某地食药监局在官网发了一篇宣传稿，是这样写的：《某某分局做好安全保障　确保某市领导来本地视察期间食品安全》：“某月某日，分局按某委、某府的要求，全面实施了餐饮服务环节监管职能，成功地保障了一起重大活动食品安全工作，确保了来本地视察的某市两位主要领导以及其工作人员和服务人员的饮食安全，受到了各级领导的充分肯定。”

这种宣传稿显然也极不合适。公众的期待是，食药监局应该保障每个民众的食品安全，而这样的宣传稿会传递一种让人反感的暗示：领导会受到特别待遇。网络基本的传播规律是，任何一点儿可能跟特权挂钩的倾向，都会引爆公众强烈的不满。

这些案例都曾经引发过很大的舆情，如果经常学习，关心关注其他地方的热点舆情，不至于总重复犯同样的错误，不会总在别人摔过无数次的地方再摔倒。对外界发生的一切都漠不关心，虽然社交媒介打开了一扇开放的窗口，可人的心灵还是封闭的，思想封闭在单位、岗位和圈子内部，思想没出过单位和行业的大门，对外界的事情都不问、无感，自然会成为一个舆情低能的傻白甜，在宣传岗位上以高级黑的方式坑己坑人。

全媒体时代的内外宣界限

有人说，这宣传员可能是发错了稿件，把本应内宣的稿子当成外宣发到媒体上去了，引发舆论旋涡。当事单位后来的回应也是“误发”。其实，在全媒体时代，内外宣的界限已经越来越模糊了，即使你觉得是很内部的信息，也很容易被发到网上进入外部传播。发在内刊上，发在给自家员工看的企业报上，就是内宣吗？当然不是，大传播时代，外人一样也可能看到——内刊和企业报也会传播到外人手中。只要有可能进入外部传播的链条上，实际上都属于外宣。

人人有手机，人人有自媒体，全媒体传播环境中，内外宣很难分清了，这要求即使内宣也要有外宣的意识，别再以封闭的心态看待互联网时代的开放传播。传到网上了，网友可不管你是外宣还是内宣。

实际上，即使从传统的企业内宣角度看，宣传稿也不能这样写，写为政府公务团提供特殊安排，是想说明什么呢？是想向内部员工传播什么理念呢？是说勤奋敬业加班加点为领导服务吗？这样的稿件，只适合写给领导看，告诉领导自己工作是多么辛苦。从向领导汇报工作的角度看，这样的稿件也许才是合格的。

对一个通讯员来说，全媒体时代区分的不应该是内外宣，而是阅读对象是谁。是写给领导还是普通读者看的，写给党报机关报还是都市报的，写给传统媒体还是新媒体的，写给行业报还是大众媒体的？不同的对象，需要不同的语态，不同的对象有不同的阅读需求，有对话才有人话，不同的对象应该有不同的“传播诉求”。很多宣传稿之所以面目可憎让人反感，在于那稿件压根儿就不是写给普通读者看的。

出现这样的问题，也跟企业的封闭有关系。越封闭的企业和部门，越容易出现那种奇葩的宣传稿。宣传员习惯以领导为中心，把“企业报”当成单位领导的起居注，事关领导才是新闻，其他都不是新闻，自然别指望宣传员能真正写出有分量的企业好新闻。

任务压力下的宣传扭曲

南航宣传员此次制造的舆情事件，背后可能还有另外一个问题，就是“上稿压力”。我知道，现在很多企业对通讯员和宣传员都有任务要求，指标考核，每月每年要有多少任务：行业媒体要上多少稿，地方媒体要上多少稿，中央媒体要上多少稿，完不成任务，奖金可能就受影响。

这种上稿压力，一方面逼着通讯员找关系上稿，一方面逼着通讯员绞尽脑汁找各种选题和素材，必须要完成任务啊。这种压力下，什么事情都想着要写成新闻稿，先完成“宣传任务”再说，哪管适不适合宣传，哪管有什么传播效果啊。于是各种奇葩的宣传稿就横空出世了。

现在很多企业都越来越有宣传渴求，想在媒体上露脸出位，却不愿在专业宣传、人力资本和新闻培训上投入成本，那是很危险的。新闻宣传必须由专业的人来做，可很多企业为了节省成本，不愿招专业的新闻宣传人才，误以为“只要会写文章”就会搞好宣传，然后从企业内部找几个会写文章的人来做宣传。宣传跟“写文章”是不一样的，做好宣传，得有新闻素养，了解传播规律，善于发掘和制造新闻传播点。

“会写文章的”什么都敢写，什么都去写，但没有传播意识。经常看到，一些单位的宣传稿，真的不敢恭维，习惯把劳模写得没有人情味，写得反人性，常常制造类似“领导自己开车回家自己掏钱吃饭”之类的高级黑笑话。最近网上又流传着一些单位让人反感的宣传稿，什么“为了加班办案，将年仅四岁的儿子置于家中，导致其爬上窗台坠楼身亡，而他只是简单为儿子处理完后事，拒绝了休假安排毅然回到工作岗位”，后来被证明是内容失实夸大宣传，所谓事迹是道听途说移花接木。

当通讯员和宣传员队伍由一些“会写文章”而没有新闻训练和媒介情商的人组成，没有专业的培训，又没有严格的传播把关制度，那是很可怕的，隐藏着结构性的宣传风险，南航类似的舆情事件会不断发生。

附录一　答重庆大学研究生小班

问：研究生期间是怎样走上评论道路的？哪些书对自己学生时期的评论有较大影响？

答：并没有什么特别的拐点和有意识的“触点”让我走上评论之路，是很自然的一个过程。本科期间读了不少书，自己在很多社会问题上有了自己的“想法”。那时还办了一些校园报纸，有表达冲动，常常就一些校园问题发表一些很尖锐的评论。有想法，有冲动，有积累，到了研究生阶段，更多地关注校园外面的世界，自然而然就写起了社会评论，跳出校园在公共事务上运用自己的理性。

那时候看书很杂，并没有刻意看哪个领域的书，只要是自己感兴趣的书就如饥似渴地读。真的很感谢那个时代，没有网络，没有手机，没有社交媒介的干扰，可以整整一天坐在图书馆里认真读书（不是查资料，查资料是为了写论文，有着强烈的阅读功利性）。后来有了呼机，图书馆已经不平静了。手机普及之后，图书馆更放不下一张安静的书桌了，主要是看书的人静不下来了，手机在身上，就处于一种被社交干扰的状态，很难专注地深阅读。

印象深刻的是老师送我的一套哈耶克的著作，对我的思想产生了很大的触动。还有那时贺雄飞主编的一套“草原部落—黑马文丛”，让人读得热血沸腾。钱理群教授可以说是那几个作者的精神教父，这套书流行后，钱老师也成了很多思想文青的精神导师。记得大三时我还给钱老师写了一封信，没想到钱老师竟然回复了，鼓励了我，也给泼了一盆冷水，让年轻人不要走向没有积累的偏执，先打好基础再说，不要被那些迷人的激进思潮所惑。

在哪个阶段做哪个阶段应该做的事，大学就应该好好读书，完成思想资源的积累，先让自己有想法，然后很多事情是自然而然顺理成章的，不要过早过快地社会化，不要在过度实践中迷失自己。还没有内容生产能力，就整天被那些新媒体大咖编辑的故事误导，整天做内容变现的梦。不要急，一步一步地走，完成自己新闻从业的原始积累。

问：您说过李方、陈小川、马少华、李鸿文对您有过不小的影响？能说一下他们给了您怎样的影响和帮助吗？

答：我很幸运，遇到过很多愿意提携后生的业界前辈，最幸运的是能进入海运仓 2 号这个充满着新闻专业和理想追求的大家庭，受着专业精神的熏陶。这里很多前辈都对我影响很大，比如我们的前任总编辑陈小川（我们都亲切地叫他“川总”）。刚工作时，我写的评论被毙过好几次，但川总每一次毙稿子后，都会跟我们详细地讲专业的理由，说得我心服口服。我是在被川总“修理”过程中受到他影响的，形成了自己的表达分寸感和评论理性。作为一个老报人，他的敏锐、判断、睿智、幽默感、专业精神、责任感，以及对年轻人的呵护，让我受益良多。川总是一个硬汉，但却常能看到他被一些温情的东西感动得“老泪纵横”，被丑陋和阴暗气得拍桌子。作为一个总编辑，他身上的那种良知、悲悯和专业气质，对编辑记者有着巨大的感染力和熏陶力。

我想，这种专业基因属于海运仓 2 号，川总也是从他的前辈身上继承而来的，这个院子里的人都努力保持着这种气质。

李方身上也有这种气质，是李方把我招进中青报评论部的。我学生时代常给“青年话题”投稿，李方觉得还不错，就把我招进来了。我一直以为，李方算不上最好的评论作者，他写的评论并不多，但他应该是一个最好的评论编辑，有非常敏锐的判断，识人，识选题，视野宽广，有文人情怀，有精神感召力。他身上的那种精神感召力对我很有吸引力，作为他的下属选稿编稿，跟作者交流，做标题，形成了我的编辑思想。李方现在是腾讯网的新闻总编。

李鸿文是深圳晶报评论前主编，我研二时，他就想把我调到晶报。我在那里待了半年，他给了我当时中国媒体能给一个评论员的最好待遇（我还是个未毕业的学生），创造了很宽松的工作环境。

少华“评论教父”的身份，应该是我叫出来的，虽然没有作过同事，但深受其评论思想的影响。少华不仅勤奋，更有研究者的专注和思想力，能把自己的业界经验梳理总结出来，成为可学习的理论——可能这是新闻教育的一大难题，因为新闻实践，尤其是评论写作，多是作者个人的缄默知识（只可意会不可言传，经常使用却很难通过文字表达出来），评论写作的知识不是客观、静态、明确可表达化和可理论化复制化的。默会知识是种个体知识，它深深植根于个体实践行为本身。默会知识在离开它的母体后便失去了生命，游离于其母体之外的只是一些毫无生命的明确知识，这便是评论教学的局限，因为我们所能做者远甚于我们所能知者。少华的一大贡献，便是把他的业界经验和对业界敏锐观察系统化地表达出来，他的课堂教学笔记和业务论文成为很多从业者的宝典，滋养了一代评论人，当然也包括我。

少华是君子般的老师。君子和而不同，我跟少华常常就某个问题发生争论，甚至能吵起来。但我知道，这种“吵”不会影响我们的友谊，因为争吵完全是就观点论观点，致力于“说服”而不是“压倒”，“求真”而不是“求胜”。这种业务辩论，也是“青年话题”的老传统，过去李方和马少华就常在办公室里就某个话题“吵起来”。我一直非常珍惜少华这样的师友，朋友圈里，需要这样一个不同观点的朋友，保持开放视野，避免自己走向自闭和偏执。诤友难得。

问：《中国青年报》对您的评论写作产生过哪些影响？

答：高的站位，新闻是历史的底稿，用报道和评论“推动社会进步”的报人关怀。并不是每个媒体都有这样的追求，中青报特别的历史，以及在历史中扮演过的角色，使其打上了这种精神烙印。走在这个院子里，成为海运仓一分子，就会被这种气质所熏陶感染。

中青报的思想资源和平台培养了很多名记者、名编辑、名评论、名总编辑，为什么呢？因为这个平台能容忍你的个性，不会磨灭你的理想。你进入有些大报大台，你只会被他们那种强大而固有的气场所碾压，几年后，你就不是你了，你就成为那个大机器的一部分，不允许有你自己。但在中青报，你会受到她的文化影响，身上带上她的气质，但那种气质并不碾压你的个性，你的个性能被接纳成为那种文化的一部分。写一篇评论，甚至那种高大上的社论，不必非按那种社论套路，如果你的创新和观点能说服老总，老总会非常赞赏，不会非让你学那种社论腔。这种发展自由可能是最宝贵的，有最好的平台，但平台又不碾压你的个性和专业自由，让人格能得到完满的发展。

中青报从不吝啬给新人机会，不论资排辈，也让我很受益，让人不必把精力内耗于那种人际关系的处理中，简单地追求内容的优质和专业的完美。无论是评中国新闻奖，评副高正高，都尽量给新人机会。评长江韬奋奖，从来都是专业主导，推荐最能代表中青报专业突破、写出有影响力大稿的人，而不是推领导。

中青报也能容忍年轻人出错，这种容错思维在这个时代，也非常可贵。如果一个媒体没有保护年轻人的机制，不去保护创新、思想、挖掘真相，只会上下死气沉沉、庸才泛滥。

问：您 2007 年接受采访时说过自己没有当过记者，感觉思维快写枯竭了，想去基层沾沾地气儿。后来是怎么解决思维枯竭的问题？

答：本想到地方记者站锻炼一段时间，遗憾因为一些特殊原因没有去成，这可能是我一大缺陷。没有一线采访经历，也让我养成了特别谨慎的习惯，一事当前不敢轻断，不太有判断自信。缺乏事件一线的经验，容易想当然地“脑补”。

倒不会思维枯竭，而是要防范正义的幻觉，越真正在一线采访的人，越不会轻易下判断，接触的事实会让他觉得“事实没有那么简单”。“不在采访一线”的缺陷常常提醒我，一定要克制简单道德判断的欲望。一个有着丰富采访经历的同行说过，我们对于一件事情知道得越少，就越容易形成判断，而且是越容易形成强烈的单纯判断。

我是怎么防止这种键盘上的正义幻觉呢？其一，写评论前，会多问本报的驻站记者，问他背后有没有什么内情。其二，多看记者的报道，而且不仅是一家媒体的报道，因为记者也会受到视角和利益局限，多看几家报道会更加客观。其三，多看新闻后面的评论，网友会提供不同的视角。其四，多自我质疑，避免自己陷入盲区。

这也要求我们的微信朋友圈中的朋友一定要足够多元，有不同专业、不同立场、不同行业的朋友。有人问我，为保持信息充分，平常看哪几份媒体。我说，如果你的微信朋友圈足够多元，看看朋友圈转发的信息就够新闻营养了。现在很多人都是新闻偏食，造成新闻营养不良，形成自闭和自负。只关注一类人，只关注跟自己观点相近者，只关注同行，这只会营造一个越来越封闭的拟态环境。

问：您认为相比于传统媒体，在网络平台发表评论对职业评论员提出了哪些新的要求？

答：不要自负地认为你就比网友更聪明，那种精英优越感常常会让自己成为群嘲的对象。不要只看新闻，更要学会看新闻后面的评论，后面的网友评论更能代表真实的中国。不要以你网络所见去作判断，因为你看见的很可能只是别人想让你看到的。不要轻易地义愤填膺，你的正义感很可能只是别人的消费品。不要玻璃心，不要被别人的评论所干扰，保持强大的内心，假如过于在意别人的想法，你就没法写评论了，而会堕落成一个只能写社论的庸才，一个只会说正确废话的八股评论员，一个在舆论场上永远留不下自己名字的垃圾文字制造者，一个虽然从未被骂却也从未有过存在感的失败者。

附录二　答暨南大学校园媒体问

一、新媒体下的传统新闻评论员

问：作为中青报评论员 13 年，经历了传统媒体的“黄金时代”和新媒体的兴起，您认为在两个时代背景下，新闻评论写作有不同吗？（在哪里？）

答：在我看来，99% 应该是相同的（1% 是表达的语态），评论总要基于事实，一事当前，先问真假，再说是非，后说利害，要基于逻辑，这是新闻评论作为一种文体的本体基因，无论到什么样的时代，都不能把这个基因给转掉。现在最大的问题是，新媒体评论有一种强大的任性要脱离“文体基因”，不要事实，不要逻辑，只要情绪，只要过瘾，只要变现。我的很多评论都致力于批判这种转了评论基因的新媒体评论，没有了事实和逻辑，其只能沦为网帖。

问：您在接受解放日报采访的时候自认“哗众”而不“取宠”，“哗众”是否意味着在内容表达和题材上迎合大众？（如果是）如何在迎合大众和表达自我中找到一种平衡？您又是如何把握“哗众”和“不取宠”之间的平衡？

答：我说“哗众”，其实只是开玩笑，我一向是反对主观上“哗众”取向的，语不惊人死不休，为了语惊四座而将某种立场推向极端。我自认为的

“哗众”，是一种客观上的效果，评论常常引发新闻业界和学界的讨论。比如，我写《学新闻的第一份工作最好别去新媒体》，绝不是想“哗”谁，就是自己一直以来有这个想法，把它表达出来，结果就引发不小的讨论。我不喜欢在表达和题材上迎合大众，比如我公号后常有粉丝给我出题，让我评论这个评论那个，我一般这样回复：对不起，我不关心这些新闻，我有我的选题取向，我不是为你服务的。

问：您曾说“评论是越写越温和的”，您认为这种“温和”是体现在什么地方呢？您认为这与如今新闻写作需要“哗众”之间会有矛盾的地方吗？

答：温和，并不是说失去批评能力，不是中庸，而是超越了简单是非和泛道德化思维后，建立在理解基础上的评论。与“天使—魔鬼”这种二元对立的思维框架保持距离，人就会冷静并温和很多。我所反感的“哗众”，就是急于用一种尖锐的立场去站队，去迎合粉丝情绪，从而将那种愤怒“变现”，从集体焦虑中“收割”所谓影响。

问：作为评论员，不免也会被别人评论，面对争议，您是怎样看待的？

答：被别人评论是好事啊，说明你有能力设置议题，从不同角度提出了问题，挑战了一些被视为理所当然的事物。对于观点层面的批评，我向来很是尊重，对于人身攻击，不理会就是了。

问：您认为从“黄金时代”到新媒体时代，作为新闻评论者，对自身的定位需要调整吗？（做哪些调整？要怎样定位自己？）需要转型吗？（怎样转型？）

答：定力就是不要总“急于调整自己的定位”，我没有那种总急于转型的焦虑和压力，多读书，保持心灵开放、尊重常识和独立思考的能力，保持自己写作的节奏，就能保持随时转型、随遇而安、能适应任何技术冲击的能力。

问：您在今年（2017年）年初不再更新新浪博客，是出于什么考虑呢？您对于您自己公众号的定位是什么？

答：平台太多，只有精力去经营一两个，不得不放弃一些。说实话，没有什么定位，随性的写作，没有商业变现的压力，所以不必去迎合谁，不必有涨粉和维护压力。

二、新形势下传媒教育与新闻人才培养

问：您认为新形势下新闻教育应不应该做出改革？（要做怎样的改革？）

答：总说要贴近业界，培养业界需要的人才，我倒觉得新闻教育应该有自己的节奏，不要把自己变成业界的附庸，大学的新闻教育，应该有一些超越实践的东西，应该比业界看得更远更高一些，不要将新闻教育降低为术，而应该提升其作为道的内涵。新闻教育应该有这样超越功利的自信，新闻就是无学，新闻就是无用的，别指望新闻的学问立刻能拿来用。

问：您曾写过一篇评价各大传媒高校新闻系毕业生的文章，请问您期待如今新闻教育应该培养一个具备怎样品质和能力的新闻学生？

答：能克制和驯服自己身上的正义感道德感，对真相永不满足的好奇心。

问：如今新媒体时代，几乎人人都可为记者，都能自行运营一个自媒体，而当今高校的新闻学生为了适应新媒体时代也几乎人人都有公号，您怎

样看待这种现象?

答:很好的事啊，这个平台是自己与外界连接的方式，是锻炼自己思维的一种方式，是逼着自己把想法表达出来与人分享的一个平台，不能荒废了，要坚持写下去，不要觉得没有几个人关注写几天就不写了，对我们做新闻的，表达和写作是自由呼吸的空气，几天不写，思想思维就会枯竭。我写评论写了15年了，每天坚持写2000多字，即使在没有公号平台的时代，也是如此。

问:您曾在一篇文章中提到，新闻毕业生毕业后应该先去传统报业工作，您是希望新入新闻业者从中锻炼基本功提升新闻生产能力，如今很多非专业新闻系学生也可以通过这样的过程锻炼和提高采写能力，那您认为专业新闻学生的竞争力在哪里?现在许多新闻系出身的学生并不会进入新闻行业，反而非新闻专业学生进入新闻行业的越来越多，您如何看待这种现象，您认为当今新闻专业教育的价值在什么地方?

答:新闻专业教育的价值在于培养一种客观看待社会的专业思维方式，“客观”能力不是随意就能习得的，需要专业培训，需要思想积累，站在一个更高更超然的角度看待热点，才能尽可能地接近“客观”。客观精神也是新闻专业主义的核心，不是没有学过新闻的人轻易就能习得的。

很多人觉得新闻无学，我以前也曾经这样以为过，觉得老师讲不出什么东西，很多理论到实践中也用不上。但后来在工作中意识到，新闻是有学的，但这是一门实践学科，很多知识是只可意会不可言传的默会知识，需要自己在实践中去习得。新闻的学问就是实践的学问。另外，新闻之学，最关键的不在于术，而在于道。前段时间一个记者朋友跟我说，她说在狂风沙尘中去了大兴的农民工子女学校蒲公英中学。破旧厂房改建的校舍，十几个孩子挤在十几平米的宿舍里。绝大部分老师没有北京户口，几乎所有孩子，父母都是低端服务业的农民工。她跟我讲了学校的一个故事，有一年，学校开展感恩教育，让孩子们在画家的指导下画父母的双手，然后展出。满墙的画作里，一幅有两根断指的手引起了关注。有人问：“这是谁画的?”一个小女孩满脸骄傲与倔强，站出来说：“这是我爸爸的手。他以前种菜，赚的好少，人家说蒸馒头可以多赚一点，他就去做馒头，被机器打断了手指。爸爸手残疾了，可他是为了赚钱养家。”这个记者朋友跟我说，她决心每年儿童节都选一个最尖锐的教育话题，做一组调研报告，去年是儿童性侵，今年决定做“流动夹心层”。我听了之后很感动，我说，谢谢你，这也正是新闻这个行业让人尊敬的原因。新闻之学，不在于术，而是道！有人说新闻无学，是因为他内心没有这种“道”，没有这种价值支撑。

很少有哪个专业比新闻更加需要多学科的知识结构和深刻的思维训练，很少有哪个职业比干好新闻更需要健全的人格和多方面的能力素质。

三、校园媒体

问：您认为校园媒体应该充当一个什么样的角色？在社会、在校园如何定位自己？

答：首先不要有“校园”意识，你就是一个媒体，要担当媒体的功能，遵守这个行业的专业规范，视野开阔，关注大社会大问题。然后，要有“校园”意识，这个校园意识，说的是关怀，那些大社会大问题的关怀要落到具体现实，从身边具体问题报道起，小题大做，因为受众多是校园群体，用脚采访用笔还原。

问：校园媒体由于能力和环境受限，有时还会受到各方的压力，您认为校园媒体应该怎样发挥自己的价值和意义？

答： 校园就是一个小社会，跟大社会中媒体的困境是一样的，新闻就是“诸方压力”的产物，不要把压力都当成坏事，压力也是逼着自己一定要严守新闻专业精神，专业主义是回应压力的最好方式。有人给我压力，我报之以专业，我的报道是专业的，是客观的，是事实，经得起质疑，经得起批评，有了这个专业自信，就有了应对压力的底气。

问： 您认为校园媒体是否也需要紧跟时代变化进行转型？

答： 非要我给一个确定答案的话，我的回答是，不需要。大学总要有一些超越性的关怀，社会媒体焦虑地转型，是因为生存压力，而校园媒体没有，做好调查报道，做好硬新闻，内容为王，这是常识，当社会媒体被现实所扭曲时，大学需要一种坚守。做校园媒体，踏踏实实地做，可以做公号，做各种形式，顺应读者的需求，但首先要致力于优质的新闻内容生产，这个基因不能转。互联网 + 垃圾，只会变成互联网垃圾。

附录三　你　评

——曹林作品网友评论选摘

《差一点就被“高铁扒门女子”带了节奏》评论选摘

最真的梦：您说的很中肯、到位，称呼此人是“高铁扒门女子”而不是“女教师”，好有理性！真心为您点赞。

shu：对这件事，人们普遍强调规则，我想到一点，现在各种奇葩证明，其实也是有关部门制定的规则，但舆论好像并不强调遵守，而是质疑这些证明的合理性。所以就这件事来说，在谴责过女教师之后，是不是要探讨一下高铁进站一些时间安排的合理性问题。

油菜花开：去知乎转了一圈，发现有些观点值得大家了解下：1. 视频上传中没有马赛克小女孩，可能会对其造成不良影响；2. 教育局在铁路部门正式处罚决定未下达前就进行处罚，似乎不合法律正常途径。

影·子不语：今天上课的时候我们老师还给我们讲了这个事，她说她看到这个新闻感到很惭愧，师范学校里教导“学高为师，身正为范”，这个老师的行为不仅仅让社会对她个人感到不耻，更令教师这个神圣的职业蒙羞。高铁晚点的后果不堪设想，不只是会影响旅客行程，更会影响其他高铁的运行，牵一发而动全身。因一己私利就阻拦高铁这是对规则的漠视，对他人生命的不负责任。

摄像机：铁路比民航软蛋多了，经常出现客运乘务员被打，结果就是没结果，打了白打，同样是乘务员，铁路明显弱势啊……

小纯洁：半小时前去微博看确实有些疑虑，但是曹老师这篇评论逻辑清晰，完全解除了我的疑虑。

朱明飞：某报的“高铁扒门”评论让人搞笑，一味地另辟蹊径，自认为高人一等，被网友群起而攻之。还是曹大师的评论明事理，讲证据，令人信服。

玥溪荧火：不赞同此观点，就因为她的表述中有三点不诚实之处就妄下断论该女子的话不可信？我对这样的曹老师有一点点陌生。

37℃男：身为合肥人，数日间数次登上热搜榜，却是这两件极不光彩的事，实在令人心生羞愧之心。每个人都应当自觉遵守社会规则，人类社会才能有序而健康地发展，否则与丛林动物何异！

《我也曾像你一样以鄙视快手凸显优越感》评论选摘

Mercy 迷茫：曹老师，在你打出“王者农药”这四个字的时候，你就已经是固化思维、刻板成见了。这四个字意味着王者荣耀带给我们的只有沉溺与伤害，便只看了它的消极方面，并且一棒子打死，没有任何翻身的机会。其实只要自己掌握好度，它带给我们的也可以是娱乐。

又又又又又：高三因为语文老师的推荐关注了曹老师，每一个时评都会给我提供不一样的角度看待事情。虽然高考完不写任务驱动作文了，但是不管是生活中遇到的事情，还是参加辩论赛，曹老师的文章都能给我很大的影响。

倔强的鱼： 曹大大，考研结束了，真的好想去想上的学校，好想学新闻。

孙嘉诚： 我好佩服那位有独立思考精神的学生。试想，纵使有无数的标签在我面前，可我有独立思考、明辨是非的本领，那一切就不是事了。

xian xian： 我在江门，周围用微信较多，但是回老家青海发现很多人用快手，她们不怎么玩微信，不知道和当地经济发展水平是否有关。

多多： 我就是西北一所大学学习新传的大学生，我们往往不希望自己总是以一种“刻板印象”去看待每一件事物。别人说英国人绅士，法国人浪漫，但仔细想想，我们有去过英国、法国吗？接触过那里的人吗？大都是通过媒介，通过别人的口中得知一个地方是什么样子的。我们不想用“刻板印象”去了解和评判这个世界。却不知，“刻板印象”已经悄悄注入我们的脑海里。

豆豆： 竟然在曹老师评论里看到了考研大题的答题角度，希望后天自己的评论写的棒棒的！

Nawa是丽娜： 读到那段说如果不是融入其中，你会觉得里面的内容很无聊，好像明白了我妈为什么每次都那么耐心地点开朋友圈和微信群里别人发的视频，那些在我看来特别无聊、粗糙，毫无美感，甚至恶俗的内容。

《监狱寻亲，越把人当人的法律越让人敬畏》评论选摘

宋箐： 越把人当人的法律越让人敬畏？表示怀疑。一直强调关注犯人人权，保障犯人权益，会带来怎样的效果？犯罪减少了？

北寻： 考研评论范文，满脑子都是考研的知识点了。

简唯：想起从前在《今日说法》中看到的一个案例：一个孩子，疑似偷了东西，却被超市老板将手绑起示众。当时看到这个案例，我不禁心头一冷。两个事件对比之下，我在“监狱寻亲”中体会到了温暖，这是法律人性化，更是社会人性的升温！

萌萌哒雪：让我想到了余虹的一篇文章《有一种爱我们还很陌生》，即使是罪犯，却也是一条生命。

杨沛林：好的法律除了惩治人性中的恶，更要能唤醒人性中的善。

《收起你那“从此又相信美好”的摇摆人格》评论选摘

妖妖铃：从五年前开始关注曹老师微博到现在，曹老师的思维和文笔一直都是那么鞭辟入里！

水树凉奈：曹林老师，看到明年有个评论比赛，您是评委，我会努力的，让您看到我写的东西！

Ferocious.：触动心灵的话：生活不是岁月静好，不是热泪盈眶，不是佳话寓言，而是平实自然。

I-Chíng：要连新闻都不揭露阴暗了，这社会也该完蛋了。看新闻看的是社会千面，自己的世界观还是要坚守的。

【在路上】：曹老师的这篇文章，让我们看到新闻所报道社会黑暗面之后摇摆不定的心又重新找到归属。生活的本质应该是看清生活之后依旧心有所依，心有所惧，心有所向。心之强大，来自心底的安宁。

=.=：读完曹老的文章我感觉到我还没有成熟，但我明白了什么是成熟该有的样子，努力！

泠然善：看了曹老的许多评论文章后，我早已收起了摇摆不定的人格，不易感，不无感。

仕铭：看了一条新闻或者读了一本书就自称三观被改变……这样的人或许原先根本就没有三观，才会像白开水一样瞬间被染成各种颜色吧……

May. ⍰：老爱你了大叔，每次都能说到我心坎里。

Universal：我觉得曹老师有点过于苛责“摇摆”网友了，正如你说的，新闻呈现的是拟态环境，那么在网上看到的那些言论是不是也是拟态言论呢？很多人在网上总是发表一些无病呻吟、灰心丧气的言论，但是在我目光所及范围内，绝大多数都是网上丧气，现实努力。也许我们要做的就是，少看一些网络上的东西，多和朋友们一起走出去看看。

hhhhhhhhhh：我每次去吃饭都会收到一个陌生人的微笑。我知道我永远不会问他名字，他也不会问我的名字，等我毕业或者他们店关门都再也不可能看到这个微笑了，但是我真的觉得很温暖！

555 西瓜子君：以前总觉得，“又相信……，不相信……”这样的句式很不舒服，曹老师说出了心里的感觉，社会会越来越好，不会因为一些小事而改变，坚信的东西也不会因为别人而动摇。

李璐莎⍰：耳目一新。看到负面报道就沉浸在黑色雾霾中难以自拔，看到温暖的新闻就以为这是世界完整的样貌，往往在现实中情绪摇摆不定，思想混沌不明，怀疑自己也怀疑社会。

《感谢阳光下那些慢下来的美好和温暖》评论选摘

千祉：大学四年和最好朋友的联系都是靠写信，不为别的，只是觉得文字传达的情感更加珍贵，也更加庄重一些。

刘宇轩：每次当我焦虑的时候，我会试着把手机放在宿舍，一个人带着钱包出去一个下午或一个晚上，就一步一步地在街上走，走到哪里算哪里，然后回到宿舍，就有了应对铺天盖地的deadline的从容和淡定。

世纪末的钢琴师：很喜欢曹老师的时政观察。我会一直支持下去，只是有一个要求：加快点进度。我有点小着急。

江笛：进了一次桃花源，写稿发稿的自我压力巨减。看了这篇暖评，暗自嘱咐自己在田园里多待会儿！

达：我喜欢慢悠悠的时光。喜欢安静地候着花开，期许来催生，美梦来浇灌；喜欢每天怀着一样的心情去等一封信，任凭车马如龙，就算寒来暑往，到最后展信读字也能有低诉耳边的亲切。岁月还长，我们慢慢过，慢慢老。

7：曹大大，我也是莆田人。平时听到的都是被骂中的莆田，今天，你们看看呐，莆田也有正能量。嘿嘿嘿，虽然只是一个小插曲，但是希望大家都能正视，不要戴着有色眼镜看待人。

燕唯寒妤：曹老师最近更新得好慢，“高三学生党”看您的时评，学会了很多看问题的角度。等着看您的时评呢，多多更新哟！

《“人没了药还在路上”不要滑向牛二无赖思维》评论选摘

一亩向日葵：付白菜的钱总想让别人担白粉的责任。这句话说得好，我以前在快餐店兼职，不少顾客都是吆五喝六的，我简直成了他们的保姆，而且很少有人对我说谢谢！

wait：我们新闻评论老师一直推荐曹林的文章。

苇虹：在我的推荐下，新闻评论课堂上的学生们都手捧曹林的书专心学习。

谢粤蕾 Yara：读下来真是痛快，看新闻的时候总觉得有点不对，但是又很难用专业的语言表达出来，赞！

TT：看完文章想去看《逻辑学》这本书了，严谨的逻辑会帮助我们避免一些不必要的困惑。

GG：我是“那啥数”，希望你们心里都有我。

＊^_^＊：教育实习第二天，就让我感受到了思维缜密的重要性，原因的原因的原因不是原因，后果的后果的后果不是后果。

《世上本有真相，戏精多了就没有真相了》评论选摘

Sam：按我的理解，各种“婊”指的就是这一号货色吧。

尧博士：有幸学习新闻传播专业，看到戏精表演，确实抑制不住自己明明知道这是耽误时间的关注，但还是被带到吃瓜群众队伍，之后实在受不了自己如此被变着法儿的忽悠，只能卸载微博，关闭腾讯微信的各种推送……然而，研究生生涯不得不面对这些戏精表演，转为批判者。只想说一句，把传播学中最后一章的媒介素养教育加入师范类学生的教育中，以便未来他们去加强我国基础教育中的媒介素养教育。

——废材：暑假的时候去了一个小媒体公司实习，每次开会老板都会说：不管你写什么，只要有阅读量就好，一定要起好标题，哪怕被骂都值了，毕竟，能把喷子招来也是一种本事……我竟无言以对，特来找曹老求

教，哈哈！

YoungY：戏精可以说是互联网的产物，以前完全靠众人面前演假戏，现在反而利用互联网作为遮羞布在上面更加地肆虐。说到底，一是为了出名，二是为了敛财。

鹿饮溪：我一直觉得，当一个人开始煽情的时候，是准备不讲逻辑和扭曲事实了。

森中林木：这是一个崇尚煽情的时代，高调和虚伪才能构成一种可行的生活方式。

山之风：到底是先有戏精，再有看戏的，还是先有看戏的，再有戏精。这是个问题。

《花式蹭鹿晗热点的表演中，吃相最难看的是这种人》评论选摘

——废材：在图书馆里刷单词，中间休息的时候看看曹老的这篇文章，第一段就忍不住笑了出来！可以说，鹿晗和关晓彤的恋情是真火了，顺带着热巴、卓伟、陈伟霆也都火了。偶尔逛个某条上推荐的商品图集，都是热巴怎么穿，关晓彤又是怎么穿……还是喜欢可爱的曹老的一句话：关你屁事！关我屁事！

原来你是榴莲哦＊☺：感觉说得简直不要太对！翻了一下评论以为大家都很赞同，发现怎么总是有些三观奇奇怪怪的人??

Luco：曹老师，这篇文章给我的辩论赛带来了新的灵感！

wen：你也是在消费这个热点，没有比他们的吃相好看。

吾与点也：文章好，有时候却会有一些错别字。尽管不多，毕竟还是精益求精得好。如需要，我可以免费帮您校对。

天狼星：好久没看到推送了，这么久以来等来的又是一篇如此酣畅淋漓的文章，不愧是曹老啊，读起来比“10 万 +”舒服，舒心，有意义多了。

橘子呀柠檬℉：我很搞不懂评论中一个人的说法：鹿晗靠粉丝养活就不能公布恋情了。这怎么对不起粉丝了？我真的很不懂这种说法怎么能成立。

《建议设熊孩子车厢的孟非比熊孩子还熊》评论选摘

素素素素素：如果加百分之几的钱买的车票能保证这个车厢里没有小孩的话，我愿意花这个钱。（作者的回复：亲爱的朋友，这辈子很多时候你总得学会跟你不喜欢的人一起相处，无法总是用区隔的方式逃避）

Wild animal：文章挺好的，提供的角度很好。说句难听的话，那些批判你的，我敢肯定语文没学好，压根读不到你文章的中心。算了，我也不想得罪人。但就忍不住做了老熊孩子！

张菠萝⍰：我同意那个加钱换清净的留言。赚钱去花的意义就是让自己舒服一些，能让自己舒服为什么不舒服一点儿，而强迫让自己受罪？有次我坐了一趟 13 个小时的动车，那趟车很多都是远道带着孩子回外婆外公爷爷奶奶家的，各种哭嚎，在车上撒泼打闹，在车上搞破坏。回家之后头疼了起码两天。曹老师不要站着说话不腰疼了……

冰冰忙到不能回消息：近些年整个社会陷入一种“仇娃”情绪中，仿佛很时髦！很有个性！三观很正呢……不解。

Dooo：这篇确实不如往日好，略具“知识分子”式姿态，该说的说了，不该说的却也十分牵强高傲地说了。

小黄黄：我支持曹老师的观点。很多时候，我们要学会适应环境，就像孩子，每个人都会有孩子，难免会遇到带着孩子出门的情况，每个人也要学会包容和适应这样的生活社会环境。就算没有熊孩子的哭闹，也还会有其他乘客的聊天声音。

惟：不是要在事件已经发生了之后在网上抱怨，确实像老师说的，现实中都忍了，就不要再在网上这样批判和抱怨激起网友们的一边情绪，我们要学习怎样与人相处。

young：还记得有一次和同学坐火车，一个车厢都是去夏令营的孩子，从小学到高中不等，半夜上蹿下跳，各种说话。我和同学就在窗边聊天等这群孩子睡着，一直到两点多才都睡下。一直觉得这是一次很奇妙的旅程，现在想来还十分回味。心态还是挺重要的。

《不与流行为伍，守卫自己的新闻三观》评论选摘

Eazin：作为一名跨考新闻的学生，每次看到一些经典的新闻案例都会很感动，很矫情地说，常常会因为一些业务书上的实例流泪。“新闻人”是一个很神圣的词，我们应当有自己的使命感，但我常常会想，在越来越市场化的环境下，我们还能不能坚守住自己的责任？

与尔：很感谢曹老师发的这些文章，也很期待下一本时评集。现在是准高三，立志将来要学新闻。喜欢您很久了。

爆炸帅⍰：曹老师，我是那天吐槽我们新媒体编辑课老师的同学，昨天我在我的公众号84年的胡辣汤上写了一篇关于对咪蒙新闻学的看法，题目

是《别让咪蒙毁了新闻学》，如您能过目我将不甚荣幸，真的很感动有老师您这样的业界良心为我们新闻专业的学子指明方向！

Sumyee：高三这一年关注曹老，学到了很多东西，现在高考结束差不多要填报志愿了。一直都很想读新闻专业，家里人却都不支持。

lingwlk：以后当自己对新闻学感到困惑的时候，就来看看曹林老师的微信公众号文章，会更加有勇气坚持下去。

super 丫丫：太赞同曹老师的观点了！之前我在一个创业公司的新媒体部实习，刚开始满怀期待与激情地努力写稿，后来发现每天改的最多的、花时间最多的就是标题，心累。里面的一些内容也被改的充满噱头，大家每天看的都是点击量。如果点击量少就被认定为失败的一篇稿，群里总是发咪蒙的爆稿，让大家向它学习，组里的员工都在想自己哪天能写出像咪蒙一样“10 万 +”的文章……看着我被改的面目全非的文章，以及贴上我自己都不想点开看，和我写作初心完全不符，那么刻意让人点开的标题，我实习了两三个星期就走了……我觉得还是需要有人坚守自己的初心，坚守新闻人的职业素养的。

Totoro：致新媒体老师：我交学费来学新闻，你却让我学咪蒙。学费退我，我找咪蒙去了。

赵子周：或许曹老的评论很难达到“10 万 +”，但是我在这里找到了新闻人的理想和操守，看到了职业新闻人坚守的底线。只要还有这样的出淤泥而不染的新闻人在，我相信这个行业就不会没落，不会让人对新闻专业嗤之以鼻。

Yiliea：刚听了一个有关就业的宣讲会，一个 App 创始人和公众号运行者说要把咪蒙当作教科书式看待，进入新媒体工作前要把咪蒙的文章全部看一遍，好好分析整理。或许这番话是他的经验总结，但学新闻的我对新媒体真的有种“远而敬之”的感觉，希望以后真的能做一个会思考的真正新闻人。

Syzygy：喜欢曹老师的文章，三观很正。我是经我们老师推荐关注您的，现在打开微信公众号，第一件事就是看曹老师有没有更文。

王雷涛：我刚来电视台实习，一进来新闻部主任就对我们说新闻无学，他更喜欢非新闻学的学生！当时我就很不舒服，新闻专业的学习，或许在业务实践中真的不够用，但是新闻道德与职业操守的培养是你在实践中学不来的！我相信，新闻学的学生会更有职业道德！他们的弦会绷得更紧！

维音哓哓：看得热血沸腾!!! 前两天传播学课堂上，我分享了“江苏满分作文”这个热点话题，也说了新闻系学生玩“标题党”这个问题，而且是南师新闻系这么棒的院校。老师很同意我的看法，并且再次跟我们强调，无论什么时候，都不要忘了新闻首要的是真实!!! 我相信那个同学不是有意的，但是永远不要忘了专业赋予我们的这份责任感，去守卫新闻的真实!